KB201038

카무카무 우에

—하나하나가 모여 다발을 이룬다

카무카무 우에
— 하나하나가 모여 다발을 이룬다

펴낸날 ‖ 2018년 11월 12일 초판 1쇄

지은이 ‖ 은희곤

펴낸이 ‖ 유영일

펴낸곳 ‖ **올리브나무** 제2002-000042호

경기도 고양시 일산동구 정발산로 82번길 10, 705-101
Tel. (070) 8274-1226, 010-7755-2261
Fax (031) 629-6983

ⓒ 은희곤, 2018

ISBN 978-89-93620-70-2 03230

값 15,000원

카무카무 우에

하나하나가 모여 다발을 이룬다

은희곤 신앙 에세이

올리브나무

때론 내가 가던 길 두려움에 멈춰 서기도 했고, 때론 내가 억지를 부려 정반대로 가기도 했습니다. 인생의 주어가 '나'였기 때문입니다. 그러나 그 가운데서 어떤 때는 내가 본연의 자리로 돌아올 때까지 기다리시기도 하셨습니다. 누가? 하나님이. 어떤 때는 나를 강권하셔서 끌고 가시기도 하셨습니다. 누가? 하나님이. 어떤 때는 로뎀나무 그늘 아래 있는 나를 위로하시고 손잡아 일으켜 세우시고 걸어갈 힘조차 없을 정도로 탈진했을 땐 업고 가시기도 하셨습니다. 누가? 하나님이. 또 어떤 때는 나에게 경고와 채찍을 들기도 하셨고, 또 어떤 때는 흡족한 칭찬을 아끼시지 않았습니다. 누가? 하나님이. 이제 이 모든 내 인생의 여정들을 돌이켜보건 대 하나도 빠짐없이, 버릴 것 하나 없이 모두 다 에벤에셀의 하나님께 감사할 따름입니다. 인생의 주어가 '하나님'이시기 때문입니다. ―본문 중에서

하나님이 이루어 내시는 변화와 기적,
감탄 속에서 이야기하는 인생의 담론

정희수 감독

미국연합감리교회 위스콘신연회
GBGM (UMC 세계선교부) 이사장

"우리가 다 우리의 각 방언으로 하나님의 큰일을 말함을 듣는도다
하고 다 놀라며 의혹하여 서로 가로되 이 어찐 일이냐 하며 또 어떤
이들은 조롱하여 가로되 저희가 새 술이 취하였다 하더라"(행
2:11-13).

이민 교회의 목회는 날마다 기적의 현장이라는 생각을 합니다. 우선
바로 목회의 장과 무대가 서로 다른 현장과 언어들, 인종과 문화의
복합적인 합류의 바람이 부는 곳이고, 다문화 다인종의 바람은 일상적인
공식의 전형을 넘어서 놀라움 그 자체이기 때문입니다. 미주한인 교회의
현장은 바로 문화와 문화의 틈, 인종과 인종의 틈을 비집고 생명의
사역을 모색하는 곳이어서 초대교회 공동체의 현상과 아주 가깝다고
생각합니다.

어떤 때는 미국 한복판에 있는 교회는 섬과 같기도 하고, 자기 땅을

떠나온 사람들이 가지는 향수와 탈향의 이중적인 갈등이 녹아지는 변형의 용광로 같기도 하기에, 목회 현장이 뜨겁고 역동적입니다.

틈새는 세대가 갈수록 작아지게 될 것 같지만 차세대들 속에서도 갈등은 여전합니다. 물론 저들은 적응력도 강하고 창조적인 인성도 강하여 다문화의 틈을 변혁의 에너지로 잘 이끌어 갑니다.

이런 다세대간의 조류 속에서 하루하루를 살아가고 이민 교회를 섬기고 있는 모습은 세상 어디에서도 보기 드문 에너지와 미래적인 영성이 탄탄하게 바탕을 이루어 갑니다. 서로서로 존중하고 서로서로 교회 공동체에 대한 감사의 마음이 강해지고, 그 공동체에 속하여 있다는 소속감도 견고하여 갑니다.

"우리가 다 우리의 각 방언으로 하나님의 큰일을 말함을 듣는도다."

성령이 감동으로 와서 다인종 다문화 다언어의 예루살렘을 하나님의 백성들이 새롭게 이루어가는 평화와 화해의 모형으로 하나됨과 일치의 역사를 이루어 갔다고 성경은 서술합니다. 성령은 바벨탑의 신화 속에서 드러난 분리와 소외의 인류를 새로운 공동체로 만들어서 서로 소통하고 서로 인정하고 서로 사랑하게 만드는 능력으로 함께 하셨습니다. 바벨탑이 인간의 과욕과 통제의 우상을 무너뜨리고 하나님의 노여움을 이야기한다면, 오순절 다락방은 다시 세우시고 다시 치유하시어 하나 되게 하신 하나님 나라의 은혜를 대안으로 선물합니다.

그리고 하나님의 큰일을 도모하고, 그 하나님의 큰일은 장소나 언어에 매이지 않고 인류를 한 가족 되게 하는 구원의 현실화로 저희들 속에서 실현되었습니다.

저의 가까운 친구이자 저자인 은희곤 목사는 이런 사역의 현장에서 헌신적인 일꾼으로 열정적이고 치열하게 살고 있습니다. 사랑과 돌봄의 마력과 관계의 뛰어난 리더십으로 많은 사람들과 많은 공동체를 어루만지고 종된 리더십을 실천하여 왔습니다. 마치 책의 제목인 "카무카무 우에"처럼 말입니다. 이제 미주자치연회 감독으로 세우심을 기념하면서 이런 틈의 현장, 역동적인 공동체의 현장에서 나눈 마음과 생각들을 하나의 서책으로 묶었습니다. 미주 전역에 흩어져 있는 감리교회들을 연대하고 주님이 맡긴 사역의 소명을 다하라고 감독으로 세우셨으니 저를 통하여 하나님의 큰일을 말하고 이루어가게 될 것이라고 믿고 감사한 마음을 더합니다.

"다 놀라며 의혹하여 서로 가로되 이 어쩐 일이냐?"

하나님이 우리들 속에서 이루어 내시는 변화와 기적을 바라보면서 서로 놀라고 질문하고 하나님 큰일의 내력을 감탄 속에서 서로 이야기하는 인생의 담론이 바로 『카무카무 우에』의 이야기들 속에서 엿보이고, 또 앞으로 그런 일들이 친구인 은희곤 감독을 통해 지금까지 그러했듯이 앞으로도 지속하여 이루어지기를 고대합니다.

미국에 함께 오래 살고 이곳에서 목회하면서 나그네로서 사는 동질성을 함께 나누면서, 이제 저자가 감독으로 섬기는 사역이 자기 무화의 길(way to ego-less), 자기희생의 사제의 길(priestly self sacrifice)이 되기를 기도합니다. 이민 교회의 현장이 틈과 틈 사이에서 문화적인 전령, 선교적인 전령이 되어서 성령의 뜨거운 역사를 더욱 체험하는 세계로 주님께서 우리 모두를 축복하여 주시길 기원합니다. 친구로서, 함께 이민교회와 사회를 섬기는 동역자로서, 이번에 발간되는 서책에 진심으로 감사하고 전심으로 축하합니다.

시대가 앓고 있는 온갖 부정에 대한 담금질을
목양의 언어로 강하게 토해내다

왕대일

감리교신학대학교 교수

기독교대한감리회 미주자치연회의 감독으로 선출되신 은희곤 목사가 책을 펴냈습니다. 그동안 미주 한인사회를 견인하는 교회지도자로 헌신하면서 짬짬이 기록했던 목양칼럼이 한 권의 책으로 우리 앞에 펼쳐졌습니다. 그동안 써낸 칼럼이 그때마다 시대를 향한 시론이었다면, 이번에 책으로 펴내는 글말은 온 사회를 향한 평론이 됩니다. 신앙의 깊이를 씨줄로, 삶의 넓이를 날줄로 삼는 그의 말글이 새로운 글말로 우리와 마주하게 된 그 긴 여정에 치하와 축하의 마음을 전합니다.

은희곤 목사는 기독교신앙의 맛과 멋을 콘텍스트의 언어나 용어로 바꿔 설명하는 데 익숙합니다. 무(無)종교, 비(非)종교, 탈(脫)종교를 주장하는 이 시대의 도전에 대한 응전을 그의 글의 토양으로 삼았다는 것이지요. 종교 없는 삶, 종교를 등지는 삶, 종교를 벗어던지는 삶을 살아내자고 외치는 사회 속에서 예수 그리스도의 제자로 살기란 쉽지 않습니다. 그런 마당에 한 교회의 목회자로, 한 교단의 지도자로 나서기란 더욱 힘이 듭니다. 그럼에도 기쁜 것은 은희곤 목사가 그런 도전이나 문제 등을 자기사역의 과제로 품고 삭혀서 승화시키고 있다는 점입니다. 단순히 품고 삭히기만 한 것은 아닙니다. 이 시대가 앓고 있는 온갖 부정(不正, 不淨, 否定)에 대한 담금질을 목양의 언어로 강하게 토해내고 있습니다. 그만큼 신 없는 종교를 외치는 사회에 들어선 자들에게 신앙의 깊이와 종교의 깊이가 무엇인지를 감지하게 하는 지평을 펼쳐놓습니다. 그의 글에서 신앙생활과 생활신앙의 이중주가 내는 화음을 다시 듣거나, 21세기 사회의 도전에 대한 목회자적 처방이 무엇인지를 기대하는 것은 이 때문입니다.

은희곤 목사의 글에는 향기가 있습니다. 모진 바람을 이겨내고 우뚝 선 나무 같은 멋이 그 됨됨이에서 드러납니다. 그 멋이 자아내는 향기가 때로는 짙게, 때로는 은은하게, 때로는 세밀하게 묻어납니다. 그가 한국과 미국에서 목회자로 살아온 지난 성역 36년 세월은, 때로는 힘들거나 벅찼고, 때로는 설레거나 보람찼던 그 세월은, 그가 지어낸 글의 뿌리가 되고 줄기가 되었습니다. 그의 삶이 한 그루 큰 나무가 되도록 충만한 햇빛과 적절한 비를 마음껏 내리신 우리 주님을 찬양합니다. 그 향기를 맡다보니 사도 바울의 고백도 떠올리게 됩니다. 사도 바울이 "그리스도의 개선 행렬에 언제나 우리를 참가시키시고, 그리스도를 아는 지식의 향기를 어디에서나 우리를 통하여 풍기게 하시는 하나님께 감사를 드립니다."(고후 2:14, 새번역)라고 고백하지 않았습니까!

은희곤 목사의 글에는 길이 있습니다. 그가 걸어온 길, 걷는 길만이 아니라 그가 걸어갈 길을 짐작하게 하는 이정표가 오롯이 새겨져 있습니다. 지금까지 그는 한 사람의 목회자로 자기 자리를 꿋꿋하게 지켜온

한 그루 나무였습니다. 이제부터 그는 미주한인감리교회를 책임 진 행정 지도자로 하나님의 나라의 숲을 일구어가는 여정에 들어서게 됩니다. 그에게 거는 기대가 여기에 있습니다. 이제 더욱 미주한인감리 교회들이 하나님과 동행하는 신앙공동체가 되도록 쉼 없이 헌신해야겠 지요. 이제 더욱 매주일 서는 강단에서 말씀이 육신이 되어 우리 가운데 거하셨던 은혜를 누려야겠지요. 이제 더욱 그가 섬기는 참사랑교회, 미주자치연회, 기독교대한감리회가 이 시대의 하나님 나라의 소금이 되고 등불이 되는 영성을 갈무리해야겠지요. 그런 기대가 담겨 있는 글들이 한 권의 책으로 우리 앞에 펼쳐지게 되었기에 오랫동안 그와 도반(道伴)이 되었던 한 사람의 선배로 진심으로 크게 기뻐합니다. 그 글을 마주 대하는 독자들은 책 속에 길이 있다는 가르침을 다시금 확인하게 될 것입니다.

'카무카무 우에'는 우간다 말로 '하나, 하나가 모여 다발을 이룬다'는 뜻인데, 제목에서부터 하나님 나라, 복음, 교회를 바라보는 지혜와 경륜을 느낍니다. 함께 나눔에 감사하고 축하합니다.

하나님의 형상을 닮아갈 수 있는
아름다운 연합의 지혜

김영민 목사

기독교대한감리회 미주자치연회 총무, 하모니교회

후배의 입장에서 추천사를 쓴다는 것만큼 어려운 일은 많지 않을 것입니다. 그러나 광야에 소리치며 굽은 길 곧게 하는 예언자의 길을 함께 가는 동역자로서, 그리고 오랜 시간 동안 그분의 궤적을 따라왔던 후배로서 평소 존경하는 목사님의 글을 읽고 느낀 바를 옮겨봅니다.

기독교대한감리회 미주자치연회 감독으로 당선되신 참사랑교회의 은희곤 목사님이 그동안 「미주크리스천신문」에 '시론'이란 타이틀로 연재하던 목양칼럼이 차곡차곡 모아져서 '카무카무 우에'라는 제목의 책으로 빛을 보게 되었습니다. '카무카무 우에'는 우간다 말로 '하나, 하나가 모여 다발을 이룬다.'는 뜻입니다.

목사님의 칼럼을 반복해서 읽었고 제목과 오버랩 되면서 시편 133편 1절 말씀이 떠올랐습니다. "형제가 연합하여 동거함이 어찌 그리 선하고 아름다운고." 이 말씀은 대표적인 영어성경에 How good and pleasant it is when brothers live together in unity!(NIV) 또는 How good and how pleasant it is for brethren to dwell together in unity!(KJV)로 번역되어 있습니다. 그중 'together in unity'는 두 번역에 똑같이 사용된 용어입니다. '화합으로', '함께 연합하여' 이 말은 성경에 나오는 가장 아름다운 모습을 보여주고 있습니다.

탈무드에 '머리가 둘 달린 아기가 태어난다면, 이 아기가 한 사람인가? 아니면 두 사람인가?'라는 질문이 나옵니다. 그 대답은 이렇습니다. 만약 한쪽 머리에 뜨거운 물을 부었을 때 다른 머리가 시원해 하면 그것은 두 사람이고, 괴로워하며 소리를 지른다면 한 사람이라는 것입니다.

시카고 켄트 법과대학(Chicago-Kent College of Law)에서 어느 해인가 졸업식이 있었는데, 수석졸업생은 오버톤(Overton)이라는 맹인 학생이었습니다. 그는 상을 받는 소감을 통해 그의 친구 카스프리작(Kaspryzak)에게 영광을 돌렸습니다. 그들은 학교 계단을 내려갈 때 처음 만났는데, 카스프리작은 맹인 오버톤이 계단을 잘 내려오도록 도와주었습니다. 그런데 알고 보니 그는 팔이 없는 학생이었습니다. 그 날 이후로 두 학생은 친해졌고 서로 협력하는 좋은 친구가 되었습니다. 맹인인 오버톤은 책을 들고 다녔고, 팔이 없는 카스프리작은 책을 읽어 주었습니다. 이들은 자기들이 가지고 있는 능력으로 상대방의 약점을 서로 보완했습니다. 이렇게 서로 연합할 때 그들은 미국의 그 유명한 법과 대학을 무사히 졸업했고 수석의 영광까지 차지할 수가 있었습니다.

은희곤 목사님의 『카무카무 우에』에는 불완전한 인간들이 하나님의 완전하신 형상을 닮아갈 수 있는 아름다운 연합의 지혜가 들어 있습니다.

그 아름다움이 평소 목사님의 삶의 모습처럼 군더더기 없이 깔끔하면서도 과장되거나 자극적이지 않는 글로 정리되었고, 세상과 소통하는 공감의 능력은 독자들이 지루함 없이 따라갈 수 있는 이끌림을 주고 있습니다.

『칭찬은 고래도 춤추게 한다』의 저자 켄 블랜차드(Ken H. Blanchard)는 "우리 중 누구도 우리 모두를 합친 것보다 똑똑하지 못하다."라고 했습니다. 아프리카 속담에도 "만약 빨리 가고 싶으면 혼자 가라. 하지만 멀리 가고 싶다면 함께 가라."라는 말이 있습니다. 공통분모가 되는 전제는, 교만으로는 연합하지 못한다는 것입니다. 겸손한 사람들을 통해서만 아름다운 연합이 이루어진다는 의미입니다.

이 책 『카무카무 우에』를 통해서 받은 도전들로 인해 이 땅의 모든 사역지마다 아름다운 연합의 열매들이 맺어지고 증언되는 꿈을 꾸어봅니다.

"나는 당신이 할 수 없는 일들을 할 수 있고, 당신은 내가 할 수 없는 일들을 할 수 있다. 하지만 함께라면 우리는 멋진 일들을 할 수 있다." (마더 테레사)

인생의 주어가 뒤바뀐 대전환의 역사,
기억하고 또 확대증폭하고 싶어

주님의 평강을 전합니다.

저는 예수 믿고 구원의 확신 후 지금까지 항상 다섯 가지를 마음에 새기고 입으로 중얼거리며 다녔고 강단에서 선포하며 살았습니다. "첫째, 하나님은 오늘도 살아계신다. 둘째, 하나님이 오늘도 역사하신다. 셋째, 오늘도 살아계신 하나님의 역사가 나에게도 일어난다. 넷째, 하나님 맘에만 들면 모든 게 끝난다. 다섯째, 작은 일에 충성하라, 보다 큰일을 맡기시리라."

전 참 행복한 사람입니다. 지금까지 수많은 사건들과 적지 않은 간증들을 주셨기 때문입니다. 너무나 소중하여 혹 잊어버리면 어쩌나, 잊어버리지 않으려고, 항상 오늘의 일로 생생하게 기억하려 애쓰고 내일도 일어날 줄 믿고 삽니다. 거기에 오늘도 또 다른 역사와 간증들이 생깁니다. 역사가 무엇입니까? 오늘도 살아계신 하나님이 내 인생 안에 들어와서 일으키시는 사건들 아닙니까? 돌이켜보건대 때론 내가 가던 길 두려움에 멈춰 서기도 했고, 때론 방황 중에 이리저리 돌아다니기도 했고, 때론 내가 억지를 부려 정반대로 가기도 했습니다. 인생의 주어가 '나'였기 때문입니다. 그러나 그 가운데서 어떤 때는 내가 본연의 자리로

15

돌아올 때까지 기다리시기도 하셨습니다. 누가? 하나님이. 어떤 때는 나를 강권하셔서 끌고 가시기도 하셨습니다. 누가? 하나님이. 어떤 때는 로뎀나무 그늘 아래 있는 나를 위로하시고 손잡아 일으켜 세우시고 걸어갈 힘조차 없을 정도로 탈진했을 땐 업고 가시기도 하셨습니다. 누가? 하나님이. 또 어떤 때는 나에게 경고와 채찍을 들기도 하셨고, 또 어떤 때는 흡족한 칭찬을 아끼시지 않았습니다. 누가? 하나님이. 이제 이 모든 내 인생의 여정들을 돌이켜보건대 하나도 빠짐없이, 버릴 것 하나 없이 모두 다 에벤에셀의 하나님께 감사할 따름입니다. 인생의 주어가 '하나님'이시기 때문입니다.

하나님이 여기까지 저와 아내와 두 아들을 인도해 주셨습니다. 쉽지만은 않은 이 길을, 아니 절대 쉬울 리 없는 이 길을, 억울하고 답답한 일을 당해도 오해를 받아도 오직 하나님만은 아시리라 믿지만, 그래도 타들어 썩어가는 속을 부여안고 묵묵히 시간시간마다 순간순간마다 항상 말없이 지켜보며 한결같은 사랑으로 함께 해준 처 우경희 사모에게 그냥 하기 쑥스러운 고백을 이 지면을 통해 하려 합니다. "항상 감사하고 사랑하오." 그리고 나와 처에게 주신 가장 복된 선물인 우리 두 아들들, 초등학교 5학년, 6학년 졸업하고 이민 와서 아빠 목회를 최선을 다해 돕고, 어린 나이에 주변 환경에 적응해 나가느라 힘들었지만, 엄마 아빠에게 힘들다 말 한마디 하지 않고 홀로 이불 뒤집어쓰고 견뎌준 아들들. 이제 교회에서는 집사로 있고, "DELEO"라는 회사를 설립하여 CEO로 있는 큰아들 현빈 집사는 "이건 하나님이 하시지 않았다면 할 수 없는 일이야. 분명 하나님이 하셨어!" 스스로 고백할 정도로 너무나도 크나큰 축복을 받았습니다. 아빠가 매주일 예배를 인도하는 강단에 서서 처음으로 말씀을 선포했던 둘째 한빈 목사, 처음 그 모습이 저와 처에게는 아직도 진한 여운으로 남아 있습니다. 지금은 코네티컷 주 예일대학교 바로 윗동네인 월링포드 타운에 있는 Wallingford First United Methodist Church에서 담임목사로 미국인 목회를 하고 있습니다. 큰애는 큰애대로 아빠가, 엄마가, 동생이 하나님 나라 일에 전념할 수 있도록 최선을 다해 부족한 것들을 넘치게 공급해 주고 있고, 작은애는 작은애대로 아빠의 뒤를 이어 목회의 길을 가니, 이보다 더한 은혜와 축복이 어디에 있겠습니까? "아들들, 고맙고 감사하다. 예배에 목숨 걸자! 하나님 맘에만 들면 반드시 하나님이 준비해 두신 사람 만나는 인맥, 인통의 역사가 있고, 이어 하나님이 함께 하시니 형통하더라. 그분의 역사가 눈으로 보이게 손으로 만져지는 여호와의 행적으로 나타난다. 그리고 아무리 작은 일이라도 청지기의 사명으로 충성을 다하라. 하나님이 보다 큰 것을 맡기시리라!" 우리 가족들이 항상 붙들며 새기며 나누며 사는 길입니다.

하나님이 여기까지 목회여정을 인도하셨습니다. 낯선 미국 땅에 이민 온 지 벌써 16년이 지났습니다. 1982년 2월에 감리교신학대학교를 졸업하고, 처음으로 경기도 김포 동산교회 담임전도사를 시작으로 2009년부터 뉴욕 참사랑교회를 섬기는 목회가 어느덧 올해로 36년째가 되었습니다. 언제 어떻게 세월이 이렇게 지났는지 모르겠습니다. 그냥 그렇게 쉭 지나가 버렸습니다. 그러나 그 가운데서 당신의 일을 당신이 계획하신 대로 한 치의 오차도 없이 진행해 가신 하나님을 바라봅니다. 하나님이 하셨습니다. 지난 5월, 알래스카에서 열렸던 제26회 미주자치 연회에서 부족한 저를 만장일치로 기독교대한감리회 제33회 총회 (2018.10~2020.10) 미주자치연회 감독으로 선출해 주셨습니다. 이 또한 하나님이 그리신 또 하나의 계획이신 것을 믿고, 하나님이 나를 통해 이루시고자 하는 일들이 무엇인지를, 그리고 이 자리에서 이 기간 동안 어떻게 하나님께 영광을 돌리며, 우리들의 어머니인 기독교대한감리회와 미주자치연회를 위해 무엇을 어떻게 해야 할까를 고민하고 씨름하며 보내려 합니다.

이 기간 동안 참사랑교회와 미주자치연회 안에 하나님께 감사드릴 수밖에 없는 일들이 많아지기를 소원합니다. 지금까지 항상 부족한 저를 위해 기도해 주시고 기다려 주시며 힘이 되어 주신 참사랑교회와 이용대 원로 장로, 네 분 금동필, 임병춘, 김기철, 홍진석 장로 및 모든 성도들께 감사드립니다. 앞으로 함께 최전방에서 수고해 주실 연회 실행부 위원들과 미주자치연회 회원들, 그리고 가장 가까이에서 서로에게 힘과 격려와 사랑을 나누며 함께 한 뉴욕 동지방(감리사 김사무엘) 교역자들과 사모들, 모두 다 성령이 하나 되게 하신 것을 힘써 지켜, 오직 단 한 분 하나님께 칭찬받고 영광 돌리는 우리 모두가 되기를 기대하며 소망합니다. 이 또한 하나님이 하셨고, 하나님이 하시고, 하나님이 하실 것입니다.

기독교대한감리회 제33회 총회(2018년 10월 31일) 취임 후, 11월 17일 추수감사주일 지나고 다음주일인 25일에 감독 이취임 예배를 참사랑교회에서 드립니다. 참사랑교회 성도들에게, 미주자치연회 연회원들에게, 그때 참석하신 모든 분들께 뭔가 감사의 마음을 전하고 싶어서 기도하는 가운데, 부끄럽지만 제가 지난 5년 동안 미주 크리스천신문에 기재한 '시론'을 하나로 모아 이렇게 책으로 엮었습니다. 뭐 학문적인 책도 아니고 비치의자에 앉아 커피 한잔 마시면서 읽을 만한 그냥 살아가는 이야기들을 모았을 따름입니다. 사랑으로 봐 주시기 바랍니다.

선배로서 늘 형제처럼 지내는 왕대일 목사(감리교신학대학교 교수), 동기 친구로서 항상 조언과 격려를 아끼지 않는 정희수 감독(미연합감리교회 위스콘신 연회, GBGM 이사장), 그리고 후배로서 이민교회의 현장에서 항상 함께 고민하며 씨름하는 김영민 목사(미주자치연회 총무, 하모니교회)에게 글을 부탁했습니다. 다들 기쁘게 마음 나눠줘서 감사합니다. 어디에서 책을 내야 하나 이리저리 살피다가 호주에서 저널리즘으로 박사학위 마치고 귀국하여 '올리브나무' 출판사를 하고 있는 76학번 동기인 이순임 목사에게 부탁하니 기꺼이 맡아줘 감사합니다. 또한 발간에 드는 모든 비용을, 항상이지만 이번에도 역시 감당해준 큰아들 현빈 집사에게 감사합니다.

입으로만 하는 말이 아니라 진심으로 늘 부족하고, 부족하다고 느끼는 저를 위해 기도로, 인내로, 나눔과 섬김으로 지난 10여 년 동안 함께 해주신 우리 참사랑교회 성도들, 그리고 저를 위해 지금도 새벽마다 기도해 주고 계시는 많은 지인들을 기억합니다. 마음으로나마 이름 하나하나 불러가며 한 분 한 분께 감사를 드립니다. 나를 나 되게 하신 하나님과 이를 위해 중보해 주신 모든 분들께 깊은 감사의 마음을 나눕니다.

오직 모든 것, 하나님이 하셨기에 감사할 뿐입니다.

참, 책 제목에 대한 설명이 빠졌네요. '카무카무 우에'는 우간다 말로서 '하나하나가 모여 다발을 이룬다'는, 혼자보다는 둘이 낫고, 둘보다는 셋이 낫다는 말입니다. 나 혼자가 아니라 나와 하나님, 나와 주변의 만남 속에 서로가 한마음이 되면 세상적인 힘만으로는 감히 감당치 못하는 하나님 나라의 엄청난 일들을 해낼 수 있다는 마음을 책 제목에 담아 보았습니다. 우리 모두는 "아버지가 일하시니 나도 일한다."는 주님 말씀처럼 하나님 나라의 위대한 가치를 함께 지니고 살아가는 동역자들입니다. 남아프리카의 반투어인 '우분투'가 떠오릅니다. 나 혼자만 잘살면 된다며 주변은 아랑곳하지 않고 앞만 보고 뛰어가는 삶의 자리에서, 함께 가기 위해 주변을 둘러보는 삶의 자리로, 나의 도움을 필요로 하는 이웃들을 배려하며 베풀고 나누며 함께 가기 위해 속도 조절하며 가는 상생의 삶의 자리로의 전환, '우분투'. 그렇게 '카무카무 우에'의 그 길을 '우분투'로 우리 모두 함께 가고 싶기에 그 마음을 담아 책제목으로 삼았습니다. 저도 그렇게 잘 살지는 못하지만, 그래도 그렇게 살고 싶어 몸부림을 쳐 봅니다.

미처 감사를 전하지 못한 주변 분들이 많습니다.
"모든 게 감사할 따름입니다. 모든 분들께 감사합니다."
'꾸벅'으로 '감사의 마음'을 진심으로 전합니다.

살아온 삶, 온통 감사할 거 투성이인지라 감사할 따름입니다. 앞으로 살아갈 삶, 죄다 감사함으로 채워주실 것을 알고 믿기에 그저 감사할 따름입니다.

우리 모두 가면 갈수록 잘되고, 갈수록 좋아지고, 갈수록 나아지는, 그리고 사랑과 정의와 공의가 강같이 흐르는 하나님 나라와 의를 위해 존재하는 교회를 위해 쓰임받는 크리스천의 위대한 가문을 이루어 가시기를 매일 새벽마다 중보합니다. 축복합니다. 사랑합니다. 감사합니다.

카보드! 하나님께 영광을!
은희곤

차림표

제5부 하나하나가 모여 다발을 이룬다

제1부

네가 어디 있느냐

성경에 기록된 하나님의 첫번째 질문은 "네가 어디 있느냐?"(창 3:9)는 것이었습니다. 죄 지어 도망가는 아담(사람들)을 그냥 죽게 내버려 두시지 않고, 포기하시지 않고 다시 찾으시는 하나님은, 오늘도 뻔히 우리가 죄인임을 알면서도, 신앙의 양심에 거리낌이 있음에도 불구하고, 하나님께 익스큐즈 하며 지나쳐가는 우리들을, 신앙의 자리를 이탈하여 세상의 풍조와 풍습과 문화에 젖어들거나 기웃거리는 우리들을 찾으시고 물으십니다. "네가 어디 있느냐?"

우리가 지고 가야 할 것

슈테른베르크라는 독일의 화가가 어느 날, 아름다운 집시 여인의 그림을 그리고 있었습니다. 잠시 쉬는 시간에 그 여인은 화실 한편에서 아직 완성되지 않은 십자가에 처참하게 달려 죽은 사람의 그림을 봅니다. "선생님, 저 사람은 얼마나 무서운 죄를 지었기에 못에 손바닥이 뚫려서 처형당했나요?"

슈테른베르크는 무심코 "그분, 예수는 우리의 죄를 짊어지시고 죽으신 거야."라고 대답합니다. 그러자 그 여인은 "그러면 선생님의 죄도, 나의 죄도 지고 돌아가셨나요?"라고 되묻습니다. 그 순간 슈테른베르크는 가슴이 무너져 내릴 듯 충격을 받습니다.

그날 밤새도록 "선생님의 죄도 지고 돌아가셨나요?"라는 말이, '나카!' 자기를 계속 두드리고 찔렀습니다. "예수님이 나를 살리시려고 나를 위해 대속제물이 되셨구나!" 슈테른베르크의 가슴속에 깨달음의 은혜가 넘치기 시작합니다. "그가 찔림은 나의 허물 때문이요 그가 상함은 나의 죄악 때문이구나. 그가 징계를 받으므로 내가 평화를 누리고 그가 채찍에 맞으므로 내가 나음을 받은 거구나"(사 53:5).

십자가에 달린 예수 그리스도가 서서히 슈테른베르크의 머리에서 마음으로 내려오기 시작합니다. 그 은혜로 십자가에 달리신 예수 그리스도를 완성시켜 갑니다. 그것이 바로 "이에 예수께서 가시관을 쓰고 자색 옷을 입고 나오시니 빌라도가 그들에게 말하되 보라 이 사람이로다."(요 19:5)라는 구절을 구현한 것입니다. '에케이 호모'(Ecci homo, 보라 이 사람이로다)라는 성화입니다.

훗날 '에케이 호모'를 보며 감동받은 프랜시스 헤버갈은 찬송가 311장을 씁니다. "내 너를 위하여 몸 버려 피 흘려 네 죄를 속하여 살 길을 주었다 네 죄를 대속했건만 너 무엇 하느냐 네 죄를 대속했건만 너 무엇 하느냐?" 이 찬송을 부르며 수많은 사람들이 십자가 붙들고 회개하고 십자가의 능력을 체험하게 됩니다.

또 한 사람이 '에케이 호모' 앞에 섭니다. 그림 속의 예수 그리스도의 얼굴이 자기에게 점점 다가오자, 그는 그 자리에서 무릎을 꿇었습니다. "주님, 제가 주님을 위해 무엇을 할까요?"

그는 헌신하기로 결단합니다. 그는 자기의 전 재산을 바쳐 세계에 복음을 전하고, 선교사를 훈련시켜 파송하여 예수를 전하는 일에 자기의 온몸을 불살랐습니다. 모라비안 선교운동을 일으킨 친첸도르프 백작입니다. 십자가의 도가 멸망하는 자들에게는 미련한 것이지만, 그러나 '구원을 받은 바울에게는 하나님의 능력'입니다(고전 1:18).

십자가는 슈테른베르크에게도, 프랜시스 헤베갈에게도, 친첸도르프 백작에게도 하나님의 능력입니다. 그렇다면 그 십자가 능력의 역사가 오늘 나에게도 어떻게 하면 나타날 수 있을까요? 내가 나이기에 감당해야 하는 그 십자가를 '내가 감당할 때' 십자가의 능력이 나에게도 나타납니다.

'피터팬 증후군'(Peter Pan Syndrome)이란 '부담회피 증후군'입니다. 이 증후군의 특징은 무엇이든 부담되는 것을 싫어한다는 것입니다. 직장인은 부담스런 직장을 회피합니다. 결혼 적령기에 있는 젊은이들은 부담 없는 배우자를 원합니다. 며느리도 부담 없는 시부모를 원하고, 시부모 역시 부담 없는 며느리를 원합니다. 공부하는 학생들은 부담이 없는 과목과 선생님을 원합니다. 선생님조차도 부담 없는 학생들을 선호합니다. 심지어 신앙인들도 부담 없는 교회, 부담 없는 설교를 원합니다. 그래서 조그마한 봉사와 헌신이 요청되어도 부담을 느끼고는 교회를 떠나고 신앙생활 자체를 회피해 버립니다. '피터팬 증후군', '부담회피 증후군'입니다.

예수님도 십자가를 피하고 싶으셨습니다. "하나님! 제가 이 십자가를 지지 않으면 안 됩니까?" 겟세마네 동산에서 예수님이 하신 기도의 첫 부분입니다. 그러나 예수님은 감당하셨습니다. "그러나 내 뜻대로 말고 아버지 뜻대로 하옵소서." 그래서 예수 그리스도를 통해 이루고자 하시었던 하나님의 계획인 인류 구원 사명을 다 이루셨습니다. "다 이루었다."(요 19:30)고 직접 말씀하셨습니다. 자기 뜻이 이뤄지는 것이 응답이 아닙니다. 하나님의 뜻이 내 인생 안에 이루어지는 것이 응답입니다. 성도는 자기 뜻이 아니라, 하나님의 뜻이 내 인생 안에 이루어지는 삶을 살아야 합니다.

오늘 예수 그리스도께서 우리들에게도 말씀하십니다. "이에 예수께서 제자들에게 이르시되 아무든지 나를 따라오려거든 자기를 부인하고 자기 십자가를 지고 나를 좇을 것이니라."(마 16:24) 예수님은 하나님의 뜻과 섭리를 이루시기 위하여 자기 십자가를 지고 가셨습니다. 오늘을 사는 우리들도 하나님의 뜻과 계획과 섭리를 이루시기 위하여 '내가 나'이기에 지고 가야 하는 '나의 십자가'가 있습니다. 힘들고 억울하고 원통해도 차마 말 못할 사연이 담긴 십자가들이 있습니다. 그래도 지고 가야 합니다. 이런 '나이기에 내가 지고 가야 하는 나의 십자가'는 내려놓고 피하고 도망가는 것이 아닙니다. 감당하고자만 하면 그때 주님께서 감당할 수 있는 능력을 반드시 주십니다. 예수님이 자기 십자가를 지고 가셨을 때, 하나님의 구원의 역사가 이루어졌듯이, 우리들도 우리들의 십자가를 묵묵히 인내하며 지고 나가면, 하나님의 놀라운 역사가 나의 인생 안에 반드시 이루어질 것입니다.

청년 몇 명이 배낭들을 메고 아프리카를 여행하던 중 큰 냇가에 다다랐습니다. 그 냇가 앞에는 큰 돌들이 여러 개가 놓여 있습니다. 안내하던 아프리카 원주민이 말합니다. "자, 이제 돌 한 개씩을 가슴에 안고 냇가를 건너가야 합니다."

그러지 않아도 배낭이 무겁던 청년 하나가 나는 그냥 건너가겠다고 냇가로 들어섭니다. 다른 한 명의 청년이 잽싸게 그 중에 제일 작은 돌 하나를 갖고 냇가로 들어섭니다. 다른 몇 명의 청년은 이제 남아 있는 제법 큰 돌을 안고 냇가로 들어섭니다. 냇가로 들어서고 얼마 지나지 않아 그렇게 평온하게 보였던 물들이 갑자기 거세게 몰아칩니다. 배낭만 메고 건너던 청년은 벌써 이리저리 몸을 추스르지 못합니다. 작은 돌 하나 잽싸게 주워간 청년도 마찬가지입니다. 그러나 큰 돌을 가슴에 안고 건너가던 청년들은 풍랑이 거세도 그 돌의 무게로 휩쓸리지 않고 안정적으로 냇가를 건너가고 있었습니다.

내가 나이기에 지고 가는 십자가는 이런 것입니다. 그때 살아계신 하나님을 만나게 되고, 하나님이 도우시는 역사를 체험하게 됩니다. 바로 이때 예수 그리스도의 십자가가 나의 십자가가 됩니다. 십자가 승리의 능력, 십자가 치료의 능력, 십자가 위로의 능력, 십자가 생명의 능력이 나타납니다. 이 십자가의 능력을 체험할 때, 비로소 우리는 부활의 영광에 기쁨으로 참여하게 됩니다.

부활하신 예수님은 5백 명이나 되는 사람들에게 일시에 그 모습을 보여주셨습니다(고전 15:6). 그러나 그 부활의 믿음으로 예수님이 약속하신 성령을 기다리며 마가의 다락방에서 기도한 성도는 120명(행 1:15)밖에 되지 않았습니다. 예수 부활을 처음 본 사람도, 예수 부활을 처음 알린 이도 아이러니하게도 베드로나 사랑받던 제자나 다른 제자들이 아니라 막달라 마리아였습니다.

오늘 우리는 마리아의 고백처럼, 예수님의 부활을 역사적 사건 "내가 주를 보았다."(요 20:18)는 말씀으로 확신하여야 합니다. 또한 마르다의 고백처럼 나의 부활로 확신하여(요 11:25-27) 성령 임재를 사모하는 120명 중의 한 사람이 되어야 합니다. 아니면 혹시 380명

중에 내가 있는 것은 아닌지요? 자기 십자가를 지고 예수를 따라가 부활의 영광에 참여하는 우리 모두가 되기를 소원합니다.

'나'라는 존재 가치

어느 강사가 강의 도중 지갑에서 100불짜리 지폐를 보여주며 말합니다. "이 100불을 갖고 싶은 사람 손 들어보세요." 사람들은 무슨 일인가 의아해하면서도 모두 손을 듭니다. 그러자 강사는 그 100불을 주먹에 꽉 쥐고 구기더니 다시 말합니다. "여기 구겨진 이 100불을 갖고 싶은 사람 손 들어보세요." 이번에도 모두 손을 듭니다. 강사가 구겨진 100불을 바닥에 던집니다. 100불짜리 지폐는 구겨지고 먼지까지 묻습니다. 그러자 그는 다시 말합니다. "구겨지고 버려진 이 100불을 갖고 싶은 사람 손 들어보세요." 역시 모두 손을 듭니다. 그걸 본 강사는 "제가 여기 100불짜리 지폐를 마구 구기고 바닥에 던져 더럽게 했더라도 여러분이 생각하는 100불의 가치는 전혀 줄어들지 않았습니다. 이와 같이 '나'라는 존재의 가치도 마찬가지입니다. 비록 '나'라는 존재가 인생의 역경을 겪으면서 구겨지고 더러워졌더라도 '나'의 가치는 전과 다르지 않게 소중한 것입니다."

그렇습니다! 우리도 세상을 살다 보면 때론 실패할 수도, 때론 좌절할 때도 있습니다. 그럴 때마다 우리는 스스로를 자책하고, 평가절하 하고, 절망하고, 우울증이나 대인기피증에 빠지기도 합니다. 그러나 아무리 100불짜리 지폐가 구겨졌고 더러워졌을지라도, 그 100불엔 100불의 가치가 그대로 남아 있듯이, '나'라는 존재는 어떤 상황에서든 그 자체만으로도 소중한 가치입니다. 그러므로 우리는 외적 상황에 따라 내적 가치를 잃어버리는 자가 아니라, 어떤 상황 속에서도 내적 가치를 끝까지 잘 지켜내야 합니다.

하나님을 향한 신앙도 이와 같습니다. 우리들은 많고 많은 사람들 중에서 택함을 받아 하나님의 백성, 하나님의 자녀가 되었습니다. 우리 믿는 자들의 '내적 가치'입니다. 이 믿는 자들의 정체성은 우리가 가난할 때나 부요할 때나, 건강할 때나 아플 때나, 있을 때나 없을 때나 전혀 달라지지 않습니다. 아니 달라지지 않아야 합니다. 어떤 외적 환경이 우리의 내적 가치인 하나님의 자녀라는 사실을 바꾸어 놓지는 못합니다. 세상을 살아가며 문제없는 인생이 없고, 문제를 좋아하는 사람은 더욱더 없습니다. 문제는 고통과 상처를 줍니다. 문제는 우리를 피곤하게 하고 낙심케 합니다. 문제가 올 때 우리는 벼랑 끝에 선 느낌을 갖게 되고, 나도 모르게 신음하게 됩니다.

성경은 이렇게 문제 때문에 하나님을 만나고 하나님의 기적을 체험한 사람들의 이야기로 가득 차 있습니다. 홍해가 가로막히는 문제가 있기에 홍해가 갈라지는, 즉 없던 길이 생기는 역사가 나타납니다. 여리고 성이 버티고 있는 문제가 있기에 여리고 성이 무너지는, 즉 막힌 길이 뚫리는 역사를 체험합니다. 가나 혼인 잔치에 포도주가 모자라는 문제가 발생했기에, 물로 포도주를 만드시는 예수님의 기적을 경험합니다. 하나님은, 예수님은, 성령님은 이렇게 우리의 문제를 기적의 재료로 사용하십니다.

그러므로 우리는 인생에서 문제를 무조건 없애 달라고 기도하지 말아야 합니다. 문제 없는 인생은 없기 때문입니다. 오히려 문제 때문에 기적을 체험하게 해달라고, 문제 때문에 더욱 잘 되고, 문제 때문에 더욱 지혜로운 사람이 되게 해달라고 간구해야 합니다. 그때 주님은 나에게 문제를 풀 수 있는 지혜도 주시고, 문제를 풀 수 있는 좋은 만남도 갖게 해주시는 등, 나의 문제를 재료 삼아 기적을 창조하십니다.

그러므로 우리들의 인생이, 문제들로 아무리 구겨지고 더러워지고 환란과 역경 속에 있을지라도, 슬퍼하거나 좌절하지 말아야 합니다. 세상이 뭐라고 하든, 상황이 어찌 되었든, 그럼에도 불구하고 우리 믿는 자들은 내적 가치, 즉 "나는 하나님이 사랑하시는 자녀다, 나는 하나님이 귀히 여기시는 당신의 백성이다."라는 정체성을 잘 지켜나가야 합니다. 그리고 "하나님은 살아계시다, 그 하나님이 오늘도 역사하신다, 그 역사가 오늘 나에게도 일어난다."는 분명한 믿음의 확신을 가져야 합니다. 그렇게 되면 오늘 나에게도 기적은 일어납니다. 기적은 앉은뱅이가 걷고 눈먼 자가 보게 되는 것과 더불어, 우리들의 인생의 문제가 주님 안에서 해결되고 우리들의 꿈과 비전이 성령 안에서 이루어지는 역사입니다.

역사가 무엇입니까? 창조주 '뒤나미스'의 여호와 하나님, 부활하신 그리스도 예수, 성령께서 내 인생 안에 들어오셔서 일으키시는 사건을 역사라고 합니다. 우리가 하나님이 사랑하시는 자녀들이라는 내적 가치를 마귀에게 빼앗기지 않고, 마귀의 시험과 세상의 유혹에 동화되거나 변질되지 않고, 믿는 자로서의 정체성을 선한 싸움 다 싸우고 달려갈 길 마칠 때까지 변치 않게 잘 지켜낸다면, 오늘 나에게도 기적과 역사는 분명히 일어납니다. 자신의 가치는 다른 어떤 누군가가 아닌, 바로 나 자신이 정하는 것입니다. 어떤 상황 속에서든지 우리 믿는 자의 내적 가치와 정체성을 매일 매일의 일상 속에서 잘 지켜나가시기 바랍니다. 그렇게 함으로써 그리스도의 향내를 풍겨내는 하나님 나라 건설의 역군들이 되시기를 이 가을에 축복합니다. 하늘나라의 상급이 소망입니다.

나를 짚으시는 하나님!

　　우리는 지금 사순절을 보내고 있습니다. '나를 짚으시는 하나님 앞에' 서는 기간입니다. 아브라함은 75세에 "너는 네 고향과 친척과 아버지의 집을 떠나 내가 네게 보여줄 땅으로 가라. 너는 복이 될지라." 는 말씀 붙들고 갈대아 우르를 떠납니다. 가다가 기근이 일자, 하나님이 지시한 땅으로 가지 않고 애굽 땅으로 들어갑니다. 아브라함은 자기 아내를 누이라고 속였고, 이로 인해 자기를 환대해 주었던 애굽은 큰 재앙을 당하게 됩니다. 이때 애굽 왕 바로가 빨리 깨달아 아브라함에게 사라를 내주고 애굽에서 나가게 합니다. 믿음의 조상 아브라함의 스타일이 구겨지는 장면입니다.

　　이후 아브라함과 조카인 롯의 재물이 너무 많아져서 우물을 두고 목동들끼리 싸움이 자주 일어나게 됩니다. 아브라함이 롯에게 말합니다. "서로 다투지 말자. 네가 좌하면 나는 우하고 네가 우하면 나는 좌하리라." 그래서 롯과 아브라함은 각자의 길로 갑니다. 그러자 하나님은 아브라함을 축복하사 "너는 눈을 들어 사방을 바라봐라, 보이는 땅을 너와 네 자손에게 주리라. 창대케 되리라. 축복하리라"(창 12-13장). 아브라함이 갈대아 우르를 떠날 때, 하나님이 주신 언약과 약속이 시작되는 순간입니다. 그 시점을 주목합니다. 성경은 그 시점을 이렇게 전합니다. "롯이 아브라함을 떠난 후에"(창 13:14)라고 상정합니다. 왜 롯이 아브라함을 떠난 것이 그렇게 중요합니까?

하나님이 아브라함에게 한 약속을 다시 봅니다. '너는 너의 고향과 친척과 아버지의 집을 떠나'라는 것이었습니다. 아브라함은 고향과 아버지 집을 떠났지만 친척을 떠나지 못하고 '롯'을 데리고 나왔습니다. 그런데 우물 시비 사건을 통하여 롯이 떠나자, 비로소 하나님이 아브라함에게 하신 말씀이 이뤄졌습니다. '짚으시는 하나님!'이십니다. 나를 향하신 축복도, 나의 자녀들을 향하신 약속의 말씀도 온전한 순종에서 출발됩니다. 내가 할 수 있는 것들만, 하고 싶은 것들만 하는 '부분적 순종'일 때는 애굽이라는 망신을 당합니다. 우리에게 온전한 순종이 있을 때, 적어도 온전히 순종하려고 노력하는 바로 그때가 나의 '롯이 아브라함을 떠난 후에'입니다. 그 시점이 하나님의 축복과 약속의 말씀이 나에게도 시작됩니다. 하나님은 그냥 대충 지나가시지 않습니다. 반드시 '나를 짚으시는 하나님'이십니다.

야곱은 아버지 이삭을 속이고 장자 축복권을 빼앗아 자기보다 더한 사기꾼인 외삼촌 라반의 집에서 연단을 받은 후 20년 만에 고향으로 돌아옵니다. 형인 에서가 군사들을 이끌고 온다는 소식을 들은 야곱은 자기가 한 짓이 있어 절대절명의 위기임을 직감합니다. 만약을 대비해 식솔들과 가축들을 두 떼로 나누어 먼저 보낸 후, 야곱은 얍복강가를 건너기 전 생사를 건 철야를 합니다. 성경에 보면 '어떤 사람'이 날이 새도록 씨름을 하다가 야곱을 이기지 못하자 야곱의 허벅지 관절을 칩니다. 그래도 야곱이 놓지를 않자 "나로 가게 하라!"고 청합니다.

야곱은 말합니다. "당신이 내게 축복하지 않으면 가게 하지 아니하겠나이다." 이때 그 사람이 묻습니다. "네 이름이 무엇이냐?" 참 황당한 장면입니다. 그러나 갑자기 "네 이름이 무엇이냐?"라는 질문을 받은 야곱은 아버지 이삭을 떠올립니다. 성경의 첫 모자 사기단인 야곱과 어머니 리브가는 장자인 에서에게서 장자 축복권을 뺏으려고 계략을 꾸밉니다. 야곱은 맏아들 에서의 의복을 입고 염소새끼의 가죽을 야곱의 손과 목의 매끈매끈한 곳에 입혀 별미 음식을 들고 아버지 이삭에게로 갑니다. 이삭이 묻습니다. "네가 누구냐?" 이때 야곱은 대답합니다. "나는 아버지의 맏아들 에서로소이다." 이상히 여긴 아버지 이삭은 야곱을 가까이 다가오게 하고 만져 보면서 "음성은 야곱의 음성이나 손은 에서의 손이로다. 다시 한 번 묻겠다. 네가 참 내아들 에서냐?" 야곱이 대답합니다. "그러하니이다"(창 27장).

그 이후 야곱은 에서를 피해 줄행랑을 칩니다. 이제 야곱의 신분은 도망자였고, 이런 그의 마음을 꼭꼭 찌른 것은 형 에서의 이름이었습니다. 이제 하나님은 야곱을 이스라엘로 축복하시기 전에 야곱의 이 부분을 짚으십니다. "네 이름이 무엇이냐?" "야곱이니이다." 이렇게 짚으신 후에 야곱을 이스라엘로 축복하십니다(창 32장). 그가 사기친

"나는 에서로소이다."를 "나는 야곱이로소이다."로 고백하게 하시는 하나님, '나를 짚으시는 하나님!'이십니다.

이번 사순절 기간을 보내면서 '나를 짚으시는 하나님' 앞에서 아직도 회개하지 못한 죄들을 끄집어내어 토설해야 합니다. 그리스도의 십자가에 나를 매달아 나의 십자가가 되는 일입니다. 그리고 '나를 짚으시는 하나님' 앞에서 부분적 순종이 아니라, 온전한 순종을 이루려고 힘써야 합니다. 그때가 바로 하나님이 나에게 "네 이름이 무엇이냐?"고 물으실 때요, 그때가 바로 내가 '롯이 아브라함을 떠난 후'인 것입니다. 그리고 바로 그때가 야곱이 이스라엘로 축복받을 때요, 바로 그때가 하나님께서 아브라함에게 하신 축복과 약속의 말씀이 출발하는 때입니다. 이번 사순절 기간이 '나를 짚으시는 하나님' 앞에서 토설과 회개, 그리고 부분적 순종이 아닌 온전한 순종이 이루어져 하나님 약속의 말씀이 나의 인생 안에서 시작되는 축복의 시간들이 되시기를 중보합니다. 우리 모두 그리스도의 고난과 부활의 영광에 참여하기를 소망합니다.

밧세바 신드롬

다윗왕은 밧세바를 범했을 뿐 아니라 결국 그의 남편인 충성된 장군 우리아도 죽게 만듭니다. 왕이 나쁜 것이고 잘못한 겁니다. 그러나 당시에 왕의 명령에 거역하면 누구든 살아남지 못했으니, 일반 국민들도 "에이 그런 것쯤이야." 하며 지나갔을 수도 있을 겁니다. 그러나 하나님께서는 그냥 지나가지 않으셨습니다. 아들인 솔로몬 왕 때에 이스라엘이 남(유다)과 북(이스라엘)으로 갈리게 되고, 북이스라엘은 앗수르에게 망하고 남유다는 바빌로니아에게 망하여 결국 이스라엘 나라는 2천여 년 동안 역사에서 사라지게 됩니다.

'밧세바 신드롬'(bathsheba-syndrome)이라는 심리학 용어가 있습니다. 이름 첫마디에 벌써 목욕을 뜻하는 'bath…'라는 말에서 추측할 수 있듯이, 이는 '고위 공무원, 고위 공직자의 도덕 결핍증'을 말합니다. '내가 왕, 대통령인데', '내가 장관, 비서실장인데', '내가 대한민국 최고의 부자, 돈이 얼마나 많은데', '내가 총장, 문화 예술계의 킹메이커인데', '내가 비선 실세, 한 가닥 하는 이들과 친한 사람인데', '내가 목사, 장로, 신부인데', …인데, 인데, 인데, 인데… 설마 내가 이런 일 한다고, 이 정도쯤이야 하는 생각으로 그냥 지나치기 십상입니다. 감히 누가 내게 뭐라고 하겠느냐고 갑질하면서도, 그것을 스스로 감지하지 못하거나, 아니 하지 않거나 하는 '도덕적 윤리적 결핍증'이 바로 '밧세바 신드롬'입니다.

그런데 이 '밧세바 신드롬'은 프랑스어의 '노블레스 오빌리주' (noblesse oblige)와도 일맥상통합니다. 사회의 지도층이라면, 그에 따르는 사회적으로 높은 준법정신이 필요하다는 의미입니다. 구약 성경의 밧세바와 다윗의 이야기는 약 3천 년 전의 일이지만, 현재도 비슷한 일이 계속 벌어지고 있습니다. 요즘 대한민국 남자들치고 밤에 발 편히 쭉 뻗고 자는 사람들이 드물다고 합니다. 바로 미투 운동(Me Too Movement) 때문입니다.

미투 운동은, 2006년 여성 사회운동가 '타라나 버크'가 미국에서도 가장 약자인 소수인종 여성, 아동들이 자신의 피해 사실을 드러낼 수 있도록 독려해 주고, 피해자들끼리 서로의 경험을 통해 공감하고 연대하며 용기를 내어 사회를 바꿔갈 수 있도록 창안한 것입니다. 처음에는 익명으로 조심스럽게 시작되었으나 운동이 확산됨에 따라 조금씩 피해자들이 용기를 내어 자신을 드러내기 시작하게 되었고, 이윽고 2017년 10월에 이르러서는 '하비 와인스틴 성범죄 파문' 등으로 성범죄 피해자들의 성범죄, 성폭력 피해가 큰 반향을 일으키며 확실히 공개 운동의 성격을 띠게 되었습니다. 이제껏 피해 사실을 숨긴 피해자들의 '성범죄를 더는 묵과하지 않겠다.'는 뜻에서 시작되었기에, 그 내용은 아동 성범죄부터, 넓게 보면 전쟁 범죄로 인한 위안부 문제까지도 포함하고 있습니다.

한국에서도 2018년 1월 29일, 검찰의 내부 통신망인 '이프로스'(e-pros) 게시판에 '나는 소망합니다!'라는 글을 올리고, 이후 JTBC 뉴스룸에 출연하여 처음으로 성추행 피해 사실을 고백한 사람이 있습니다. 바로 '서지현 검사'인데, 이것을 시작으로 하여 공개적으로 미투운동이 시작되었습니다. 이어서 정치, 사회, 문화, 경제, 종교계에 이르기까지, 하룻밤만 자고 일어나면 그동안 존경하고, 정의를 부르짖고, 사랑했던 인물들이 봇물 터지듯 매일같이 뉴스 화면을 점령하고 있습니다. 하루아침에 그 높은 곳에서 대책 없이 그냥 뚝뚝 바닥까지 떨어지고 있습니다. 그러다 보니 이곳저곳에서 억울하게 피해를 보는 사람들도 생겨나게 되고, 모든 남성들을 적으로 몰아가는 페미니즘도 나타나고 있습니다.

그러나 미투 운동 창설자인 타라나 버크는 "분명 미투 운동은 성폭력을 겪은 이들 모두를 위한 것이지, 여성들만을 위한 운동이 아니다. 남자들은 적이 아니라는 점을 분명히 해야 한다."고 말합니다. 우리는 분명 미투 운동의 중심과 본질을 직시해야 합니다. 남성이건, 여성이건 관계없이, 어느 집단에서든 제도와 권력을 이용하여 강자의 위치에 있는 사람들이 상대적으로 약자인 사람들의 의견을 무시하고 그들의 의사와는 관계없이 강압적으로 자기의 욕심과 욕망을 성취하려고 위해를 가할 때, 이건 분명히 범죄 행위이자 인격 모독임이 분명합니다.

그리고 그 안에 있는 히든 포인트는 '밧세바 신드롬'입니다. 아직도 교회 안에서도 '내가 목사, 장로요, 중요한 인물이기에'라는 '밧세바 신드롬'에 빠져 상대적으로 약자들을 성적으로나, 회의할 때나, 신앙생활에서나, 강압하는 사람들이 있다면, 그리고 나도 모르게 그런 모습들이 습관적으로 나온다면, 이 역시 히든 포인트는 '밧세바 신드롬'입니다. 회개해야 합니다. 우리는 다만 '청지기'일 따름입니다. 주어진 직분은 섬김을 위해 받았을 따름입니다. 베드로전서 4장 10절에서는 "각각 은사를 받은 대로 하나님의 여러 가지 은혜를 맡은 선한 청지기같이 서로 봉사하라."고 말씀합니다. 빌립보서 2장 3절에서는 "오직 겸손한 마음으로 각각 자기보다 남을 낫게 여기라."고 합니다. 또한 고린도전서 12장 22-27절에서는 "오직 하나님이 몸을 고르게 하여 부족한 지체에게 귀중함을 더하사"라고 말씀합니다.

교회 안에서 먼저 '노블레스 오블리주'(noblesse oblige)로 참회 운동이 일어나, 미투 운동이 차별없이 공평하고도 공의로운 하나님 나라로 이끌어가는 진정한 표지(Sign)가 되기를 희망해 봅니다.

꽃으로 퉁칠 생각마라

어머니날을 맞아 이색적인 현수막이 서울 동네에 걸렸습니다. 그 내용은 "꽃으로 퉁칠 생각 마라—우리 엄마!"였습니다. 어머니날에 카네이션 한 송이 달아주는 것만으로 퉁치고 지나가려는 마음을 갖고 있는 자식들에게 주는 경계경보 발령입니다. 자녀들을 한방 먹이는 어머니들은 도대체 무엇을 원하시는 것일까? 그 현수막 위에 "엄마의 마음을 조금만이라도 더 헤아릴 수 없겠니?"라고 말씀하시는 엄마의 모습이 보입니다. 한국에 있는 서울여자대학교에서 어머니날을 맞아 열린 사랑의 엽서 공모전에서 대상으로 당선된 글을 소개합니다.

나에게 티끌 하나 주지 않은 걸인들이 내게 손을 내밀 때면 불쌍하다고 생각했습니다. 그러나 나에게 전부를 준 어머니가 불쌍하다고 생각해본 적은 없었습니다.

나한테 밥 한번 사준 친구들과 선배들은 고마웠습니다. 답례하고 싶어서 불러냅니다. 그러나 날 위해 밥 짓고 밤늦게까지 기다리는 어머니께 감사하다고 생각해본 적은 없었습니다. 실제로 존재하지도 않는 드라마 속 배우들 가정사에 그들을 대신해 눈물을 흘렸습니다. 그러나 일상에 지치고 힘든 어머니를 위해 진심으로 눈물을 흘려본 적이 없었습니다. 골방에 누워 아파하던 어머니 걱정은 제대로 한 번도 해본 적이 없었습니다.

친구와 애인에게는 사소한 잘못 하나에도 미안하다고 사과하고, 용서를 구했습니다. 그러나 어머니에게는 잘못은 셀 수도 없이 많아도 용서를 구하지 않았습니다.

죄송합니다. 어머니. 죄송합니다. 어머니.

세상의 모든 어머니는 위대하기에 어머니를 생각하며 이 글을 올립니다.

참 마음이 저려옵니다. "꽃으로 퉁칠 생각하지 마라—우리 엄마!" 그 현수막 위에 담긴 이 세상의 모든 엄마들이 하고 싶은 그 이야기가 느껴집니다.

어머니의 자식에 대한 마음은 아마 세상의 그 어떤 것에도 비교할 수 없습니다. 아이를 갖고서는 이 아이가 무사히 건강하게 잘 태어날 수 있도록 그 좋아하던 커피도 끊고, 아이에게 좋다면 우유도 하루에 여러 잔씩 마시고, 아이에게 무리가 갈까봐 걷는 것도 조심조심, 그렇게 노심초사한 후 해산의 고통을 겪고 아이들은 이 세상을 처음 만나게 됩니다.

　엄마들은 세상에 태어난 내 아이가 조금씩 커가면서 자기 이름을 한 자 한 자 써 가면 박수를 칩니다. 그리고 구멍가게에 가서 거스름돈만 잘 받아와도 아주 비상하고 특별한 아이인 줄 알고 기뻐합니다. 피아노나 바이올린을 갖고 삑삑만 대도, 유명한 피아니스트나 바이올린의 대가가 될 것처럼 뿌듯하게 자랑스러워하는 것이 어머니의 마음입니다. 착각은 자유입니다. 착각이라도 즐거운데 어쩌란 말입니까? 이 세상에서 이 착각을 빼앗을 수 있는 자는 아무도 없습니다. 자라나면서 그 착각이 현실을 만나 하나씩, 둘씩 깨어져 가지만, 그렇다고 그 즐거움과 사랑이 좀처럼 식어지지 않는 것이 어머니 마음입니다. 자식들이 커가면서 효도하든, 불효하든 관계없이 어머니들의 마음은 일편단심 변함이 없습니다. 그러기에 자식은 변해도 어머니는 한결같습니다.

　1738년 남이탈리아 캄파니아에 있는 폼페이 발굴 작업이 시작되었습니다. 폼페이가 화산 폭발로 매몰된 것은 AD 70년의 일이었습니다. 어느 날 발굴단은 놀라운 화석 하나를 발견하고는 눈시울을 적셨습니다. 그것은 오른 팔에 아기를 껴안고 죽은 어머니와 아이의 화석이었습니다. 도시 전체가 용암으로 덮여 아비규환을 이루고 있을 때, 그 어머니의 마지막 관심사는 오직 하나! '아이'! 바로 아이였음을 증명하여 주고 있는 화석이었습니다. 이 화석을 보고 어느 누군가가 그 밑에 이렇게 적어 놓았습니다. "사랑은 언제까지든지 떨어지지 아니하고…"(고전 13:8)라는 구절이었습니다. 이것이 어머니의 마음입니다.

어머니! 오직 당신의 관심은 바로 '나'인 것을. 어머니! 오직 당신의 즐거움은 바로 '나' 인 것을. 어머니! 오직 당신의 사랑은 바로 '나'인 것을. 어머니! 오직 당신의 삶 전체가 바로 '나' 인 것을⋯. 이제야 깨닫고 나이 들어 쪼그라든 어머니의 손을 붙잡아 봅니다. 돌아가신 어머니를 마음으로 그려봅니다.

어머니가 살아계시면 어머니의 마음을 조금만이라도 더 헤아리는 자녀들이 되기를, 어머니가 하나님 나라로 이사 가신 분들은 어머니의 믿음의 유산들을 더 깊이 마음에 새기는 자녀들이 되기를 바랍니다. 어머니 살아계시면 계실 때 잘 하세요!

"어버이 살았을 적 섬기기 다하여라. 지나간 후면 애닯다 어이하랴. 평생에 고쳐 못할 일, 이뿐인가 하노라."는 옛시조가 있습니다. 어머니의 마음을 헤아리는 자녀가 부모님을 순종하고 공경합니다. 우리 모두 "자녀들아, 너희 부모를 주안에서 순종하라 이것이 옳으니라. 네 아버지와 어머니를 공경하라 이것이 약속 있는 첫 계명이니 이는 네가 잘 되고 땅에서 장수하리라."(엡 6:1-3)는 말씀을 따라 살기를 바랍니다. 그리하여 언약과 약속의 말씀의 주인공들이 되시기를 축복 합니다.

하나님의 호미질

상처는 희망입니다. 한국에 가면 가나안 농군학교가 있습니다. 복음 위에 세워진 농사체험 농장학교입니다. 건물 뒤편에 밭이 있어 고구마를 캐는데, 아기 머리통만큼이나 큽니다.

"이렇게 큰 고구마를 어떻게 만들었습니까? 종자가 다릅니까? 무슨 특별한 비료를 사용하셨습니까?"

"그렇지 않습니다. 단지 김을 맬 때마다 호미날로 슬쩍슬쩍 자극을 주기 때문입니다."

고의로 고구마에 호미날로 상처를 내고, 아물면 또 상처를 주고, 그렇게 하다 보니까 고구마가 열 받아서 이렇게 커졌다는 것입니다. 이 '열 받아서 큰 고구마'를 생각하면서 지난 한 해를 생각해 봅니다. 우리들은 이런저런 사람들에게서 이런저런 일들을 통하여 이런저런 상처들을 받았고, 또 주면서 살았습니다. 이 상처들을 그냥 안은 채

새해를 맞이해서는 안 됩니다. 믿는 자로서 분명히 해결하고 나가야 합니다.

사도 바울은 우리가 하나님을 사랑하고 그분의 뜻대로 부르심을 받아 사는 자가 어떠한 선물을 받는지를 소개합니다. 모든 것이 합력하여 선을 이루는 것, 즉 모든 것들이 서로 작용하여 더 좋은 결과를 낳게 되는 선물을 받는다는 것입니다(롬 8:28). 하나님은 상처조차도 역사하셔서 더 큰 시련과 환란이 닥칠지라도 능히 이기고 나아가 승리케 하시기 위한 연단과 단련의 호미질을 하십니다. 그렇기에 호미질은 바로 '하나님의 은혜'입니다. 따라서 믿는 자들에게는, 감사함으로 받으면 상처조차도 버릴 것이 없습니다(딤전 4:4). 상처조차도 연단과 단련을 통하여 '이때를 위한 믿음'을 만들어 가시는 하나님께 찬양과 영광을 돌립니다. 우리가 이 믿음의 자리에만 분명히 서 있다면, 그리고 그 자리를 지키기만 한다면, '2013년의 상처는 2014년의 희망'으로 바뀌어 작용할 것입니다.

코람 데오(Coram Deo, 하나님 앞에서)의 신앙을 생각해 봅니다. 성경에 기록된 하나님의 첫번째 질문은 "네가 어디 있느냐?"(Where Are You?, 창 3:9)는 것이었습니다. 죄 지어 도망가는 아담(사람들)을 그냥 죽게 내버려 두시지 않고, 포기하시지 않고 다시 찾으시는 하나님의 말씀입니다. 하나님은 오늘도 뻔히 우리가 죄인임을 알면서도, 신앙의 양심에 거리낌이 있음에도 불구하고, 하나님께 익스큐즈 하며 지나쳐가는 우리들을, 신앙의 자리를 이탈하여 세상의 풍조와 풍습과 문화에 젖어들거나 기웃거리는 우리들을 찾으시고 물으십니다. "네가 어디 있느냐?" 도대체 너의 인생의 자리, 신앙의 자리가 지금 어디에 있느냐는 물음입니다. 바울은 이 물음을 "너희는 믿음 안에 있는가, 너희 자신을 시험하고 너희 자신을 확증하라."(고후 13:5)는 도전의 말로 우리들에게 전해줍니다. 과연 나의 말씀과 기도와 예배 자리가 게을러 곰팡이가 슬지는 않았는가? 내가 주님 앞에 봉사하고 헌신하는 그 자리가 열심을 품고 주를 섬기는 자리였는가? 내가 정말 그리스도의 몸된 교회를 사랑하고 교회의 유익과 건더기가 되었는가? 이러한 신앙의 자리와 현주소를 코람 데오, 즉 하나님 앞에서 늘 점검하며 살아야 합니다.

새해를 맞습니다. 새해에도 우리가 어디에 있든지, 무엇을 하든지 항상 '코람 데오, 하나님 앞에 서 있는 그 신앙의 자리를 잘 지키는 믿는 자"가 되시기 바랍니다. 그렇게 될 때, 하나님은 우리가 만나는 모든 사람들과 일어나는 모든 사건들을 서로 엮어 나가실 것입니다. 그렇게 될 때, 내 뜻이 이루어지는 인생이 아니라 하나님의 뜻이 이루어지는 가장 귀하고 복된 삶을 누리게 될 것입니다. 하나님은 우리들의 인생을, 열 받은 큰 고구마처럼 계속 쉬지 않고 만들어 가실 것입니다. 코람 데오, 쉬지 않는 하나님의 역사는 계속 이어집니다. 카보드! 하나님께서 하셨습니다. 하나님께 영광을 돌립니다. 항상 매순간 순간마다 우리의 신앙고백과 증언이 새해에도 계속 터져 나오기를 기도하며 소망합니다.

닭 우는 소리 세 번에 가던 길 멈추고

오랜 만에 어머니의 땅을 밟고 호흡합니다. 고국에 도착하자마자 읽고 싶었던 책 한 권을 샀습니다. 많은 도전이 됩니다. 미래학자인 최윤식 목사가 쓰신 『2020, 2040 한국교회의 미래지도』입니다. "지속가능한 한국교회를 위한 최초의 미래학 보고서, 다가올 10년 한국교회가 한 번도 접하지 못했던 전혀 새로운 시대가 몰려온다. 미래는 하나님의 계획 아래 놓여 있다. 그러나 하나님은 미래를 준비할 수 있는 지혜를 인간에게 주신다."는 책 표지의 글은, 젊은 아이들 말처럼 '필'이 꽂히기에 충분했습니다. 한국교회의 이야기이긴 하지만 동시에 이민교회의 이야기이기도 하기 때문입니다.

저자는, 목회자들에게는 조금은 생소한 미래학이라는 학문을 통하여 오늘의 변화의 흐름을 사회과학적 방법으로 분석하고 앞으로의 변화의 흐름을 예측하면서, 그 변하고 있고 변하여 가는 흐름 안에 있는 교회에 애정 어린 경고를 합니다. 예를 들자면, 사회적으로 교회가 많은 비판을 받고 있으며, 교인들이 교회를 떠나고 있고, 전도에 점점 한계가 있다고들 말합니다. 그러나 저자는 이렇게 말합니다.

"2005년도 통계를 보면 천주교는 186만 명(1985년도 기준)에서 514만 명으로 성장했고, 불교는 1,027만 명으로 늘어났으며, 심지어는 이단들마저 성장했고 무교(점집)도 매년 40퍼센트씩 성장했다. 그러나 교회는 성장이 잠시 주춤한 것이 아니라 이미 쇠퇴기에 접어들었다. 2005년도에 정부가 시행한 조사를 분석해 보면 기독교인 수는 대략 870만(18.7퍼센트) 명 정도이다. 이는 대략 150-250만 명으로 추산되는 이단들도 포함된 것이다. 그렇다면 기독교인의 숫자는 2005년을 기준으로 620만-720만 명에 불과하다. 1985년도에 16퍼센트에서 1995년도에 19.7퍼센트로 성장했다가 2005년도에는 18.7퍼센트로 감소했고, 그 감소는 지금도 빠른 속도로 계속되고 있다. 뼈를 깎는 노력으로 갱신하지 않고서는 2050-2060년경의 순수 기독교인 인구는 300만 명대로, 주일학교는 30-40만 명대로 줄어들 수 있다."

그의 이야기는 그저 막연한 이야기가 아니라 정확한 데이터 통계와 컴퓨터 시뮬레이션을 통하여 제시되고 있습니다. 저자는 자신이 점쟁이가 아니라 모든 사회과학적 방법을 기반으로 미래를 예측하는 미래학자라는 점을 강조합니다. 그러면서 목회자와 지도자들이 아직도 '세계 선교 역사상 유래 없는 부흥이 일어난 한국교회라는 신기루'에 사로잡혀 '하나님이 살아 계시기에 앞으로도 그렇게 될 것이라는 막연하고도 근거 없는 낙관론'에 빠져 있음을 지적합니다. 그럼으로써 시대의 변화를 읽지 못해 변화에 대한 준비에 게을러 참담한 결과를 맞이하지 말라고 경고합니다. 책장을 넘길 때마다 '변화, 한계, 위기, 대처, 극복' 등의 단어가 실감나게 다가와, 계속 고개를 끄떡이며 읽었습니다.

그 가운데 목회자로서 "위기관리 능력—근거없는 낙관론부터 버려라. 변화의 시대에는 교회와 목회의 모든 영역에서 변화가 필요하다."고 말한 내용이 가장 가슴에 와 닿았습니다. 현장 목회자로서 급속하게 진행되는 변화 속에서 교회와 목회의 대안을 찾아야 하는 부분들이 남아 있긴 합니다. 그러나 변화 안에 깨어 있고 준비해야 한다는 경고만큼은 함께 하기에 너무나 분명한 공감이 있어 목회자들, 교회 지도자들, 성도들이 함께 읽었으면 합니다. 저도 섬기는 제단으로 돌아갈 때 장로님들과 교회 지도자들에게 책을 선물하려고 합니다. 저는 저자와는 일면식도 없고 책 선전하는 영업직도 아니지만, 이 책을 통하여 오랜만에 목회방향에 큰 도전을 받게 되었습니다. 스스로 다짐해 봅니다.

1) 깨어 변화의 흐름을 읽어라, 느끼라.

2) 다가올 위기를 대처하고 극복할 대안을 준비하라.

3) 변화를 두려워하지 말고 교회, 목회 사역을 새로운 패러다임으로 전환하여 변화를 준비하라.

4) 하나님은 이렇게 할 수 있는 지혜를 우리들에게 주셨다. 그 지혜를 땅에 파묻어 현실에 안주하지 말고 끄집어내어 사용하여 변화 앞에 패배주의자가 되지 말고 오히려 변화를 기회로 삼아, 교회를

통하여 하나님 나라는 시대를 초월하여 계속 확장해 나간다는 역사를 보이라.

이러한 희망을 함께 나누고 싶습니다. 예수님은 교권과 기득권에 사로잡혀 변화의 흐름을 읽지 못하고 현실안주에 급급한 교회 지도들에게 말씀하십니다.

"시대를 분별하라, 깨어 있으라."(막 13:37), "준비하라"(마25:13). 닭이 일천 번을 울어도 "너는 울어라, 나는 간다."(마11:16-17)가 아니라, 이 시대에 들려오는 닭 우는 소리 세 번에, 가던 걸음 잠시 멈추어 주님의 말씀을 다시 떠올려야 합니다(마 26:75).

이러한 영적인 민감성과 예민함이 무뎌지지 않게 날 세워 살아 있게 갈고 닦는 베드로가 되기를 바랍니다. 오늘 우리 모두가 민감성이 살아나는 베드로이기를 이 가을에 소망해 봅니다. 그리하여 하나님의 소망이 우리의 비전이기를 기도합니다.

제2부

그래도, 그럼에도 불구하고
"예수 크라테오!"

어떻게 하는 것이 이렇게 예수를 꽉 붙드는 '예수 크라테오!' 하는 것일까요? 내 인생의 매순간 순간마다, 1) "예수라면 어떻게 하셨을까?"를 정말 진지하게 물어야 합니다. 내 인생의 매순간 순간마다, 2) "이 마음이, 이 생각이, 이 말이, 이 행동이, 이 일이 과연 하나님을 기쁘시게 해 드리는 일일까?"를 물어야 합니다. 그래서 하나님이 좋아하시면 나도 좋고, 하나님이 싫어하시면 나도 마땅히 싫어해야 합니다.

이 가을, 잃어버린 꿈을 꾸리라!

경상북도 경주 근처 안강이라는 시골 마을의 가난한 농가에 한 소년이 살고 있었습니다. 너무나 가난하여 공부를 못하던 중에 포항에 가면 무료로 공부할 곳이 있다는 소식을 듣고 세 시간이나 걸어서 학교를 찾아갑니다. "통학 거리가 너무 머니까 학업을 포기하라."는 교장 선생님의 권고에 소년은 애원하며 매달렸습니다. 그러고는 학교를 다닐 수 있다는 기쁨에 매일 새벽 4시에 책 보따리를 짊어지고 학교를 다녔습니다. 고등학교까지 어렵게 졸업한 소년은 의학에 관심이 생겼지만, 여건과 환경으로 의대 입학이 어려웠습니다. 그럼에도 불구하고 그는 포기하지 않고 의대 수업을 10년 동안이나 청강했습니다. 이렇게 청강으로 쌓은 실력으로 의대 졸업장도 없던 이 청년은 연세대 의대 교수 공개채용에서 많은 유학파와 명문대 의대 졸업자들을 물리치고 합격해 교수가 됐습니다. 우리가 몰랐던 이러한 역경을 이겨낸 그의 꿈 이야기가 전해지면서 다시 한 번 감동을 갖게 됩니다.

지난해 말 급성패혈증으로 세상을 떠난 신바람 전도사, 고 황수관 연세대 외래교수(67)의 이야기입니다.

그는 머슴의 아들로 태어나 자기 땅 한 평도 없이 지독한 가난을 대물림 받았습니다. 가난은 그에게 '한'이었고, 비참함을 넘어선 '비극'이었으며, 소나무 껍질과 칡뿌리, 도토리로 주린 배를 채워야 하는 '굶주림'의 연속이었습니다. 간신히 18살에 중학교를 졸업하고 어머니가 마련해 주신 차비만 들고 서울로 올라온 이 청년은 신문배달, 우유배달, 구두닦이, 하우스 보이, 빌딩청소 등등을 전전하였습니다. 그러면서도 꿈을 버리지 않았습니다. 더 이상 농촌이 가난해서는 안 된다는 생각에 당시 농업의 선진국이던 덴마크로 유학을 가야겠다고 마음을 먹습니다. 세상적으로 보면 아무것도, 정말 아무것도 없었지만, 그에게 단 하나 가진 것이 있었습니다. 바로 '꿈'이었습니다.

어느 날 겨우겨우 영어로 자기의 꿈에 대한 편지를 써서 봉투 위에 '주소 덴마크 코펜하겐, 받는 사람 국왕 귀하'로 보냈는데, 얼마 지나지 않아 덴마크 국왕 보좌관실에서 편지가 왔습니다. 네덜란드 코펜하겐행 비행기표와 대학 입학 허가서, 전액 장학금과 기숙사 제공… 결국 그는 농업박사 학위를 마치고 한국 농업의 근대화를 이끌었습니다. 건국대 부총장을 지내신 유태영 장로님이십니다. 그분은 외칩니다. "꿈과 믿음이 있는 한 좌절은 없다!"고, "좌절은 꿈과 믿음이 없어서다."라고.

로마의 유명한 희극시인 테렌스는 노예 출신, 영국 장군 크롬웰은 양조업자, 미국의 신문발행인 하워드는 식료품상 조수, 미국의 정치가,

외교가, 과학자, 작가인 프랭클린은 떠돌이 화가, 『로빈슨 크루소』를 쓴 영국 소설가 다니엘 디포는 말 심부름꾼, 셰익스피어는 나무꾼의 아들로 극장 앞에서 말 지키는 사람, 『실낙원』을 쓴 영국 시인 밀턴은 고리 대금업자, 에이브러햄 링컨은 철도공, 미국 철도 건설업자 밴더빌트는 뱃사공 출신이었습니다. 이들 모두의 공통점은 "꿈을 가졌다"는 것입니다. 만약 밴더빌트가 강가에서 배의 노를 저으면서 꿈이 없었다면, 그의 인생은 저 시골 강가의 뱃사공으로 끝났을 것입니다. 그러나 그는 배를 저으면서도 미국 대륙을 철도로 연결하는 꿈을 지녔기에, 그가 있게 되었습니다.

'좌절과 절망과 불평'은 사단이 주는 마음이고, '희망과 용기와 감사'는 성령이 주는 마음입니다. 꿈을 꾸면 그 꿈이 우리 인생의 목표가 됩니다. 비전을 가지면 그 비전이 우리 인생의 목적이 됩니다. 꿈을 꾸게 하시는 이도 성령이시요, 그 꿈을 붙잡고 나아가도록 하시는 이도 성령이시요, 그 꿈을 이루게 하시는 분도 성령이십니다.

믿음이 있으면 하나님이 내 인생 안에 펼쳐 나가실 내일의 꿈이 오늘 보입니다. '믿음은 바라는 것들의 실상"(히 11:1)입니다. 그 꿈이 보이기에 환란과 고통이 있어도 이겨나갈 수 있습니다. 꿈을 꾸고, 꿈을 보고, 꿈을 심는 자(행 2:17)들만이, 그리고 꿈을 자라게 하시는 이는 하나님이심을 인정하고 믿고 나가는 겸손한 인생들(고전 3:7)이 그 꿈의 주인공이 됩니다.

이 가을! 드높은 하늘, 푸르른 구름, 신선한 단풍이 물든 나무 숲 사이로 성령이 주시는 꿈을 실컷 꾸고, 오늘 눈물로 인생의 씨앗을 뿌리고, 오늘이 될 내일 기쁨으로 단을 거두는(시 126:6) 꿈을 꾸시기 바랍니다. 내 인생 안에 성령이 주시는 그 꿈 이야기가 다시 살아나 신명나는 영혼의 주인공이 되기를 이 가을에 함께 소망해 봅니다.

비워야 채워진다

저는 개인적으로 '실증주의 신앙'에 필이 꽂힙니다. 아무리 겉으로 튼튼하게 보이는 나무일지라도 열매가 없으면 병든 나무이고, 겉으로는 비실비실 보여도 열매가 탐스럽게 열리면 건강한 나무입니다. 열매를 보아 나무를 압니다(마 12:33). 믿음도 열매로 나타납니다. 입으로만 믿는 예수가 아니라 생활 속에서 예수가 나타나고 보여지게 살아야 합니다. 우리가 살아가는 매일의 일상에서, 순간마다의 결단 속에서 '예수 생명의 빛'을 비추어 우리들의 착한 행실로 드러나야 합니다. 그리하여 하나님께 영광 돌리는 삶을 살아야 합니다(마 5:16). 그 믿음의 길이 바로 우리가 드릴 영적 예배(롬 12:1)입니다. 과연 나의 삶이 진정 "믿음의 길을 가는 영적 예배인가?"라는 물음을 던져보아야 합니다. 저의 이번 사순절 묵상의 주제이기도 합니다. 이 물음 속에서 8년 전 하늘나라로 이사 가신 ET 할아버지를 떠올리게 되었습니다. 그 기억을 이 사순절에 함께 나눕니다.

'ET 할아버지'로 알려진 채규철(1937-2006년) 선생님이 마지막으로 남긴 말은 "…저기가 어디야, 아름답구면. 나 이제 급히 감세!"라는 말이었습니다.

함경도 함흥에서 농촌 목회를 하시던 목사의 아들로 태어난 그는, 6.25 때 혼자서 서울로 내려왔습니다. 길거리나 천막교회 한쪽 귀퉁이에서 새우잠을 자면서 서울시립농업대학(서울시립대학교의 전신)에서 공부를 하였습니다. 졸업 후에는 덴마크에서 유학을 마치고 돌아와 찬란한 희망의 날개를 펼쳤습니다. 그는 장기려 박사와 함께 일종의 의료보험인 '청십자의료조합' 운동을 시작했습니다.

그러던 1968년 어느 날, 그는 뜻밖의 자동차 사고로 온몸이 불에 타 숯검정처럼 변했고, 얼굴은 도깨비처럼 흉측한 모습으로 바뀌었습니다. 그러나 그의 운명은 끈질겼습니다. 30차례가 넘는 성형수술을 받은 후 머리칼로 눈썹을 심고, 어깨 살갗을 떼어 눈꺼풀을 만들고, 입술은 가슴살로 되살리고, 오른쪽 눈엔 의안을 넣었습니다. 손은 갈고리처럼 휘어져 손가락까지 오그라들었습니다. 오른쪽 눈은 깜빡이지 않는 의안이고, 왼쪽 눈은 살에 반쯤 파묻혀 있습니다.

그렇지만 그는 그 모진 고통에도 무릎을 꿇지 않았습니다. 교통사고가 났던 1968년 어느 날 병석에서 일어나자, 다시 청십자운동에 가담하여 1982년까지 서울청십자의료협동조합을 맡아 열정적으로 일했으며, 1970년에는 간질환자들의 복지향상을 위한 모임인 '장미회'를 창립했습니다. 이어 1975년에는 '사랑의 장기기증 본부'를 창립하여 돌아가실 때까지 일했습니다. 가까운 사람들은 그를 '한국의 모세 채규철'로 불렸고, 철없는 아이들은 'ET 할아버지'라는 별명을 붙여주며 따라다녔습니다. ET는 외계인처럼 생겼다는 뜻이지만 '이미 타버린 사람'의 준말이기도 했습니다. '농촌계몽운동'에서 비롯된 그의 교육 사업은 1986년 경기도 가평에 설립한 '두밀리자연학교'로 연결됐습니다. '어린이가 바로 세상'이라는 철학을 이곳에서 실천했습니다. 평생을 계몽과 교육, 봉사 사업에 헌신한 그는 이렇게 말했습니다.

"우리가 사는 데 F가 두 개 필요해. 'Forget'(잊어버려라), 'Forgive'(용서해라). 사고 난 뒤 그 고통을 잊지 않았으면 나 지금처럼 못살았어. 잊어야 그 자리에 또 새 걸 채우지. 또 이미 지나간 일 누구 잘못이 어디 있어. 내가 용서해야 나도 용서받는 거야." (조선일보 관련기사 참조)

외모가 흉측할지라도 날마다 때마다 하나님 나라 회복을 위해 의미 있는 그 무엇인가를 열정을 갖고 한다는 것 자체만으로도 큰 은혜요 축복입니다. 그는 언제나 자신이 해야 할 일이 항상 남아 있다고 믿었고, 그 믿음의 길을 열정으로 걸어갔기에 오늘까지 많은 이들에게 큰 감동을 주었습니다. 평생을 자기 몸을 하나님이 기뻐하시는 거룩한 산 제물로 드리는 '영적 예배'를 사셨던 어른이셨습니다. 그가 필요하다고 설파했던 2F, "Forget, Forgive"를 이번 사순절에 예수 그리스도를 묵상하면서 다시 한 번 마음에 새겨봅니다.

우리들 모두 십자가 앞에서 잊을 거 잊고, 지울 거 지우고, 내려놓을 거 내려놓고, 그리고 용서할 거 용서하고, 하나님 나라를 위해 쓰임받기를 간절히 소원하며, 믿음의 길을 가는 오늘의 'ET', '작은 예수', '하나님 찾으시는 영적 예배자인 그 한 사람'이 바로 우리들이기를 소망해 봅니다.

예수 미니멀리스트

평생 시계 만드는 일에 헌신한 사람이 있었습니다. 그는 아들의 성인식 날 손수 만든 시계를 선물하였습니다. 그런데 그 시계는 여느 시계와는 다른 특별함을 지니고 있었습니다. 시침은 동(銅), 분침은 은(銀), 초침은 금(金)으로 되어 있었습니다. 시계를 받은 아들이 물었습니다. "시침이 가장 크니까 금으로 만들고, 가장 가늘고 작은 초침은 동으로 만들어야 하지 않나요?" 아들의 질문에 아버지는 "초침이야말로 금으로 만들어야 한단다. 초를 잃는 것은 세상의 모든 시간을 잃는 것과 마찬가지이기 때문이지." 그는 아들의 손목에 시계를 채워주며 말을 이어갔습니다. "초를 아끼지 않는 사람이 어떻게 시간과 분을 아낄 수 있겠니? 세상만사 순간에 의해 결정되는 것이라는 걸 명심하고, 너도 이제 성인이니만큼 1초의 시간도 소중하게 여겼으면 좋겠구나."

귀한 교훈입니다. 우리 모두 새해를 시작할 때는 큰 꿈을 갖습니다. 그러다 연말이 되면 그 꿈에서 자유로운 사람과 스트레스 받는 사람이 생깁니다. 그 꿈에서 자유로운 사람은 그 꿈이 이루어졌다면 더 말할 나위 없이 좋을 것입니다. 하지만 비록 그 꿈이 이루어지지 않았더라도 일년 동안 성취를 위하여 최선을 다하였다면, 그 결과에 대하여 떳떳하고 자유롭습니다. 그러나 꿈만 꾸었지 성취를 위하여 최선을 다하지 않은 사람들은 이루어지지 않은 꿈에 대해 늘 괴로워하고 갈등합니다.

우리는 꿈을 꾸는 사람들입니다. 꿈을 꾸되 자유로워야 합니다. 그러기 위해서는 어떤 인생의 목표와 비전과 꿈을 지녔더라도, 항상 하나님과 교회와 역사와 사람 앞에서 최선을 다해야 합니다. 성경은 이를 가리켜 '착하고 충성된 종'이라고 부릅니다. 또한 그렇지 못한 사람을 '게으르고 악한 종'이라고 부릅니다.

'선과 악'의 분별과 차이는 '충성과 게으름'입니다. 그리고 선한 자, 충성된 자의 특징은 '작은 일'입니다. 이들에게 주님은 약속하십니다. "작은 일에 충성하였으니 내가 많은 것을 네게 맡기겠노라. 네 주인의 즐거움에 참여할지어다." 인생의 그릇과 지경이 넓어져 가는 축복입니다. 복은 주님이 명하셔야 합니다. 주님이 명하시는 복은 '작은 일에 충성한 자'에게 해당됩니다. 무엇을 하든지 '작은 일에 충성'해야 합니다. 언제든지 '금으로 만든 시침'을 기억해야 합니다.

새해에는 작은 일에 최선을 다하지 않은 채 큰 꿈을 꾸며 그 꿈이 이루어지기를 바라는 '교만한 욕심'을 내려놓는 훈련을 해야 합니다. 큰 꿈은 작은 습관, 분명한 의지 등이 선행될 때 이룰 수 있기 때문입니다. 알렉산드라 피네는 말합니다. "가장 바쁜 사람이 가장 많은 시간을 가진다. 부지런히 노력하는 사람이 결국 많은 대가를 얻는다."

새해에는 내가 바쁘고 기쁜 일보다 주님 때문에 바쁘고 주님이 기뻐하실 일에 초점 맞추는 삶, 그래서 주님이 주목하시고 관심 갖는 '거룩한 열망과 부담이 있는 삶'을 꿈꾸시기를 바랍니다. 초침을 금침으로 여기는 작은 일에 충성하는 신앙을 살아가기를 바랍니다. 그래서 올해의 마지막 자락에 떳떳하게 자유하는 한 해가 되시기를 바랍니다.

'미니멀리스트'(Minimalist)라는 말이 있습니다. 자기가 가치 있다고 생각하는 그 일에만 집중하는 사람들을 가리키는 말입니다. 세계적인 패션 브랜드 ZARA의 회장은 여전히 구내식당에서 직원들과 항상 같이 밥을 먹고, 단 한 번도 개인용 집무실을 가져본 적이 없습니다. 50조 기부 선언을 했던 페이스북의 마크 주커버그는 퇴근 후에는 가족들과 대부분의 시간을 보냅니다. 의외로 이들의 삶은 매우 단순하고 평범합니다. 이들은 좋은 스포츠카나 명품 옷과 펜트하우스 등을 마음만 먹으면 아주 간단하게 누릴 수 있는 능력이 있습니다. 그리고 그것들을 싫어하지도 않지만, 그러나 그런 것들에 관심이 없을 따름입니다. 그들이 추구하는 삶의 가치가 애초에 그 방향이 아니기 때문입니다. 그들은 스스로 "내가 무엇을 원하는지 명확하게 알고 가장 소중한 것에 집중합니다."라고 말합니다. 이런 사람들을 '미니멀리스트'(Minimalist)라고 부릅니다.

우리들은 예수를 따라 이리저리 몰려다니는 '무리, 팬이 아닌'(Not a Fan), 예수를 이 시대에 나의 '삶의 자리'(Here and Now)에서

재현(Re-presentation)하는, 예수의 '애제자'(The Beloved Disciple)
된 삶을 살아야 합니다. 가장 행복한 부르심을 남김없이, 아낌없이,
후퇴없이, 후회없이 살아야 합니다. 이렇게 살려면 우리들은 과연
무엇으로부터 자유로워져야 하며, 무엇을 더욱더 가장 소중히 여겨야
합니까? 더 늦기 전에 깨닫는 순간이 가장 빠른 기회임을 믿고, 예수
안에서 우리들이 가장 가치 있다고 느끼는 것이 무엇인지를 깊게
고민해야 합니다. 그리고 그것을 위해 최선을 다해 관심을 갖고 집중하
며 살아갈 때, 분명히 올 한 해가 우리들에게 더욱더 훨씬 많이 행복해질
것입니다.

마지막 기회

일반 국민들이 자가용 비행기를 타고 해외로 나가 쇼핑을 하는 나라, 도로 위에 람보르기니와 포르쉐가 즐비한 나라, 전 국민에게 매년 1억 원의 생활비를 지급하는 나라, 주거, 교육, 의료비가 모두 공짜인 나라, 세금을 내지 않는 나라. 이 나라는 오세아니아 미크로네시아에 위치한 '나우루 공화국'. 인구 1만 명 정도에 울릉도의 3분의 1의 크기의 작은 이 섬나라는 '인광석'이라는 희귀자원이 풍족한 섬이라 1980년에 이미 1인당 국민소득이 2만 달러를 넘어가는 부자 나라였습니다.

이렇게 된 계기는 섬에 지천으로 널린 새똥 때문이었습니다. 철새들의 중간 기착지였던 이 섬에 오랜 세월 쌓인 새들의 똥은 산호층과 배합되어 '인광석'이 되었습니다. 나우루 공화국은 '인광석'으로 벌어들이는 막대한 돈을 국민에게 공평하게 분배하는 파격적인 정책을 시행합니다. 덕분에 나우루 공화국 국민들은 아무 일도 하지 않고 그저 소비하는 생활만 하게 되었습니다. '인광석'을 채굴하는 일도 외국인 노동자들을 들여와 일하게 하고, 모든 가정에는 가정부와 집사를 고용해 편하게 생활했습니다. 심지어 공무원들까지도 외국인들로 고용했다고 합니다. 국민이나 정부나 남는 게 돈이었기 때문입니다.

그 상태로 30년이 지나자 나우루 공화국 사람들은 집안 청소하는 방법도, 요리하는 법도 모두 다 잊어버렸습니다. 섬나라 나우루엔 어선이 사라졌고, 전통문화가 없어졌으며, 일이라는 개념 자체가 실종되어 버렸습니다. 그들은 그저 먹고 놀고 여행하는 습관만 남게 되었습니다. 나우루 공화국 사람들은 결국 80퍼센트가 비만에 시달렸고, 비만율, 당뇨병, 사망률 1위 국가가 되고 말았습니다. 그런 가운데 '인광석'의 채굴량이 갈수록 줄어들면서 나우루 공화국의 인광석 또한 2003년에 결국 고갈되었습니다.

가난해진 나우루 공화국 국민들은 처음부터 다시 시작해야 했습니다. 청소하는 법, 요리하는 법을 다시 배워야 했고, 고기잡이를 다시 시작해야 했습니다. 하지만 오랜 기간 놀고먹던 국민들에게는 쉽지 않은 일이었습니다. 일하는 즐거움을 잊어버린 그들에게는 나태함과 무기력만 남았기 때문입니다. 이뿐만 아니라 나우루 공화국은 존재 자체를 위협받기 시작하는데, 무리하게 '인광석'을 얻으려 땅을 파헤쳤기에 섬의 고도가 낮아진 것입니다.

그 때문에 만약 수면이 높아질 경우 섬이 통째로 가라앉을 위기를 맞고 있다고 합니다. 세상에 영원한 것은 없습니다. 바다 건너 먼 나라 일이 아닐지도 모릅니다. 풍족함은 언젠가는 사라지게 될 것이고, 미래를 준비하지 않으면 나우루 공화국 사람들처럼 후회하게 될 것입니다." (인터넷에서 퍼온 이야기)

나우루 공화국 이야기는 '현재의 풍족함에 만족하며 내일을 준비하지 않는 사람들'에게 좋은 교훈을 주고 있습니다. 그렇다면 우리 크리스천들이 오늘을 만족하고 감사하며 살아가면서, 내일을 위하여 무엇을 준비해야 할까요? 예수님은 누가복음 12장을 통하여 말씀하십니다.

한 부자가 살았습니다. 너무나 하는 일들이 잘되어 이젠 창고가 모자랍니다. 창고를 몇 개 더 짓습니다. 늘 오다가다 바라만 봐도, 홀로 눈감고 생각만 해도 너무나 흐뭇합니다. 오늘 우리들도 이 일에 힘쓰고 있지 않습니까? 이때 한 소리가 들립니다. 누가복음 12장 20절에서 "하나님은 이르시되 어리석은 자여 오늘 밤에 네 영혼을 도로 찾으리니 그러면 네 예비한 것이 뉘 것이 되겠느냐?"라고 하셨습니다.

하나님이 부르시면 그때가 어느 때이든, 또 무엇을 하고 있었든지 전혀 상관없이, 인생의 모든 것은 그 즉시로 하나도 남김없이 예외없이 그냥 끝나고 맙니다. 갈 때는 그 어떤 것도 쥐고 갈 수 없습니다. 내가 그동안 애지중지하고 흐뭇하게 여겼던 모든 것들을 다 놓고 가야 합니다. 이렇게 인생이 끝나면 그 모든 것이 누구 것이 되겠는가라고 물으시는 것입니다. 그래도 나는 세상에서 잘살고, 좋은 평가받고,

사람들에게 인심 잃지 않고 살았는데, 그러면 됐지 아니한가? 그런 생각과 마음이라면, 하나님은 다음 질문을 던지십니다. "과연 그렇다면 인생이 인생으로만 끝나는 줄 아느냐?" 대답은 "아니다."입니다.

'인생'—사람이 사는 생명—이 끝나면, '영생'—하나님 나라의 영원한 생명—이 시작됩니다. 그러므로 믿는 자들에게 인생의 정의는 분명해집니다. 인생(= 생명, 찰라, 순간)은 하나님 나라(구원과 영생)를 준비하는 기간입니다. 인생은 주님께서 우리를 사랑하시기에, 천국과 영생을 준비하라고 주신 마지막 기회이자 은총의 시간입니다. 그러기에 우리는 인생을 살면서 무엇에 더욱더 힘써야 하는가가 분명해집니다. 하나님이 우리들에게 허락하신 시간을 자기만족에 허비하지 말고, 성령의 도우심을 간구하며 하나님의 기쁨이 되는 시간들로 채워 나가야 하지 않을까요? 영적인 일에 더욱더 힘쓰고 분주해지는 한 해가 되시기를 바랍니다.

더 좋은 것은 아직 오지 않았습니다

중국 허베이 성 쉬자정 예리촌에는 빽빽한 나무들이 파란 잎을 뽐내는 근사한 숲이 있습니다. 놀랍게도 그 숲은 자연적으로 만들어진 것이 아니라, '원치'와 '하이샤'가 일궈낸 거대한 '인공 숲'입니다. 더욱 놀라운 것은 '원치'는 세 살 무렵 감전 사고로 두 팔을 잃었고, 하이샤는 마을 채석장 폭파사고로 앞을 보지 못하는 장애를 가지고 있다는 것입니다. 이 두 사람은 처음에는 묘목을 기르고 그것을 팔아 생계에 도움이 되고자 시작했습니다. 그러나 용수로도 변변치 않은 돌투성이의 황무지에 처음 심은 800그루의 나무 중 살아남은 나무는 단 두 그루뿐이었습니다.

주변 사람들은 불가능한 일이니 그만두라며 말렸습니다. 하지만 두 사람은 그만둘 생각이 없었습니다. 이들은 지난 15년간 눈이 오나 비가 오나 매일같이 서로의 눈과 팔이 되어 꾸준히 나무를 심었습니다.

그 결과 허허벌판 황무지였던 땅 위에는 1만 그루의 큰 나무숲이 생겼습니다. 하이샤는 말합니다. "원치는 저의 눈이고, 저는 원치의 두 손입니다. 둘이서 함께 하지 않으면 일을 할 수 없었어요." 처음에는 나무를 내다 팔아 돈을 벌 생각이었지만, 지금은 자식처럼 무럭무럭 자라는 나무의 모습과 후세들에게 깨끗한 자연환경을 물려주고 싶은 생각에 차마 나무를 벨 수 없었다고 합니다. (인터넷에서 퍼온 글)

참 귀한 인내요, 꿈입니다. '우공이산'(愚公移山)이란 말이 있습니다. 오랜 시간이 걸리더라도 꾸준히 노력해 나간다면 결국 뜻을 이룰 수 있다는 뜻입니다. 세상에 그 어떤 것도 하루아침에 이루어지지는 않습니다. 그러나 많은 사람들은 하루아침에 이루어지는 횡재를 바랍니다. 허깨비를 쫓아 평생을 큰소리만 뻥뻥 치며 살다 가는 사람들도 있습니다. 혹은 중간에 포기해서 뜻한 바를 이루지 못하는 사람들도 많습니다. '하다말다' 하면, 결국 '하나마나'가 됩니다.

두 팔이 없는 원치와 두 눈이 없는 하이샤가 돌덩이들이 가득한 황무지에 800그루의 나무를 심어 두 그루만 남았을 때 그들은 포기했을 수도 있었습니다. 이때 포기했으면 '하나마나'가 되었을 겁니다. 그러나 이들은 절대 포기하지 않고 15년 동안 꾸준히 나무를 심었고, 그 결과 드디어 1만 그루의 나무숲이 생기게 되었습니다. 이렇게 포기하지 않고 꾸준히 '하다하다' 보면 '된다된다'가 됩니다. "우리가 선을 행하되 낙심하지 말지니 포기하지 아니하면 때가 이르매 거두리라."(갈 6:9) 또한 "좋은 땅에 있다는 것은 착하고 좋은 마음으로

말씀을 듣고 지키어 인내로 결실하는 자니라."(눅 8:15)

　우리들이 끝까지 말씀을 붙들고, 어떤 시험과 유혹이 있을지라도 포기하지 말고 인내로 말씀을 지키며 선을 행한다면, 때가 이르면 반드시 결실을 거둔다는 말씀입니다. 바울 사도는 이어 야고보서 5장 11절에서, 포기하지 말고 인내하여 "주께서 주시는 결말을 보라!"고 말합니다. '내가 이뤄낸 결말'이 아니라 '주께서 나에게 선물로 주시는 결말'입니다. 주님은 나를 위해서 이미 결말을 준비해 놓고 계십니다. 그러나 주님이 준비하신 결말을 그냥 휙휙 지나치는 어리석고 미련한 사람들이 있습니다. 끝까지 인내하지 못하고 중간에 포기해 '하다말다' 했기 때문입니다. 말씀도 읽다말다, 기도도 하다말다, 봉사도 하다말다, 신앙생활도 하다말다 했기에 결국 결실의 열매는 하나도 못 이루고 '하다말다'해서 '하나마나'한 인생이 되고 맙니다.

　그러나 주님이 준비하신 결말을 내 인생 안으로 붙들어 끌고 들어오는 사람들이 있습니다. 끝까지 포기하지 않고 인내로 결실하는 자들입니다. 어떤 상황에서든 포기하지 않고 꾸준히 '하다하다' 보면 '된다된다'가 됩니다. 하나님께서, 주님께서 우리들에게 요구하시는 것은 단 하나입니다. '인내'입니다. '끝까지 포기하지 않는 일'입니다. 우리들의 신앙 목표는 '주께 가까이'입니다. 절대 축복이 아닙니다. 축복은 주께 가까이 가다보면 따라오는 선물일 따름입니다. 주께 가까이 가다보면 어느덧 문제가 해결되고 기도가 응답됩니다. '어느덧'입니다. 그런데 그 길을 가는 우리들에게 사단과 마귀가 자꾸 시험하고 유혹해서 우리를 낙심하게 합니다. 포기하게끔 만듭니다. 이때 마귀가 주는 낙담, 불안에서 자유하려면, '쓸데없는 근심과 걱정은 끄집어 내어버리고 염려를 기도로 바꾸며, '주께 가까이 가는 길을 절대 포기하지 말고 인내하면 반드시 주께서 주시는 결말을 보게 될 것'입니다.

어느덧 봄이 다가옵니다. 올 한해가 작년보다 조금이라도 주님께 가까이 다가가시는 한 해가 되어야 합니다. '하다말다'하면 '하나마나'가 되고, '하다하다'보면 '된다된다'가 됩니다. 어떤 상황에서도 끝까지 포기하지 말고 인내하며 주께 한걸음이라도 더 가까이 다가가면, 주께서 주시는 결말을 맛보게 될 것입니다. 내 인생 안에, 내 자녀들의 인생 안에, 우리 교회 안에, 이 세상 안에, 하나님이 나타나 도우시는 역사, 눈으로 보고 손으로 만지는 여호와의 행적들이 많이 나타나시는 한해가 되시기를 축복합니다. 더 좋은 것은 아직 오지 않았습니다. 기대하고 소망합니다.

과거의 닻줄을 끊어라

아이들이 중학교 때입니다. 어느 날 이런저런 이야기를 나누었던 적이 있습니다.

"아빠! 내가 내 친구들하고 얘기할 때 하고, 아빠하고 얘기할 때 하고 차이가 많아요."

"그래?"

"아빠하고 얘기하면 항상 자꾸 옛날 얘기들을 많이 하는데, 친구들하고는 앞으로의 얘기, 미래 이야기를 많이 해요."

뒤통수를 뎅 하고 얻어맞은 기분이었습니다. 그랬나 싶어 곰곰이 생각해 보니까 정말 그랬습니다. 그래서 앞으로는 아이들하고 미래와 내일의 이야기들을 더 많이 해야겠다고 마음먹은 적이 있습니다.

세상을 살아가는 사람들의 삶의 양식 중의 하나는 늘 "옛날에는 이래서 좋았는데…"라는 '과거지향적 삶', 다른 하나는 "앞으로는 이렇게 됐으면 좋겠는데…"라는 '미래지향적 삶'이 있습니다. 나이 70살에 늦게나마 공부하고 싶으면 학교에 들어가고, 환갑이 지나서 악기도, 미술도 배웁니다. 전문가는 아니더라도 내가 평소에 하고 싶었던 거, 그러나 사는 게 바빠서 놓치고 살았다면, "이 나이에 뭘!" 하지 마시고, "내 나이가 어때서!"라고 한 번 외치고 시작해 보는 겁니다. "이 나이에 뭘!"하고 말하는 사람은 과거지향적, 현실 안주적이고, "내 나이가 어때서!"라고 말하는 사람은 미래지향적, 창조적이고 도전적입니다.

이렇게 살려면 가장 먼저 과거를 확실하게 끊어야 합니다. 배를 타면 노 젓는 일보다 먼저 닻줄을 끊어버려야 합니다. 배가 닻줄에 묶여 있으면 아무리 노를 저어도 앞으로 가지 못하고 그 자리에서 뱅글뱅글 돌기만 합니다. 과거라는 끈을 과감하게 끊지 못하면 결코 내일을 향해 나아갈 수 없습니다. 출애굽한 이스라엘 백성들에게 하나님은 모세를 통하여 '가나안 땅'이라는 분명한 미래지향적인 목표를 주셨습니다. 하지만 그들은 광야 길을 가다가 조금만 어려운 일을 당하면 불평하였습니다. "아! 애굽의 고기냄비가 그립다. 돌아가자! 왜 우리를 여기까지 끌고 와서 사막에서 죽게 만드느냐?"라고 하면서 애굽에서의 삶을 그리워하였습니다. 애굽이라는 '과거의 닻줄'을 끊어 버리지 못했기 때문에 결국 내일의 소망의 땅인 가나안에 들어갈 수 없었습니다.

앞으로 쭉쭉 뻗어 나가고 싶은데, 우리들의 발목을 잡는 과거의 닻줄이 있다면, 과감하게 끊어버려야 합니다. 이는 곧 '회개' 입니다.

세상에서 제일 말 잘하는 사람이 기독교인들이랍니다. 천국에 가면 기독교인들 혓바닥만 푸줏간에 고기 걸려 있듯이 죽 걸려 있더랍니다. 회개는 입술의 회개, 혓바닥의 회개, 말의 회개가 아닙니다. 마음이 바뀌고, 생각이 바뀌고, 말이 바뀌고 생활이 바뀌는 전인적인 변화가 회개입니다.

또한 미래지향적 인생을 살려면 회개 후의 인생 목표를 분명히 해야 합니다. 활 위에 화살을 얹어 힘을 다하여 당기는 것은 최선을 다해 열심히 사는 인생과 같습니다. 그런데 과녁이 없다면 시간이 흐를수록 팔에 힘이 점점 떨어져 마지막에는 손을 놓게 되고 화살은 아무 데로나 날아가 버립니다. 열심히는 살았지만 목표 없는 인생은 이와 같습니다. 열심히 사는 것도 중요하지만 그것보다 먼저 해야 할 일은 인생의 목표를 분명히 정하는 것입니다.

사도 바울은 그리스도인의 인생 목표는 '하나님의 영광'(고전 10:31)이라고 말합니다. 시장에서 두부를 팔더라도 친절하고 정직하게 팔고, 두부 봉지 안에다 "하나님은 당신을 사랑하십니다. 예수 믿고 구원받으세요. 오늘 하루도 힘내세요!"라는 쪽지 하나를 넣어준다면, 하나님의 영광을 드러내는 삶이요, 시장의 두부 파는 그 자리는 '거룩한 자리'가 됩니다.

직업에는 귀천이 없습니다. "내가 일하고, 살아가는 삶의 현장에서 나는 어떻게 하나님의 영광을 드러낼 수 있을까?"를 고민하는 것, 그것이 바로 우리 인생의 목표여야 합니다. 그 안에 기쁨이 있고, 그 안에 감사가 있고, 그 안에 인생의 가치와 의미가 있고, 그 안에 진정한 행복이 있고, 그 안에 구원이 있습니다. 그리고 미래지향적 인생을 살려면 회개 후 인생의 목표를 분명히 정하고 움직여야 합니다. 달란트의 비유(마 25장)에서 선과 악, 그리고 충성과 게으름의 기준은 '멈춤'과 '움직임'입니다. 악과 게으름은 '멈춤'입니다. 선과 충성은 '움직임'입니다. 자전거도 서 있으면 넘어집니다. 멈춤입니다. 넘어지는 것을 각오하고 페달을 밟아야 안 넘어지고 앞으로 나갑니다. 움직임입니다. 움직여야 진보가 일어납니다. 신앙생활은 하다 말다, 했다 안했다가 아닙니다. 예수를 목표 삼았으면, 내 영혼이 사는 일에 최선을 다하는, 살아 있는 영성과 신앙을 갖고 유지하고 지키는 일에 집중해야 합니다. 어떤 시련도, 어떤 장애물도 뛰어 넘을 준비가 되어 있어야 합니다.

어느 유치원에서 소풍을 갔습니다. 한 아이가 선생님께 "시냇물은 왜 소리를 내며 흘러가요?"라고 묻습니다. 선생님이 대답합니다. "시냇물이 졸졸졸 소리를 내는 것은 물속에 돌멩이들이 있기 때문이란다."

우리 인생도 살다보면 환란이라는 돌멩이들이 이 모습 저 모습으로, 이곳저곳에 놓여 있습니다. 그러나 시냇물 안에 들쭉날쭉한 돌멩이가 있기 때문에 시냇물이 아름다운 소리를 내듯이, 우리 인생 안에 있는 환란이라는 돌멩이들이 오히려 우리 인생을 더욱더 아름답게 만든다는 것을 깨닫는 것이 신앙의 지혜입니다. 이 신앙의 지혜를 갖고 작년보다는 올해가 더 나아지고, 오늘보다는 내일이 더 좋아지는 그래서 가면 갈수록 잘되고, 좋아지고, 나아지는 미래지향적 역사를 살아가는 우리 모두가 되기를 중보합니다.

하나님이 주신 무한도전

한 해가 저물어가고 또 한 해를 맞이합니다. 송구영신입니다. 보낼 건 보내고 맞이할 건 맞이해야 하는 때입니다. 마땅히 보내야 할 것을 보내지 못하고 계속 끌어안고 산다면, 과거가 족쇄가 되어 앞으로 나가지 못합니다.

'저장 강박증'이라고도 불리는 '호더스 증후군'은 물건을 쌓아두고 버리지 못하는 사람들을 말합니다. 우리 주변에도 쉽게 눈에 띕니다. 어느 통계에 보면 우리가 가진 것 중 80퍼센트를 버려도 사는 데 전혀 문제가 없다고 합니다. 하지만 온 집안에 쌓아둔 온갖 것들이 모두 중요하다고 생각해서 아무것도 버리질 못하는 사람들이 있습니다. 바로 '호더스 증후군'을 앓고 있는 것입니다.

어찌 버리지 못하는 것이 이런 물건들뿐이겠습니까? 지난날의 나쁜 기억들과 마음들도 '저장 강박증'처럼 버리지 못하고 마음속에 담아두고 사는 경우가 얼마나 많은지 모릅니다. 이제 한 해의 끝자락에 서서 버려야 할 것들―시기, 질투, 미움, 다툼, 분열, 정욕, 욕심, 자기비하, 열등감, 자조감, 우울증, 나쁜 생활 습관들, 코람 데오 하나님 과 교회와 사람들 앞에서 갖는 악한 마음과 생각과 행위―을 다 버려야 합니다. 그리고 앞으로 나아갈 준비를 해야 합니다.

그렇다면 새해는 어떻게 맞아야 할까요? 상담이론 중에 '수용전념 치료', 즉 수용(Acceptance)과 전념(Commitment)을 강조하는 심리치료가 있습니다. 이전에는 어떤 문제가 있을 때, 그 문제를 반드시 해결해야만 한다고 주장했다면, 요즘의 '수용전념 치료'는 나를 힘들게 한 그 문제를 그 자체로 수용하고 인정하라는 것입니다. 그 문제를 그대로 두고, 더 가치 있는 다른 것들을 찾아 그 일에 전념하라고 합니다. 그때 원래 문제가 되었던 이전 문제는 없어지지는 않았지만, 더욱 가치 있는 일에 전념하므로 새로운 기쁨을 찾게 된다는 것입니다. 이전 문제들도 어느덧 해결된다는 것이 바로 '수용전념 치료'의 핵심입니다.

우리들 스스로 지나간 날들의 좋지 않던 일들과 단점들을 단죄하고 괴로워하기보다는, 새로운 가치 있는 일을 찾아 전념함으로써 그것들을 이겨 나가라는 것입니다. 하나님을 향한 열심이 특심이었다고 고백한 엘리야! 그는 450명의 바알 선지자를 갈멜 산에서 혼자 다 물리치는 드라마틱한 대승을 거둡니다. 3년 6개월 동안 비가 오지 않았던 땅에 촉촉이 비가 적십니다. 예수와 모세와 함께 변화산에 능력의 상징으로 등장한 엘리야가 그깟 이세벨의 위협적인 단 한마디에 줄행랑을 쳐 로뎀나무 그늘 아래서 죽기를 간청합니다. 이때 하나님의 처방전이 무엇이었습니까? 우리가 관심을 가져야 할 부분입니다. 우리도 갈멜 산의 엘리야와 같을 때도 있지만, 로뎀나무 그늘 아래의 엘리야와 같을 때도 있기 때문입니다. 그러기에 엘리야를 향한 하나님의 처방전은 나를 향한 처방전이기도 합니다.

하나님은 로뎀나무 그늘 아래 있는 엘리야를, 나를 하나님의 산 호렙으로 보냅니다. 그리고 세밀한 음성으로 말씀하십니다. "다메섹에 가서 하사엘에게 기름을 부어 아람의 왕이 되게 하고 또 님시의 아들 예후에게 기름을 부어 이스라엘의 왕이 되게 하고 또 아벨므홀라 사밧의 아들 엘리사에게 기름을 부어 너를 대신하여 선지자가 되게 하라."(왕상 19 : 14-16) 하나님의 처방전은 나만 홀로 남았다는 극심한 고독과 불안에 사로잡혀 두려워하는 엘리야에게 하나님의 음성을 들려주심으로써 "엘리야야! 너는 결코 혼자가 아니란다. 나 여호와가 너와 함께 있단다. 바알에게 무릎 꿇지 않은 7천 명도 남겨 놓았단다." 라는 메시지를 주십니다. 그리고 그와 동시에 새로운 일감, 사역을 맡겨 주심으로써 그를 다시 일으키십니다. 성경에 나타난 '수용전념 치료'가 아닐까 생각해 봅니다.

지나간 날들의 고독과 불안과 두려움들, 그리고 마음에 버려야 할 잔재들과 기억들이 있다면, 그것을 붙들고 고민하지 말고 있는 그대로 다 수용하고, 새롭게 펼쳐지는 새해에 하나님이 맡기신 사역에 전념하시기 바랍니다. 그렇게 할 때 우리를 괴롭혔던 모든 일들이 사라지고 창조적 열매들이 가득하게 될 것입니다. 우리 크리스천들은 내가 힘들어도 주위를 둘러보아 중보하며 기도하고, 사랑을 행하고 도와주며, 교회를 섬겨야 합니다. 그럴 때 어느덧 내 문제가 해결되는 역사가 일어납니다. '수용과 전념'입니다. 그때 하나님께서 은혜로 치료해 주십니다.

금붕어의 수명은 보통 작은 어항 속에서는 10년, 몸길이는 5cm까지 자랍니다. 하지만 금붕어를 조금 더 큰 어항으로 옮기면 금붕어의 수명은 30년 이상, 몸길이는 30cm까지 자랄 수 있다고 합니다. 어느 공간에서 자라느냐에 따라 그 수명과 몸길이가 무려 2배에서 4배의 차이가 납니다. 새해에는 '나'라는 '나만의 작은 공간'을 깨부수고 나와서 '하나님이 주시는 무한 공간'에서 '하나님이 함께 하시는 무한 도전'이 이루어져야 합니다. 더 나아가 나와 나의 자녀들과 섬기는 교회와 직장과 사업과 일터에 "성숙과 성장의 역사가 반드시 이루어지리라!"는 성서적 희망을 안고 새해를 힘 있게 열어 나가시기를 중보합니다.

'메뚜기 의식'과 '우리 밥' 의식

　　히말라야 고산족들은 산양을 사고파는 방법이 아주 독특합니다. 그들은 산양을 팔기 위해 일단 산비탈로 올라갑니다. 왜일까요? 산양의 크기에 따라 값을 정하는 것이 아니고, 산양의 성질에 따라 값을 정하기 때문이라고 합니다. 산양은 산비탈 위에 있을 때 그 성질이 나타나기 때문에, 산양을 산비탈에 놓아두고 살 사람과 팔 사람이 가만히 지켜봅니다. 산양이 산비탈 위로 풀을 뜯으러 올라가면 아무리 작고 보잘 것 없어도 값이 올라갑니다. 그러나 산양이 비탈 아래로 내려가면 아무리 몸집이 크고 튼튼하게 보여도 값이 내려갑니다. 위로 올라가는 산양은, 현재는 힘들더라도 넓은 산허리의 풀들을 먹으며 건강하게 자랄 미래가 있지만, 아래로 내려가는 산양은 결국 협곡 바닥으로 향하게 되어 있고, 그곳에 이르러서는 그 어디에도 풀이 없기에 굶주려 죽게 마련이라는 것입니다.

'인생'이란 글자는 사람 '인'자와 생명 '생'자로 이루어져 있습니다. 하나님으로부터 살라고 명(命) 받은 기간을 사는 것이 우리들 각자의 '인생'입니다. 인생에는, 결실을 꿈꾸며 힘들지만 땀 흘리며 씨앗을 뿌리는 봄과 뜨거운 햇볕을 통해 농익어가는 여름, 그리고 탐스러운 열매가 풍성히 맺히는 가을만 있는 것이 아닙니다. 황량한 광야와도 같이 추운 겨울도 지나게 됩니다. 나뭇잎이 다 떨어져서 민낯을 드러내 며 바람 부는 대로 이리저리 휘청거리는 나무들을 바라보면 처량하게 느껴집니다. 그러나 식물학자들에 따르면, 이 휘청거림은 봄을 준비하 는 나무들의 몸짓이라고 합니다. 이리저리 바람에 밀려 힘없이 왔다 갔다 할 때마다 저 깊은 뿌리에서부터 저 멀리 가지 끝까지 영양분들을 위로 골고루 밀고 올라가 전해주어 봄날의 푸르른 잎새를 준비한다고 합니다.

겨울이 피해갈 수 없는 계절이듯이, 우리가 하나님을 믿는다고 해서 역경과 환란의 바람이 비껴가거나 땅으로 꺼지거나 하늘로 사라 지지 않습니다. 어차피 거치지 않으면 안 되는 과정이라면, 이 역경을 대하는 우리들의 마음이 문제일 것입니다. 내 인생의 역경은 무엇이었 는가에 대한 정의는, 역경을 겪은 후에나 대답할 수 있습니다. 역경의 바람을 뚫고 나가 더욱더 강인해졌다면, 그 역경은 황량한 겨울에 봄을 준비하는 나무처럼 인생을 세우고 이끌고 나아가는 건설자로서 작용한 것입니다. 그러나 역경의 바람에 밀려 이리저리 방황하다가 결국 헤어 나오지 못하고 주저앉는다면, 그 역경은 인생을 제자리에 멈춰 세우고 무너뜨리는 파괴자로서 작용한 것입니다.

느헤미야 4장에는, 예루살렘 성을 재건하는 느헤미야와 이스라엘 백성들의 모습이 나옵니다. 이들은 느헤미야의 지도로 예루살렘 성을 재건합니다. 그런데 산발랏과 도비야는 이들이 재건 후에 흥왕해져서 자기들의 기득권을 빼앗아갈까 봐 염려하다가 마침내는 분노합니다. 비난하고 조롱하다 못해 재건을 방해하려고 군사를 이끌고 쳐들어가기로 결의합니다. 이때 백성들은 "흙무더기가 아직도 많은데 짐 나르는 자의 힘이 다 빠져서 성을 건축하지 못하리라 우리가 알지도 못한 사이에 이들이 달려들어 우리를 살육하고 역사를 그치게 하리라."는 부정적인 마음으로 물들어 갑니다.

그때 느헤미야는 이들 중심에 꿋꿋이 서서 요동치 않고, "너희는 그들을 두려워하지 말고 지극히 크시고 두려우신 주를 기억하라. 이 일은 하나님이 기뻐하시는 일이다. 하나님이 친히 싸우시리라."고 선포합니다. 백성의 절반은 일하게 하고, 나머지 절반은 갑옷을 입고 칼을 들고 파수하도록 하며, 예루살렘 성 재건 사역을 멈추지 않았습니다.

유다 백성들은, 마치 가나안 땅 정탐꾼 열 명이 돌아와 '가나안 땅은 젖과 꿀이 흐르는 비옥한 땅이 맞다. 그러나 그 땅의 거민들을 바라볼 때, 우리는 스스로 보기에도 메뚜기와 같더라. 결론은 점령 불가'라고 보고하는 것과 같습니다. '메뚜기 의식'입니다. 그러나 느헤미야는, 마치 여호수아와 갈렙처럼, "다 맞다. 그러나 한 가지 사실을 잊지 말자. 그 땅을 약속하신 분은 하나님이시다. 그들은 우리의 밥이다."라고 보고하는 사람과 같습니다. '우리 밥' 의식입니다.

'바라봄의 영성'을 지녀야 합니다. 두려움을 주는 현실을 피하여 산 아래 편한 곳을 바라보고 타협하며 내려가는 산양처럼 '메뚜기 의식'을 가지면 안 됩니다. 아무리 힘들고 어려울지라도 산 위로 올라가는 산양처럼 '우리 밥 의식'을 갖고 하나님의 약속을 바라봐야 합니다. 대적과 억울함과 위협과 두려움 속에서도 하나님의 약속을 바라보며 꿋꿋하게 서 있는 지도자 느헤미야를 바라봅니다. 영적 지도자의 모습입니다.

가정마다, 교회마다 지도자들은 이 영적인 자리를 선연히 알아야 합니다. 세상 속에서 빛을 발하여 하나님 나라를 세워 나가는 우리들도 역시 그 영적인 자리에 믿음으로 설 수 있어야 합니다. 그때라야 나와 가정과 교회와 세상 안에도 하나님의 도성이 세워질 것이고, 그 도성에서 흘러나오는 생수가 닿는 곳곳마다 치료와 회복과 생명의 역사가 풍성케 될 것입니다.

무엇을 바라볼 것인가

'떨어지지 않은 사과'라는 유명한 일화입니다. 1991년 가을, 연이은 태풍으로 일본 아오모리 현의 사과 중 90퍼센트 정도가 떨어졌습니다. 애써 재배한 사과를 팔 수 없게 되자, 사과를 재배하던 농민들은 깊은 실의에 빠졌습니다. 하지만 그 중 한 사람은, 떨어지지 않은 나머지 10퍼센트의 사과에 '떨어지지 않은 사과'라는 이름을 붙이고는, 그 사과를 열 배나 비싸게 판매했습니다. '태풍 속에서도 떨어지지 않은 사과'는, 마침 대학교 입학시험을 코앞에 둔 수험생들과 부모들, 그리고 취업 준비생들에게 폭발적인 인기를 얻었습니다.

이 무명의 농부는 태풍으로 땅바닥에 떨어진 90퍼센트의 사과를 의식하지 않고, 떨어지지 않은 10퍼센트의 사과를 보았던 것입니다. 이렇게 어디를 보느냐에 따라 인생이 달라집니다. 우리 인생의 오늘과 내일은 '바라봄'의 미학에 달려 있습니다.

가나안 땅을 앞에 둔 열두 명의 정탐꾼 이야기가 떠오릅니다. 이스라엘 열두 지파에서 한 명씩 두령들을 내어 열두 명이 40일간의 정탐을 마치고 돌아와 모세와 이스라엘 회중들 앞에 섭니다. 그러나 이들은 상극의 보고를 합니다. 여호수아와 갈렙은 "그들은 우리 밥이다. 가나안 땅을 정복하자!"고 외쳤지만, 나머지 열 명은 "그들에 비하면 우리는 마치 메뚜기 같았다. 가나안 땅 점령은 불가능하다."고 보고했습니다.

이들 열두 명이 가서 보고 온 장소와 상황과 현실이 달랐던 것인가요? 절대 아닙니다. 그들은 모두 똑같은 지역인 가나안 땅을 정탐하고 돌아왔습니다. 그러면 왜 이렇게 다른 보고를 하게 되었을까요? 열 명의 정탐꾼들은 현실을 현실로만 받아들인, 90퍼센트의 떨어진 사과를 바라보며 실의에 빠진 사람들과 같습니다. 그러나 여호수아와 갈렙은 똑같은 현실이었지만, 그 가운데서 하나님의 약속을 바라보았습니다. 10퍼센트의 떨어지지 않은 사과를 바라보며 희망을 가진 무명의 농부와도 같았습니다. 여호수아와 갈렙은 나머지 열 명과 함께 똑같은 현실을 보았지만, "그 땅을 약속해 주신 분은 하나님이신데, 우리가 그 약속을 믿고 나가면 살아계신 하나님께서 그들을 우리 손에 붙이사 승리케 하실 것이다."라고 외쳤습니다.

열 명의 정탐꾼들이 가나안 땅에서 보낸 40일간의 정탐기간은 결국 1일을 1년으로 계산하여 40년 동안의 광야 생활로 보응을 받게 되어, 열 명의 정탐꾼들은 물론 청년 이상 이스라엘 자손들은 40년에 걸쳐서 광야에서 다 죽었고, 광야에서 태어난 2세대들과 1세대 중에서는 오직 여호수아와 갈렙만이 가나안 땅에 들어갑니다. 이렇게 우리가 무엇을 바라보는가 하는 관점이 우리 인생을 바꿉니다.

90퍼센트의 떨어진 사과를 보면, 우리 앞의 현실은 우리를 실의와 절망으로 빠지게 만들 수 있습니다. 믿는 자들은 우리에게 두려움과 절망을 안겨주는 아낙 자손과 철병거와 견고한 성읍을 보고도 그 가운데서 살아계신 하나님을 바라보고, 하나님의 약속을 바라보아야 합니다. 순종은 따져보고 하는 게 아닙니다. 하나님이 하라시면 하는 게 순종입니다. "내 영혼아 네가 어찌하여 낙심하며 어찌하여 내 속에서 불안해하는가. 너는 하나님께 소망을 두라. 그가 나타나 도우심 으로 말미암아 내가 여전히 찬송하리로다"(시편 42:5).

여기서 갈렙의 이야기를 하나 더 이어가려고 합니다. 가나안 땅으로 들어간 이스라엘 민족들은 여호수아의 지도 아래 제비 뽑기를 통하여 땅을 기업으로 분배받게 됩니다. 이때 갈렙이 말합니다. "내 나이 40세에 가나안 땅을 정탐하고 돌아와 성실하게 보고하였습니다. 이제 45년이 지나 내 나이가 85세가 되었습니다. 그때나 지금이나 나는 강건합니다. 그러니 그날에 여호와께서 말씀하신 이 산지를 내게 주소서. 여호와께서 나와 함께 하시면 내가 여호와께서 말씀하신 대로 그들을 쫓아내리이다." 45년 전 그때 그 마음, 즉 약속하신 분은 하나님이시라는 그 믿음이 45년 동안 한결같이 유지되어 45년 후에도 같은 믿음의 고백을 합니다(민 13:30; 수 14:12). "그날에, 45년 전에 말씀하신 이 산지를 45년이 지난 오늘 내게 지금 주소서."

하나님은 결국 갈렙에게 이 땅을 주셨습니다. 우리 모두 아낙 자손과 철병거와 견고한 성읍과 90퍼센트의 떨어진 사과를 바라보는 눈을 돌려, 이제는 살아계신 하나님과 하나님의 약속, 그리고 그분의 역사하심과 성취하심을 바라봐야 합니다. 갈렙처럼 45년이 지나도 한결같이 변치 않는, 인내하는, 상록수와 같은 믿음을 가져야 합니다. 그래서 하나님의 약속과 언약이 내 인생 안에 성취되는 역사를 체험해야 합니다.

살아계신 하나님! 오늘도 역사하시는 하나님! 나에게도 오늘 역사하시는 하나님! 그분에 대한 믿음이 체험으로 살아 있어야 합니다. 우리 모두를 온전하게 하시는 예수를 바라보며 달려갈 길 마칠 때까지 선한 싸움을 싸워야 합니다. 그럼으로써 갈렙과 같은 믿음을 끝까지 잘 지키셔서 주님의 큰 상급 받을 준비를 해나가시는 복된 인생을 누리시기를 중보합니다. 하나님의 축복은 하나님의 사람을 따라다닙니다.

교회가 희망입니다

　세계적인 권위를 가진 영국의 옥스퍼드 사전이 2016년도 올해의 단어를 뽑았습니다. 선정된 'post-truth'(탈진실적)란, '모든 사람들이 그렇게 될 것이라는 예상을 뒤엎는 사회적 현상'을 뜻하는 말입니다. 2016년에 벌어진 '탈진실적' 현상의 첫 번째는 영국의 브렉시트(유럽연합 탈퇴), 두 번째는 미국 대통령 선거에서 트럼프 당선, 세 번째는 우리 조국 대한민국에서 일어나고 있는 사건들입니다. 이화여대에 다니는 한 학생으로부터 시작된 사태가 대통령 탄핵과 하야를 요구하는 상황에까지 이르렀습니다. 대한민국 국민 대다수가 분노와 절망을 뛰어넘어 상실감과 자괴감마저 느끼는 이때, 조금이나마 한국인으로서의 자존심을 회복시키고 눈물이 나도록 애국심을 끓어오르게 해주는 글이 하나 있어 그 중 일부만 소개합니다.

　영국인으로 한국에서 15년 동안 특파원 기자로 일한 마이클 브린은

"한국인을 말한다!"라는 글에서, 한국인을 다음과 같이 묘사합니다.

1. 세계적으로 평균 IQ 105가 넘는 유일한 나라.

2. 세계적으로 문맹률 1퍼센트 미만인 유일한 나라

3. 미국과 제대로 전쟁 했을 때, 3일 이상 버틸 수 있는 세계
   8개국 중 하나인 나라

4. 세계 2위 경제대국 일본을 발톱의 때만큼도 여기지 않는
   나라

5. 세계 봉사국 순위 4위인 나라

6. 문자 없는 나라들에게 UN이 제공하는 문자인 한글을 만든
   나라

7. 가장 단기간에 IMF를 극복하여 세계를 경악시킨 나라

8. 세계 10대 거대 도시 중 한 도시를 보유하고 있는 나라(서울)

9. 세계 4대 강국인 미국, 중국, 일본, 러시아를 우습게 아는
   배짱 있는 유일한 나라

10. 인터넷 무선망, 스마트폰 보급 등등 초고속 통신망과 IT
    기반이 세계에서 최고인 나라

11. 세계 각국 유수대학의 우등생 자리를 휩쓸고 있는 나라(2위
    이스라엘, 3위 독일)

12. 한국인은 유태인을 게으름뱅이로 보이게 하는 유일한 민족

13. 세계에서 가장 기가 센 민족(한국인은 강한 사람들에게는
    꼭 '놈'자를 붙인다. 미국놈, 왜놈, 떼놈, 러시아놈 등)

14. 약소국에게는 관대한 민족(아프리카 사람, 인도네시아

사람, 베트남 사람 등, 이런 나라엔 '놈'자를 붙이지 않는다.)
15. 국력으로 치자면 끝에서 2, 3번째 하던 나라가 이제 세계
    10위권을 넘보고 나래

한국은 180년 주기로 기운이 상승하는데, 지금이 바로 그때다.
어느 정도의 난관이 있을지는 모르지만 틀림없이 이를 극복하
고 도약하리라 믿는다. 한국의 객관적 지표들이 현저히 나빠지
고 있다. 보다 큰 불행의 전주곡들도 여기저기서 들려오는
듯하다. 하지만 머지않아 반전의 기회가 오리라 믿는다. 한국인
은 필리핀이나 아르헨티나, 그리스처럼 추락할 때까지 절대
지켜만 보고 있지는 않을 것이기 때문이다. 대한민국! 파이팅!
힘내라! 코리아!

우리 한민족의 장점들과 저력을 이렇게나마 공감해 주니 은근히
힘이 납니다. 그러나 한 가지 더할 것은, 오늘 이러한 한국의 발전적인
근대사를 이끌었던 견인차는 '한국의 기독교요, 교회'라는 사실입니
다. 오늘날 사회가 교회를 걱정하고 염려한다고 하지만, 사실 따지고
보면 조족지혈에 불과합니다. 한국에 약 6만 교회, 1,200만 신자들,
13만 교역자들 중 사회적 지탄을 받아 마땅한 사람들의 비중이 얼마나
될까요? 불과 0.1퍼센트도 안 됩니다. 물론 교회는 일반 사회에 비해
더 높은 도덕성과 투명성과 가치관을 지녀야 하기 때문에 0.1퍼센트도
그리 되어서는 안 됩니다. 그러나 한 가지 분명한 것은 이 0.1퍼센트
때문에 오늘도 묵묵히 하나님 나라를 위해 나누며 섬기는 99.9퍼센트

의 건강한 교회들을, 성도들을, 교역자들을, 선교사들을 매도하여 도매급으로 넘기면 안 됩니다. 속이 꼬일 대로 꼬인 사람들은 사회에서 지탄받는 0.1퍼센트를 보고도 입에 거품 물고 비판하고 절망하지만, 우리들은 99.9퍼센트를 보고 서로 격려하며 희망을 가져야 합니다.

교회가 이 땅의 소망입니다. 오늘 끝이 보이지 않는 절망 속에서도, 1903년의 원산대부흥운동과 1907년의 평양대각성운동과 같은 역사가, 오늘 대한민국의 6만 교회와 1,200만 명의 성도들을 통해 다시 일어나야 합니다. 이제껏 한국 근대사의 발전을 이끌었던 한국교회가 다시 한 번 회개와 영적 각성 운동을 통하여 한반도, 한민족, 우리 조국 대한민국이 어두움을 뚫고 도약하는 일에 견인차가 되어야 합니다. 하나님이 역사하십니다.

그런데 그 전에 먼저 우리가 할 일이 있습니다. 바로 '미스바'입니다. 모여 종일 금식하며 자기들이 저지른 죄들을 하나하나 찾아내고, 끄집어내어 '회개의 기도'를 드렸던 '미스바'(삼상 7:5-6)입니다. 교회와 성도들이 가장 먼저 해야 할 일입니다. 그때 '에벤에셀의 역사', 하나님이 여기까지 우리를 도우시는 역사(삼상 7:11)가 나타납니다. 우리가 할 일은 '미스바'이고, 하나님이 하실 일은 '에벤에셀'입니다. 해외에 있는 디아스포라 5,880여 한인교회가, 그 가운데 미국 안에 있는 4,250여 한인교회가, 우리 조국, 대한민국을 위해 갈급하게 간절히 '미스바, 회개의 기도'를 드려야 합니다. 그렇게 할 때에, 하나님께서 대한민국을 고치고, 치료하고, 회복시키고, 도우시는 에벤에셀의 역사를 반드시 이루실 것입니다.

우리는 지금 강림절기를 보내고 있습니다. 예수 그리스도를 기다리는 절기입니다. 왜입니까? 바로 예수가 세상의 소망이시기 때문입니다. 예수의 피가 이 땅을 치료하고 고치시기 때문입니다. "주여! 우리의 조국 대한민국의 '카오스', 혼란과 어두움을 향하여 '빛이 있으라.' 말씀하셔서 '코스모스', 하나님 나라의 질서로 회복시켜 주시옵소서! 강림절에 오시는 예수 그리스도의 이름으로 기도합니다. 아멘."

예수 크라레오!

호박벌을 보신 적이 있나요? 호박벌은 몸길이가 평균 2.5센티미터밖에 안 되는 작은 체구를 가졌다고 합니다. 몸통은 크고 뚱뚱한데 비해 날개는 작고 가벼워서, 날기는커녕 떠 있는 것 자체가 불가능할 정도로 날 수 없는 태생적 신체구조로 되어 있다고 합니다. 그런데 이런 호박벌이 꿀을 모으기 위해 하루에 약 200킬로미터 이상 되는 천문학적인 먼 거리를 쉴 새 없이 날아다니는 신기한 곤충이랍니다. 호박벌은 어떻게 이런 기적 같은 비행을 할 수 있는 걸까요? 곤충학자들의 연구 결과는 이렇습니다.

호박벌을 보고 우리는 "신체구조상 날수 있을까? 아마 날지 못할 것이다."라고 생각하지만, 정작 호박벌은 자기가 날 수 있는지 없는지에는 전혀 관심이 없다고 합니다. 호박벌의 관심은 오직 하나! 아침부터 저녁까지 쉬지 않고 하루에 200킬로미터를 왔다 갔다 하면서 꿀을 모으겠다는 목표만 있을 따름입니다. 그러기에 날기는커녕 떠 있는 것 자체가 불가능한 신체적 구조에도 불구하고 하루에 200킬로미터를 날아다니는 것이 가능한 것입니다. 꿀을 모으겠다는 목표를 달성하기 위해서는 어떠한 것도 아무런 문제가 되지 않습니다. 그냥 극복될 따름입니다.

이 호박벌의 이야기를 읽으면서 참 은혜가 되었습니다. 인생을 살면서 "나는 할 수 없다."는 부정적인 이런저런 문제와 이유들이 장애물로 내 앞을 가로 막습니다. "나에게도 기회가 딱 한 번만 찾아오면 대박 날 수 있을 텐데…", "나도 저 사람처럼 돈이 있거나 뒷배경이 있다면 성공할 수 있을 텐데…", "세상이 나를 안 도와줘도 너무 안 도와줘…" 등등 탓만 하고 있습니다. 몸통은 크고 뚱뚱한 데 비해 날개는 작고 가벼워서 난 날 수가 없어 하면서, 남의 탓, 환경 탓, '탓'만 하다가 끝나는 인생들을 주변에서 흔히 볼 수 있습니다.

미국의 자동차 왕 헨리 포드는 이런 유명한 말을 남겼습니다. "인생의 장애물이란 목표 지점에서 눈을 돌릴 때 나타나는 것이다. 자기 인생의 목표에 눈을 고정하고 있다면 장애물은 보이지 않는다." 우리들도 내 앞에 놓인 인생의 부정적인 이유와 문제를 바라본다면, 보이는 건 장애물 투성이입니다. 그러나 인생의 목표에 우리의 눈을 고정한다면 장애물은 더 이상 보이지 않게 됩니다. 믿는 자들이 가져야 할 인생의 목표는 무엇인가요? 오직 '믿음의 주요, 온전케 하시는 이인 예수'입니다. '크라테오'(krateo)는 '굳게 잡으라'는 말입니다. 무엇인가를 잡을 때 손에 힘을 주지 않습니까? 특별히 남에게 빼앗기지 않아야 될 소중한 것을 손에 쥐었을 때는 어느 때보다도 힘을 더 강하게 줍니다. 이렇듯 꽉 잡는 것이 크라테오!, "굳게 잡으라."입니다.

성경은 '믿음의 도리인 예수'를 이렇게 크라테오! 꽉 붙잡으라고 말합니다(히 4:14). 우리가 일념으로 그 예수를 놓치지 않고 바라보고 나간다면, 우리가 전념으로 예수 크라테오! 한다면, 내가 꽉 붙잡은 예수가, 내가 놓치지 않고 바라본 예수가 모든 역경과 환란을 뚫고 나설 수 있도록 때를 따라 돕는 은혜를 주실 것입니다(히 4:16).

어떻게 하는 것이 이렇게 예수를 꽉 붙드는 '예수 크라테오!' 하는 것일까요? 내 인생의 매순간 순간마다, 1) "예수라면 어떻게 하셨을까?"를 정말 진지하게 물어야 합니다. 내 인생의 매순간 순간마다, 2) "이 마음이, 이 생각이, 이 말이, 이 행동이, 이 일이 과연 하나님을 기쁘시게 해드리는 일일까?"를 물어야 합니다. 그래서 하나님이 좋아하시면 나도 좋고, 하나님이 싫어하시면 나도 마땅히 싫어해야 합니다. 하나님이 가지 말라 하시면, 내가 가고 싶은 그 어떤 영광의 길일지라도 가지 말아야 하고, 하나님이 가라 하시면, 내가 가기 싫은 십자가의 길일지라도 가야 합니다. 하나님이 하지 말라 하시면, 내가 아무리 하고 싶은 충동과 욕망이 있더라도 하지 말아야 하고, 하나님이 하라 하시면, 내가 아무리 큰 손해를 볼지라도 할 수 있어야 합니다. 그때 우리는 주님께서 내 주위를 운행하시는 것을 느끼게 될 것입니다. 그때 주님께서 명하시는 만남의 축복과 형통의 역사를 체험하게 됩니다. 내가 승리하는 것이 아니라, 어떤 시험과 유혹 속에서도 내가 꽉 붙잡고 놓치지 않은 예수가, 내가 초점을 놓치지 않고 시선을 고정하여 바라본 그 예수가 나에게 때를 따라 주시는 돕는 은혜로 승리케 하십니다.

예수 크라테오! 임마누엘 예수와 함께 가는 인생이 행복한 인생입니다. 요즘 두세 명만 모여도 한국에서나 미국에서나 각국의 대통령에 대한 이야기들로 연일 화제입니다. 이럴 때일수록 우리 '예수쟁이'들은 세상의 가치나 문화에 휩쓸려가지 말고, 예수 크라테오! 예수 꽉 붙잡고, 그 잡은 손에 더욱더 힘을 주어 놓치지 말아야 합니다. 그리하여 믿음의 주요 온전케 하시는 이인 예수를 목표로 삼아 때를 따라 주시는 돕는 은혜로, 믿음의 사람이 가야 할 그 길을 흔들리지 말고 의연하게 가야 합니다. 그리고 간절히 갈급하게 기도해야 합니다. 하나님이 간섭하십니다. 주님께서 만지십니다. 성령께서 일하십니다. 소망의 인생을 사시기를 기원합니다.

사흘의 비밀

1982년 미국의 범죄학자 제임스 윌슨과 조지 캘링은 "깨진 유리창의 이론"(Broken window theory)을 발표합니다. 깨진 유리창 하나를 방치해 두면, 그 지점을 중심으로 범죄가 확산되기 시작한다는 이론으로, 사소한 무질서를 처리하지 않으면 큰 문제로 이어질 가능성이 높다는 의미를 담고 있습니다. 한 사람이 우연히 집 근처에 쓰레기를 버렸는데, 집주인이 이를 방치하면 다른 사람들도 그곳에 또 쓰레기를 버리기 시작하고, 결국은 쓰레기장으로 변해 버리는 것과 똑같은 이치입니다. 깨진 유리창은 바로 즉시 수선해야 한다는 것이 '깨진 유리창 이론'이 주는 교훈입니다.

"이 정도는 적당히 넘어가도 괜찮겠지?"라며 지나가는 하나의 작은 죄와 행동을 경홀히 여기면 결국 그 사소함이 사망에 이르게 합니다. '바늘 도둑이 소 도둑'이 됩니다. 바늘 하나 훔치는 작은 일을 고치지 않으면 결국 그 도벽이 자라나 소도둑이 되고 맙니다. 욕심이 잉태하면 그 욕심은 죄를 낳고, 그 낳은 죄는 죄의 속성상 자라나기 때문에 결국 사망에까지 이르게 됩니다. 사망은 이렇게 작은 욕심으로부터 출발합니다. 영적 민감함으로 나의 작은 죄와 행동들을 위기로 느낄 수 있어야 합니다.

바울은 '마귀에게 틈'(엡 4:27)을 주지 말라고 단호하게 말합니다. 깨진 유리창을 즉시 발견하고, 고쳐야 이후에 닥칠 큰 위기를 막을 수 있습니다. '회개'입니다. 겉모습, 치장, 외모, 학력, 재력, 지위 등등, 스펙이 좋다고 속까지 깨끗한 것은 아닙니다. 사람은 용모와 키와 외모를 보지만, 하나님은 중심을 보십니다(삼상 16:7). 예수님이 말씀하십니다. "너는 먼저 안을, 속을 깨끗이 하라"(마 23:26).

우리는 사순절을 보내고, 이제 부활절을 맞이합니다. 사순절은 우리의 속을, 안을 깨끗이 하는 기간입니다. 40일 동안 집중적으로 예수 그리스도라는 빗자루로 죄를 쓸어내고, 예수 그리스도의 피로 죄를 깨끗이 씻어내고, 나 자신의 못된 생활의 습관들과 성격, 성품들을 절제하고 죽이며 지냅니다. 경건에 이르는 자기훈련입니다. 이는 부활하신 예수 그리스도를 정결한 마음과 심령과 영혼과 생활에 맞이하는 준비입니다. 버릴 거 버리고, 채울 거 채워야 합니다. '채움, 채워짐은 비울 때' 이뤄집니다. 사순절 '십자가의 비움'은 '부활의 채움'을 준비합니다.

예수 그리스도께서는 삼일 만에 부활하셨습니다. 예수의 부활은 신앙의 고백과 더불어 역사적 사건입니다. 옥스퍼드 대학의 역사학

교수였던 토마스 아놀드(Thomas Anold)는 "나는 여러 해 동안 과거의 역사를 연구하고 그 사실을 조사하고 이에 대하여 기록한 문헌과 유물을 고증하여 그 사실 여부를 조사하여 오는 중이다. 그런데 하나님께서 우리에게 주신 표징, 곧 그리스도가 죽으셨다가 다시 살아나셨다는 사실보다 더 분명하고 완전히 이해할 수 있는 사실을 인류 역사에서 나는 보지 못하였다."고 말합니다. 파스칼은 "만일 예수의 제자들이 서로 의논해서 예수의 부활을 거짓으로 만들어냈다고 가정해 보자. 그 중 한 사람이라도 본심에 돌아갔더라면 예수의 부활이란 전부 붕괴되었을 것이다. 그러나 저들은 순교를 하면서까지 진실성을 보여주었다. 만약 이 사실을 믿지 않는다면, 우리는 그런 사람과는 말할 필요조차 없다."고 하였습니다.

기독교의 부활은 '사실 사건' 입니다. 그리고 나도 부활에 참여할 수 있다는 것을 보여주신 '예표'이기도 합니다. 예수님은 왜 굳이 광야에서 세 가지 시험을 당하셨어야만 할까요? 왜 굳이 직접 십자가에 못박혀 고통 속에 돌아가셔야만 하셨고, 부활승천 하셔야만 했을까요? 그냥 간단하게 십자가에 달린 예수와 부활 이야기를 들려주고 그것을 믿으면 구원과 영생을 얻는다고 해도 되지 않았을까요? 그러나 예수님은 우리와 똑같은 인성을 지닌 육신으로 오신 분으로서, '우리가 세상을 살면서 당하는 시험과 유혹을 어떻게 물리칠 수 있는가?', '우리들의 죄는 어떻게 씻기어질 수 있는가?', '우리들도 부활할 수 있는가?' 이러한 것들을 직접 보여주시기 위해 그 모든 공생애를 보내셨습니다. '예수 부활'은 나도 사망 권세와 죽음을 이기고 영생을 누리며 부활에 참여하는 자가 될 수 있다는 것을 직접 보여주신 '사실 사건의 예표'입니다.

동네에 언제나 기쁨으로 얼굴이 빛나는 꽃장수 할머니가 있었습니다. 늘 그것을 궁금해 하던 한 단골손님이 어느 날 할머니에게 물었습니다. "할머니는 걱정 근심이 전혀 없으신가 봐요."

그러자 할머니가 대답합니다. "천만에요. 내게도 역경과 고통이 있답니다. 그러나 난 '삼일의 비밀'을 가지고 있답니다. 걱정거리가 생길 때마다 하나님께서 해결해 주실 줄 믿고 사흘을 기다리는 것인데, 이는 무덤에서 사흘 만에 부활하신 주님을 믿기 때문입니다. 때론 숫자대로 사흘이 아닐 수도 있지만 주님의 부활 원리는 늘 동일하답니다. 그래서 나에게는 어떤 암흑 같은 고난일지라도 광명의 열매로 끝난답니다."

'예수의 부활'을 삶속 에서 '나의 부활'로 사시는 할머니이십니다. 우리 모두 '나의 사순절'을 지나 '나의 부활절'을 맞이하셔서, 부활의 주님과 함께 늘 소망 중에 승리하시기를 중보합니다. 해피 이스터!

그 한 사람, 의미있는 타인

하와이 군도 북서쪽 끝에 있는 작은 섬 '카우아이'. 영화 촬영지로도 유명한 이 섬은 한때 '지옥의 섬'이라 불리어졌습니다. 그곳에 사는 많은 주민들이 범죄자, 알코올 중독자, 정신질환자였기 때문입니다. 어린아이들과 청소년들은 그런 어른들을 보고 배우며 똑같이 자라고 있었습니다. 학자들은 '카우아이 섬의 종단연구'라는 프로젝트를 시작했습니다. 1955년에 태어난 신생아 833명이 30세 성인이 될 때까지 그 성장 과정을 추적하는 매우 규모가 큰 프로젝트였습니다.

많은 학자들과 사람들의 예상은, "불우한 환경에서 자란 아이들은 인생에 잘 적응하지 못해 비행 청소년이 되거나 범죄자, 중독자의 삶을 그대로 답습하며 살 것"이라는 것이었습니다. 심리학자 에미 워너 교수는 833명 중, 고아나 범죄자의 자녀 등 가장 열악한 환경에서 자라고 있는 201명을 따로 정해 그들의 성장 과정을 집중적으로 분석했습니다. 그런데 3분의 1에 해당하는 아이들에게 모든 사람들의 예상을 뒤엎은 뜻밖의 결과가 나왔습니다. 그들은 학교에서 뛰어난 성적을 거두고, 대학교 장학생으로 입학하는 등, 좋은 환경에서 자라난 아이들보다 오히려 더 모범적으로 성장했습니다. 에미 워너 교수는 이런 결과가 어떻게 나왔는지 궁금했습니다. 조사 결과 이들에겐 하나의 공통점이 있었습니다. 아이들에게는 끝까지 자기편이 되어 믿어 주고 공감해 주고 응원해 주는 어른이 최소한 한 명은 곁에 있었다는 것입니다.

그들에게는 부모, 조부모, 삼촌, 이모, 친구, 선배, 교사, 목사, 전도사, 선교사 등등, 실패해도 좌절해도 더 나은 내일을 무조건 믿어 주고 응원해 주는 '그 한 사람'이 있었기에 자신의 환경을 극복하며 비관하지 않고 밝게 자랄 수 있었습니다. 나를 있는 그대로 믿어 주는 '그 한 사람'만 내 곁에 있어도 무엇이든 할 수 있는 용기가 생겨납니다. 속도는 느려도, 시행착오도 겪을지는 몰라도, 오롯이 마음속의 꿈을 향해 걸어가는 힘과 용기가 '그 한 사람'으로 인해 생겨납니다.

이렇게 삶의 위기의 순간에, 좌절과 절망의 시간에, '나를 이해해 주는 사람은 아무도 없다'는 처절한 고독을 겪을 때에, 나를 믿어 주는 사람이 없어 너무나 억울하고 원통한 바로 그 순간 그때에, '그랬구나, 힘들었겠구나!' 공감하며 나를 믿어 주는 '그 한 사람'이 여러분에게는 있었는지요? 만약 있었다면, '나의 인생'의 긍정적인 선한 면들은 다 '그 한 사람'으로 인해 생겨났을 것입니다. 헬렌 켈러는 말합니다. "믿음은 산산이 조각난 세상을 빛으로 나오게 하는 힘이다." 헬렌 켈러는 바로 '그 한 사람'에 대한 믿음으로 세상에 나올 수 있었습니다. 그 한 사람은 바로 '앤 셀리번'이었습니다.

미국 보스턴의 한 정신병원에 불쌍한 소녀가 수용되었습니다. 소녀는 사람들을 갑자기 공격하는 정서불안 증세를 보였습니다. 의사는 소녀에게 회복 불가능이란 판결을 내렸습니다. '작은 애니'로 불린 이 소녀에게 사랑을 베푸는 사람은 아무도 없었습니다. 부모와의 연락도 완전히 단절되어 고독한 나날을 보냈습니다. 그런데 이 병원에 나이 든 간호사가 있었습니다. 이 간호사는 매일 성경을 들고 애니를 찾아와 위로해 주었습니다. "애니야, 하나님은 너를 사랑하신단다. 나도 너를 정말 사랑한단다." 간호사는 아무런 반응이 없는 소녀를 위해 6개월 동안 한결같이 사랑을 쏟았습니다. 그러자 결국 애니의 마음이 조금씩 열리며 밝은 웃음을 되찾게 되었습니다.

어느 날 이 소녀는 신문기사를 읽고 결심합니다. "보지도 못하고, 듣지도 못하고, 말하지도 못하는 삼중고의 헬렌 켈러라는 어린이를 돌볼 사람을 구하고 있다."는 기사였습니다. 소녀는 자신의 경험을 살려 이 어린아이의 '평생 스승'이 되기로 결단합니다. 그녀는 간호사가 자신에게 베푼 사랑을 헬렌 켈러에게 쏟았습니다. 이 사람이 바로 '앤 셀리번'입니다.

일반적으로 개인의 자기관과 세계관에 가장 중요한 영향을 주었거나 주고 있는 '그 한 사람'이 바로 '의미있는 타인'(significant other)입니다. 5월은 가정의 달입니다. 우리들의 자녀들에게 가장 의미있는 타인,

그 한 사람은 누구입니까? 믿음 안에서 살아계신 하나님, 부활하신 예수 그리스도, 보혜사 성령, 그리고 그분의 말씀입니다. 또한 가장 기초적인 베이스캠프인 가정 공동체 안에서는 아빠와 엄마가, 할아버지와 할머니가, 그리고 교회 공동체 안에서는 신앙의 동역자들이 바로 '그 한 사람, 의미있는 타인'이 되어야 하지 않을까요? 바로 '나' 말입니다.

그 한 사람, 의미있는 타인인 이름 모를 한 간호사를 통하여 앤 셀리번이 나왔고, 이 앤 셀리번을 통하여 헬렌 켈러가 나왔듯이, 바로 '내가' 나의 자녀들에게 '그 한 사람, 의미있는 타인'이 될 때, 우리의 자녀들은 주님 안에서 삶의 열정과 선한 지혜와 능력이 가득 찬 아이들로 자라날 것입니다. 그리고 그렇게 자라난 우리의 아이들은 다른 사람들에게 중요하고도 긍정적인 영향을 끼치는 '그 한 사람, 의미있는 타인'이 될 것입니다. 5월, 가정의 달에 '나' 자신은 '그 한 사람, 의미있는 타인인가?'를 자신에게 진솔하게 묻고, 그렇게 되기를 소망합니다.

긍정의 힘—바벰바

남아프리카에 '바벰바'라는 부족이 있습니다. 이 부족은 범죄가 거의 일어나지 않는 것으로 유명합니다. 이 사실에 주목하게 된 학자들은 이 부족을 연구합니다. 그리고 마침내 놀라운 이유를 발견합니다. 이 부족의 특별한 전통입니다. 이 마을에서는 범죄를 저지른 사람이 생기면, 그를 광장 한복판에 세웁니다. 마을 사람들은 모두 하던 일을 멈추고 모여들어 그를 둘러쌉니다. 그리고 돌아가며 시작합니다. 비난이나 돌을 던지는 것이 아니라, 그가 과거에 했던 미담, 감사, 선행, 장점 등등의 말들을 한마디씩 쏟아냅니다.

"넌 원래 착한 사람이었어."

"작년에 비 많이 왔을 때, 우리 집 지붕을 네가 고쳐줬잖아, 고마워!"

"지난번 흉년이 들어 먹을 양식이 없어 굶고 있었을 때, 네가 우리 집 앞에 음식을 놓고 갔잖아! 얼마나 눈물이 났던지…."

그렇게 칭찬의 말들을 쏟아내다 보면 마을 한복판에 서 있던 죄지은 사람은 점점 흐느껴 울기 시작합니다. 그러면 마을 사람들이 한 명씩 다가와 안아주며 진심으로 위로하고 용서해 줍니다. 그런 후 그가 새사람이 된 것을 감사하는 축제를 벌이고 끝을 맺습니다. 그러나 더 주목할 것은, 이 마을에서는 범죄를 저지르는 사람이 거의 없어 이런 축제를 하는 일이 극히 드물다는 것입니다. 참 멋진 일입니다.

죄를 저지르면 그 죄를 정죄하고 무리 지어 심판하기에 바쁜 요즘 세태와 사람들에게 경종이 되는 멋진 사례입니다. 당장 우리 사회에 적용되었으면 좋겠지만, 그건 현실적으로 불가능한 일이겠죠? 그렇다면 가족끼리라도, 교회에서라도 먼저 시도해 보는 건 어떨까요? 문제를 일으키는 엄마, 아빠, 아들, 딸, 그리고 목사와 성도들 간에 문제를 정죄하고 심판하기보다, 오히려 만반의 방어 태세를 갖춘 사람들을 향해 칭찬해 주고 축복해 준다면, 아마 가정도, 교회도 말썽이 점점 줄어들지 않을까 기대해 봅니다. 그러다 보면 학교에서도, 기업에서도, 그리고 더 나아가 점점 확대되어 사회 전체에서도, '바벰바'의 놀라운 기적이 일어날 수도 있지 않을까 생각해 봅니다.

프랑스가 낳은 저명한 소설가 생텍쥐페리는 "인간을 사랑할 것, 아무리 나약한 인간이나 초라하고 불쌍한 인간도 사랑할 것, 그리고 그들을 심판하지 말 것'을 마음의 중심에 간직하려고 애썼다고 합니다. 참 아름다운 긍정의 힘입니다. 칭찬과 격려는 5톤이 넘는 범고래도 춤추게 만듭니다. 강윤희 님의 『나를 찾아가는 감성 치유』에서는 이러한 '긍정의 힘을 기르는 네 가지 방법'을 설명하고 있습니다.

1) 지나간 일에 대해 감사하고 용서하기. 지나간 과거는 지금도 앞으로도 절대 바꿀 수 없습니다. 바꿀 수 있는 것은 과거에 대한 우리의 태도뿐입니다. 따뜻한 기억을 되새기며 먼저 감사의 마음을 가져야 합니다. 그때는 힘들었지만 세월이 지난 후에 돌이켜보면 감사할 일들도 많았음을 깨닫게 됩니다. 지나간 일에 감사하고 용서하다 보면 부정적인 과거일지라도 긍정의 감정을 이끌어낼 수 있습니다.

2) 현재의 삶을 즐기고 누리기. 무엇보다 중요한 것은 지금, 여기에서 현재의 삶 자체를 즐기는 일입니다. 미래에 대한 걱정으로 현재에 즐길 수 있는 것들을 즐기지 못하거나 누리지 못하고 있지는 않은지를 한번 되돌아보아야 합니다. 지나버린 과거도 아니고 닥쳐올 미래도 아닌 지금의 삶을 누리십시오. 여기에서 삶의 만족을 추구하십시오. 현재에 집중하고 현재의 삶을 누리면서 미래의 소망을 차근히 이루어 가십시오.

3) 미래에 대한 비관적인 생각 떨치기. 미래에 대한 비관적인 생각이 들 때면 적극적으로 맞서 낙관적인 생각으로 바꿔야 합니다. 비관적인 생각이 찾아들면 파릇한 새봄을 생각하세요. 그런 뒤에 사랑을 주고 사랑을 받았던 기억, 도움을 주고 도움을 받았던 기억, 인정을 해주고 인정을 받았던 기억을 떠올리고 앞으로 이루고자 하는 소망을 되새기며 존재감을 회복하십시오. 겨울이 지나면 새봄이 오듯이, 시기가 지나가면 내 인생에도 봄날이 반드시 찾아오게 되어 있습니다.

4) 자신감 있었던 때의 나 떠올리기. 누구나 생동감 넘치고

자신감에 차 있었던 때가 있습니다. '나는 쓸모없는 인간'이라는 생각이 몰려올 때면, 자신감에 차 있었던 지난날의 내 모습을 떠올리십시오. 당시 당당했던 내 모습을 마음에 되새기십시오. '나는 나야', '난 소중해', '난 할 수 있어'와 같이 자신을 격려하고, 내 안의 열정을 일깨워줄 수 있는 말을 스스로에게 해주십시오. 감정이 꿈틀거리기 시작하여 서서히 차올라 설레임과 의욕을 느낄 때까지 반복하십시오. 긍정의 감정은 반복하면 반복할수록 더욱더 행복해지고, 다른 사람도 행복하게 해줄 수 있는 힘을 가지고 있습니다. 기쁨, 즐거움, 유쾌, 행복… 긍정의 감정은 연습할수록 커집니다. 매일 매일 이 긍정을 연습하면 '스스로 긍정적인 사람'이 반드시 될 수 있을 것입니다.

더운 여름, 짜증나기 쉬운 이때 나 스스로 긍정의 힘을 향상시켜, 내가 있는 그곳이 가정이든, 교회든, 단체든 어느 곳이든 그런 내가 있기에 '바벰바'의 놀라운 기적들이 많이 일어나기를 바랍니다. 그곳에 희망이 있고, 기쁨이 있고, 꿈이 있습니다.

제3부

살아계시는 하나님

세상을 바라보면 세상이 크게 보이고, 문제를 바라보면 문제가
크게 보입니다. 문제가 크게 보이면 문제가 블랙홀이 되어
빠져들게 됩니다. 그러나 하나님을 바라보면 하나님이 세상보
다 더 크게 보입니다. 거기에 해결이 있고 거기에 응답이 있고
거기에 역사가 나타납니다.

하나님 눈에 띄게

사업을 하다 보면 눈에 띄는 종업원이 있습니다. 눈여겨봤다가 매니저 역할을 맡깁니다. 직장에서도 눈에 띄는 직원이 있습니다. 눈여겨봤다가 승진을 시킵니다. 가르치다 보면 눈에 띄는 학생들이 있습니다. 눈여겨봤다가 좋은 인재로 키웁니다. 이렇듯 하나님 눈에 '띄는' 인물들이 있습니다. 눈여겨봤다가 복 주시고 그 복을 하나님 나라 사역을 위해 사용케 하십니다. 요셉은 종으로 팔려가도, 감옥에 갇혔어도 항상 변치 않는 상록수와 같은 신앙으로 '하나님 눈에 띄게' 살았습니다. 그래서 결국 하나님의 뜻을 이루어드리는 도구로 사용되어 복의 근원의 후예답게 자기 가족을, 부족을, 민족을, 이웃을 구하게 되었습니다(창 45장).

그러나 정반대로 하나님 눈에 '찍힌' 인물들도 있습니다. 사울은 아말렉과의 전쟁에서 큰 승리를 얻었습니다. 사울은 자기를 위해 기념비를 세웁니다(삼상 15:12). 그러나 그 승리는 하나님의 승리였지 사울의 승리가 아니었습니다. 주제 파악이 안 되면 찍힙니다. 사울은 블레셋 군대와 싸울 때 승패에 대하여 알고자 하였지만, 하나님은 침묵하시고 사무엘 선지자는 세상에 없었습니다. 사울은 초조하고 두렵고 답답하였습니다. 승리의 길이 도무지 보이지 않았습니다. 그렇다고 해서 어떻게 이스라엘 왕이라는 자가 변장을 하고 신접한 여인을 찾아간다는 말입니까?(삼상 28:7-8) 사울은 하나님 눈에 확실하게 찍혔습니다. 하나님 눈에 찍히면 비참해집니다. 사울은 자기 칼을 뽑아 그 위에 엎드려져 자살로 최후를 맞습니다(삼상 31:4).

우리들도 살다 보면 시험과 환란이 닥칩니다. 나의 인생을 둘러싼 상황과 여건이 초조하고 두렵고 사방이 막혀 있어 출구가 안 보이는 위기를 당할 때가 있습니다. 이때 하나님 눈에 '띄는' 성도들이 있고, 하나님 눈에 '찍히는' 사람들이 있습니다. 그동안 받은바 은혜를 생각할 뿐만 아니라, 연단하고 단련한 모든 것이 바로 "이때를 위한 믿음이라!"는 고백을 하면서 뚫고 나가야 할 것입니다. 그렇게 승리하는 성도가 하나님 눈에 뜨입니다. 고난이 하나님 눈에 띌 기회라 여기는 요셉과 같은 성도가 하나님 눈에 띄게 마련입니다. 그러나 이때 '나'라고 하는 자아와 나에게 있는 것들을 의지하는 주제 파악이 안 되는 교만, 그리고 세상과 하나님 사이를 오가며 머뭇거리는 종교 혼합주의 자들은 사울과 같이 하나님 눈에 찍힙니다.

우리는 하나님 눈에 띄긴 띄되 요셉처럼 축복의 대상으로 띄어야합니다. 하나님 눈에 띄긴 띄되 사울처럼 심판과 저주의 대상으로

찍혀서는 안 됩니다. 그렇다면 어떻게 해야 하나님 눈에 띌까요? '영과 진리'로 예배드리는, 예배에 목숨 거는, 예배에 올인 하는 '예배자'가 되어야 합니다. 하나님은 이런 예배자를 찾으십니다(요 4:23). 이런 예배자가 하나님 눈에 띕니다. 부지런하여 게으르지 말고 열심을 품고 주님을, 교회를, 말씀을 섬기는 성도(롬 12:11)들이 되어야 합니다. 그래야 하나님 눈에 띕니다. 이렇게 하나님 눈에 띄는 그 한 사람 그 예배자, 그 헌신자가 그 자녀들을, 가정을, 교회를, 세상을 살립니다.

소돔과 고모라 성은 하나님이 찾으시는, 하나님 눈에 띄는 그 열 명(창 18:32-33)이 없어서 심판을 받았습니다(창 18장). 그 열 명은 그냥 열 명이 아니라 전체를 살리는 열 명이었습니다(창 18:26). 바울이 배를 타고 가다가 유라굴로 태풍을 만납니다. 그 배에 탄 276명은 다 죽게 되어 절망에 빠졌습니다. 바로 그때 바울이 어젯밤에 사자가 나타나 한 말을 전합니다. 바울이 가이사에게로 가는 것이 하나님의 계획이고 모두가 바울과 함께 안전하게 될 것이라는 소식이었습니다(행전 27:23-25). 바울 한 명은 그냥 한 명이 아닙니다. 배에 탄 나머지 275명을 살리게 된 그 한 명입니다.

이와 같이 가정에도 전체를 살리는 그 한 명, 교회에도 전체를 살리는 그 한 명이 있습니다. 그 한 명이 그 가정에, 교회에 '신앙 가장이요 영적 가장'입니다. 그 한 명 때문에, 가정이, 교회가 삽니다. 그 한 명 때문에 가정에 치료와 소생의 역사가 있습니다. 그 한 명 때문에 교회에 회복과 생명의 역사가 있습니다(창 19:12). 하나님 눈에 띈 요셉은 생명을 구하는 역사로 그 인생의 마지막 이야기를 써 내려가 '아브라함의 하나님, 야곱의 하나님, 요셉의 하나님'으로 이어가게 되지만, 하나님 눈에 찍힌 사울은 스스로 자결하는 인생으로 이야기를 마무리합니다.

올해에는 바로 내가, 나 하나만큼은 하나님 눈에 띄어 나로 인하여 가정이 살고, 교회가 살고, 세상이 사는 역사를 써 내려가리라는 각오를 하시기 바랍니다. 이 역사를 자녀들에게 유업으로, 유산으로 계속 이어지게 하여, 가면 갈수록 좋아지고 나아지는 크리스천의 위대한 가문을 이루는 그 출발점이 바로 내가 되리라고 다짐하며 나가는 복된 한 해가 되기를 소망합니다. 축복은 믿음의 목표가 아닙니다. 하나님의 눈에 띄는 신앙, '먼저 그의 나라와 의를 구하는 것'이 우리들의 목표입니다. 그리할 때 따라오는 것이 하나님 나라를 위하여 사용되는 시간, 물질, 재능 등, '모든 것을 더하여 주시는'(마 6:33) 축복입니다.

맨 앞에 자리해야 할 것

얼마 전 성도 한 분이 카톡으로 영적 계산 방식이라는 글을 보내왔습니다. 질문은 'Good - God = ?' 여기에 대한 답은 'Good - God = 0', '0 + God = Good'입니다. 풀이하자면 세상의 아무리 좋은 것(Good)을 얻었다 할지라도 하나님(God)이 없으면 아무것도 아니라는 말입니다. (Good - God = 0). 그러나 아무것도 아닌 삶(0)일지라도 하나님(God)만 계시면 아름답습니다. (0 + God = Good). 참 흥미로운 계산법이었습니다.

한 가지 더 있습니다. '0'이 4개면 만 불, '0'이 6개면 100만 불, '0'이 8개면 1억 불. 이 계산이 맞습니까? 답은 틀렸습니다. 아무리 '0'이 많이 붙을지라도 '0'은 '0'일 따름입니다. 반드시 그 앞에 '1'이 붙어야 '0'은 빛을 발합니다. 하나님 없는 인생은 아무리 힘써 노력해도 '0'입니다. 사람의 땀과 수고와 노력을 가치 있게 만들어주는 것은 그 앞에 '1'이신 하나님이 계셔야 합니다. 여호와께서 인생을 세워주시지 않으면 아무리 수고한들 헛수고일 뿐입니다. 여호와께서 인생의 수고의 열매들과 소유들을 지켜주시지 않으면, 아무리 이것들을 지키려고 애써도 지켜지지 않는다는 것(시편 127:1)을 '깨닫는 것'이야말로 '영적 지혜'입니다. 이 깨달음이 없는 어리석은 인생은 '허무'요, 이 깨달음이 있는 지혜로운 인생은 '은혜'입니다. 그러기에 인생을 살다가 이 '지혜와 깨달음의 은혜'를 발견한 사람들은 너무 기뻐서 가진 모든 것들을 다 팔아서라도(마 13:46) 천국을 준비하는 인생을 살려고 몸부림칩니다. 우리 인생 맨 앞에는 반드시 '1'이신 하나님이 계셔야 합니다.

지난 주일 한 성도의 개업예배를 인도하려고 사업장으로 갔습니다. 오신 분들 중에는 사업하시는 분들이 꽤나 계셨습니다. 힘들고 어려운 경기일수록 세상과 타협하거나 세상의 풍조에 휩쓸리지 않고, 든든한 반석같이 흔들리지 않는 믿음의 길을 가는 신앙이 중요하기에 개업예배 당사자뿐만 아니라, 모두를 바라보며 아브람과 롯의 이야기를 전했습니다(창 13장).

목동들끼리 다툼이 나자 아브람은 롯에게 말합니다. "네가 좌하면 나는 우하고 네가 우하면 나는 좌하리라." 이어 롯은 눈을 들어 요단 지역을 바라보고 여호와의 동산 같고 애굽 땅과 같이 온 땅에 물이 넉넉한 소알 땅을 택하였습니다. 그러나 그 땅은 큰 죄악의 땅이었습니다. 결국 그 소돔과 고모라 땅은 망했습니다. 자연스레 아브람에게서 롯이 떠나갑니다. 바로 그때가 아브람이 하나님의 말씀에 온전히 순종하게 된 시점이 되었습니다. 하나님은 아브람에게 말씀하시기를 "너는 너의 고향과 친척과 아버지의 집을 떠나 내가 네게 보여줄 땅으로 가라."고 하셨습니다(창 12:1). 그러나 아브람은 조카 롯을 데리고 가 친척을 떠나지 못한 '부분적 순종'을 하였습니다.

오늘날 우리들도 하고 싶은 것들만 하고 불편한 것들은 슬그머니 모른 척하는 부분적 순종, 편의주의적 믿음을 지니고 있는 것은 아닌지요? 하나님은 온전한 순종을 원하십니다. 하나님이 아브람을 사랑하시니 이렇게라도 하셔서 조카 롯을 떠나보내십니다. '롯이 아브람을 떠난 후에'(창 13:14)라는 구절에 주목해야 합니다. 즉 하나님 앞에 '온전한 순종이 이루어진 후'에라는 말입니다.

그 이후에 하나님께서는 아브람이 동서남북 바라보고 밟는 땅을 아브람과 그 자손들에게 영원히 주리라는 메가톤급 축복을 하십니다. 하나님의 언약과 약속의 성취는 '후에', 즉 '온전한 순종' 뒤에 따라옵니다. 우리 믿는 자들은 물 댄 동산과 같은 현실을 따라가는 롯이 아니라 아브람과 같이 하나님의 언약과 약속의 말씀을 따라가야 합니다. 그렇게 할 때에 내 인생 안에서 하나님의 약속들이 구체적으로 생생하게 이루어지기 때문입니다. "현실인가? 약속인가?" 믿음의 길을 가는 성도들은, 롯처럼 '현실'이 아니라 아브람처럼 '약속'을 바라보며 나가야 합니다. 그럴 때라야 바로 맨 앞에 '1'을 두고 사는 '성경적 신앙', '믿음의 길', '복된 인생'을 살게 될 것입니다.

미국 프린스턴 신학교 초대학장을 지낸 알렉산더 교수가 임종 시에 남긴 유명한 말이 있습니다. "무더운 여름날 목이 탈 때, 우리에게 가장 필요한 것은 한 잔의 물이지 결코 넓은 바다의 물이 아니다. 예나 지금이나 우리에게 필요한 것 역시 온 세상 것이 아니라, 한 분이신 예수 그리스도이다."

전도자 요한 웨슬리는 말합니다. "The best of all is God is with us." 다시 말해, "모든 것을 가졌어도 하나님과 그의 나라를 소유하지 못했다면 그는 가장 불쌍한 사람입니다." 그러나 비록 세상에서 필요한 모든 것을 다 소유하지는 못했어도, 하나님과 그의 나라를 소유하였다면 그는 가장 축복받은 사람입니다. 어떤 상황 속에서도 당신이 가장 축복받은 사람이 되었으면 좋겠습니다(롬 8:38-39).

'치유와 회복과 소생'의 역사를 열려면

「미주크리스천신문」 지령 1,500호를 주님의 이름으로 축하드립니다. 이 모든 일들을 이루게 하신 하나님께 감사와 찬양과 영광을 돌립니다. 아울러 1,500번의 신문을 발행하는 내내 많은 어려움들 가운데서도 주님의 손과 팔이 되셔서 이 일을 감당해 오신 발행인 장영춘 목사님과 편집국장 유원정 선생님과 이하 모든 직원들의 노고에도 주님의 크신 위로와 평강이 함께 하시기를 기원합니다. 「미주크리스천신문」은 주님의 발이 되어 산을 넘고 물을 건너 복음을 갈급해 하는 곳에 단비가 되어 주었고, 앞으로도 계속 쉬임없이 사역을 감당해 주실 줄로 믿고 감사드립니다.

'한국 기독교의 미래와 나아갈 방향'이라는 틀 안에서 원고청탁을 받았을 때, 가장 먼저 마음에 "대형교회 목사도 아니고 교회를 크게 부흥시킨 목사도 아니고 유명한 설교가나 신학자나 부흥사도 아닌

나 같은 사람이 어찌 이렇게 중요한 주제에 대해 말할 자격이 있겠는 가?"라는 생각이 들었습니다. 그러다 기도하던 중에 "그러나 지역교회 를 정직하고 성실하게 섬기려고 노력하는 나 같은 사람도 할 이야기들 이 있지 않겠는가?"라는 마음이 들었습니다. 그래서 용기를 갖고 저 나름대로 한 지역교회 공동체를 섬기는 목사로서 평소에 마음에 있었던 이야기들을 나눠보려고 합니다.

들어가는 말

요즘 한국교회나 이민교회나 다 난리들입니다. 교회 재정 사고, 논문표절, 성희롱과 스캔들, 교회 안의 분규, 교회를 섬기는 장로의 자살, 교회 구성원들 사이의 갈등과 균열, 세상 법정에 선 교회 사건들에 대한 판결 등, 말로 다할 수 없는 추잡한 이야기들이 매일매일 언론을 통하여 사회에 전해집니다. 그것을 듣는 크리스천들은 얼굴을 들고 다닐 수 없을 정도입니다. 한편으로는 드디어 올 것이 왔으니, 우리에게 주신 하나님의 사인을 정말 민감하게 받아들여야 할 것입니다. 끊임없 는 교회개혁을 실천하여 누구나 이를 보고 느낄 수 있게 하여야 합니다. 그렇게 되도록 크리스천들이 확실하게 추진해야만 할 것이라는 마음의 각오를 하게 합니다.

비크리스천들은 '기회가 이때다!' 하고는 '개독교'라고 비난의 피치 를 올리고 있습니다. 어찌 되었든지 하나만큼은 분명한 것이 있습니다. 교회가 교회 안에서 이미 스스로의 자정능력을 상실하였고, 사회 안에서도 하나님 나라를 향한 '표지교회'(Sign Church)가 되지 못하고 있다는 것입니다. 그렇다면 당연히 우리들은 그 원인이 어디에 있으며, 그 해결방안은 무엇인지를 묻게 됩니다. 저는, 얽히고설킨 실타래처럼 이리저리 풀려고 해도 풀리지 않고 계속 더 엉키기만 하는 한국기독교, 한국교회의 문제의 해결이, 의외로 아주 분명하고 너무 단순하다고 생각합니다. 그것은 '교회의 본질, 복음의 본질, 교회의 형상'을 회복하는 일입니다.

몸말

1. 성서적 신앙과 성서적 교회로의 본질 강화와 형상 회복에 주력해야 합니다. : 흥미와 관심은 철저히 구분되어야!

교회는 예수 그리스도가 머리 되시고 우리들이 지체가 되어 부활하신 예수 그리스도의 몸을 이루어가는 곳입니다. 오늘날 교회의 사명의 자리는 교회가 서 있는 그 자리에서 뚜벅뚜벅 걸어다니는 생명체로 예수 그리스도의 사역을 재현(Representation)하는 것입니다. 교회의 본질적 사역이 무엇입니까? 케리그마(설교), 디다케(교육), 코이노니아(교제), 디아코니아(치유와 선교)입니다. 신학교에 들어가면 일학년 때 배우는 내용들입니다. 그러나 오늘날 너무나 다양한 문화들이 교회를 위협하고 침투해 들어올 뿐만 아니라, 거꾸로 교회들이 너무나 다양한 문화들에 일정 부분 무분별하게 동화되고 있습니다. 그리하여 세속화 아래 복음과 교회의 본질이 세상의 문화와 타협하여 점령당하고 변질되고 말았습니다. 동성애를 대하는 교회의 분열도 그 한 예입니다. 첫사랑, 첫믿음, 첫은혜를, 다시 말해 복음의 본질, 교회의 본질을 회복해야 합니다. 모여서(Together, Ecclesia) 설교에, 성경공부에, 기도에, 찬양에 참예하고 복음적 성도의 교제를 나누어야 합니다. 그리하여 치유받고, 치유받은 은혜를 세상과 나누며 하나님 나라를 넓혀 가야 합니다. 그러한 일(Disperse, Diaspola)이 교회의 구조요 전부여야 합니다.

오늘날 교회는 더 철저하게 성서적 신앙으로, 더 분명하게 성서적 교회로 가는 길을 순례의 여정으로 삼아야 합니다. 새로운 신학의 조류와 학문들이 '성서적 신앙의 영'을 대신할 수 없습니다. 여러 가지 요청(Need)에 의해 개발되고 준비한 프로그램들도 성서적 신앙 위에 세워지지 않는다면, 복음은 주객이 전도되어 표류하고 맙니다. 흥미와 관심은 철저하게 분리되어야 합니다. 이런저런 신학 학문의 조류들과 세상의 문화에, 그리고 여러 프로그램들과 방법론에 흥미를 가질 수는 있습니다. 아니 당연히 가져야 합니다. 그러나 그것이 우리들의 관심이 되어서는 안 됩니다. 우리들의 관심은 '오직 예수! 오직 복음! 오직 교회! 오직 하나님 나라!'여야 합니다.

한국 기독교와 교회의 미래에 대한 우리들의 관심은 철저히 '성서적 신앙과 성서적 교회로의 본질 강화와 형상의 회복'으로 길 잡아야 합니다. 내가 믿고 싶은 것만 취사선택하여 믿고, 내가 인정할 수 있는 하나님만 믿는 자가 되어서는 안 됩니다. 자기가 만든 성경과 하나님을 믿는, 어리석고 방자하여 자기 스스로를 믿는 신앙(잠언

14:16)이라는 우상을 철저하고도 과감하게 말씀과 교회의 권위를 가지고 깨부수어야 합니다. 그리고 그곳에 성경에 써 있는 말씀 위에 세워지는 신앙과 그 신앙을 가진 성도들의 공동체인 교회가 바르게 세워져야 합니다.

필자가 섬기는 교회에서는 성서적 신앙과 교회로의 본질적 강화가 목회의 모든 사역 가운데 90퍼센트 이상을 차지하고 있습니다. 거기에 하나님과 나와의 영적 합일을 이루는 열린 관계, 성도와 성도들, 그리고 목회자와 성도 간에 건강한 신앙으로 소통하는 열린 관계가 형성됩니다. 그와 동시에 교회들이 경쟁적 관계가 아니라 협력하여 하나님 나라를 이루어가는 파트너로서의 열린 관계를 형성해야 합니다. 그렇게 하나님 나라를 넓혀가는 도구로 쓰이는 교회와 사회와의 열린 관계도 형성됩니다. 이러한 열린 관계가 곧바로 열린 교회 사역으로 이어져 나가야 합니다.

2. 대안으로서의 열린 행정, 열린 목회를 통한 열린 교회를 지향해야 합니다.

저는 교회의 현실적인 문제점들을 바라보면서, 그 원인을 '감춤'에 있다고 봅니다. 사회는커녕 교회 내부에서조차 교회가 어떻게 운영되고, 어떤 계획을 갖고 있는지가 담임목사와 몇몇 교회 지도자들 안에서만 논의된다는 것은, 교회의 문제 중에서도 가장 큰 문제입니다. 성도들은 이 모든 것을 반드시 알아야 합니다. 그리고 교회의 문제점이 무엇이고, 우리는 그 문제점을 어떻게 대처하고 극복해 나가야 할 것인지, 어떻게 해야 그리스도의 몸된 건강한 공동체를 이루어갈 수 있을 것인지를 함께 고민해야 합니다. 그리고 내가 시험 들거나 실족하지 않고 내 믿음의 분량대로 무엇을, 어느 정도로 함께할 수 있을 것인지를 함께 펼쳐놓고 고민하며 그 대안을 찾아 나가야 합니다.

이것은 교회의 구성원이 된 성도들의 마땅한 권리이자 의무입니다. 재정도 모두 다 공개되어야 합니다. 정말 교회가, 담임목사가, 교회 지도자들이 기도하며 교회와 교회가 속한 교단이 정한 정당한 과정과 절차를 밟아 올바르게 사용했다면 문제가 될 것이 전혀 없습니다. 오히려 더 떳떳하게 밝히고 박수를 받을 수 있어야 합니다. 문제는 밀실에서 담임목사와 몇몇 지도자들이 논의와 집행과 결과를 독점하기 때문입니다. 교회 공동체에 모두 다 오픈해야 합니다.

필자가 시무하는 교회의 일입니다. 월 1회 장로들이 함께하는 기획위원회, 분기별로 3개월마다 1번씩 집사, 권사, 장로가 다 함께 하는 임원회, 18세 이상의 입교인이 참석하는 연 1회의 당회(교인총회), 예산과 교회 재산을 다루는 연 1회의 권사 장로가 참여하는 구역회 등, 교회가 속한 교단이 정한 정규회의가 있습니다. 우리 교회는 이 규정된 회의를 모두 지키며, 회의를 마치자마자 전체 회의자료를 교회 홈페이지의 '열린 행정'이라는 부분에 그대로 올려놓습니다. 각 회의마다 걸리는 시간은 불과 20분을 넘기지 않습니다. 3개월에 1번씩 임원회가 끝나면 재무부에서는 지사 이상 모든 임원들에게 교회재정 현황을 나눠주고, 일반 성도들에게도 알리기 위해 100여 장 프린트해서 교회 본당 입구에 비치해 놓습니다. 교회의 운영, 목회계획, 재정 상황 등등 모두를 다 공개하는 것입니다.

문제가 일어나는 교회들의 공통점은 어디에 있습니까? 불투명성과 비공개성입니다. 감추려고 하다가 어느 날 갑자기 일이 터져 버립니다. 투명행정, 열린 행정은 부끄러움이 없고 당당합니다. 한국교회나 이민 교회나 모두 다 반드시 짚고 넘어가 해결하고 극복해야 할 부분입니다. 또한 '성서적 신앙과 성서적 교회로의 본질 강화와 형상의 회복'과 '열린 행정'이 바탕이 되어, 교회가 서 있는 자리에서 사회를 향한 '열린 교회'가 되어야 합니다.

예수 그리스도는 말씀하셨습니다. '교회의 빛과 소금'이 되는 것이 아니라 '세상의 소금과 빛'이 되라고. 그런데 오늘날 교회들은 세상의 빛이 되어 어두움을 밝히며, 세상의 소금이 되어 부패해 썩어져가는 것을 방지하는 일에는 별 관심이 없고, 자기 교회 부풀리기에 전념합니다. '들어오게 하는 데만 주력하고 나가지는 못하게 하는' 어항교회의 모습입니다. 오늘날 교회들이 흔적 남기기, 모양내기, 구색 맞추기가 아니라 과연 세상의 빛과 소금을 위해 인적, 물적 재원들을 얼마나 사용하고 있습니까? 전체 '인원과 예산'의 몇 퍼센트를 사용합니까?

선교와 구제는 마땅히 교회가 해야 할 일입니다. 한 걸음 더 나아가, 교회가 서 있는 자리에서 교회가 사회를 향해 뚜벅뚜벅 걸어다녀야 합니다. 교회는 부활하신 그리스도의 살아 있는 몸이기 때문입니다. 살아 있는 것은 꿈틀거리며 움직여야 합니다. 교회가 움직이지 못하고 그 자리에만 머물러 있다면, 아무리 그 안에서 잔치를 벌여도 그 교회는 병든 교회요, 병들어가고 있는 교회입니다. 교회는 세상의 빛과 소금으로서, 특히 이민교회는 한인사회와 지역사회에 열린 교회가 되어야 합니다. 선교단체, 선교사들을 지원하고 기도하고 후원하는 것은 교회의 마땅한 사명입니다. 그러나 그것만이 전부가 아니라, 더 나아가서는 한인 이민사회를 깨끗하고 건강하게 만들어가는 일반 단체들, 즉 청소년이나 노인들이나 가정 관련 센터, 장학사업, 봉사사업 등에도 관심을 갖고 기도하고 후원해야 합니다. 이 또한 마땅히 교회가 해야 할 일입니다.

한인 이민교회가 존재하는 지역사회를 향해서도 열린 교회가 되어야 합니다. 다민족 다문화 속에서 한인교회가 함께 어깨동무해야 합니다. 당면한 지역사회의 문제를 함께 끌어안고 씨름해야 합니다. 그렇게 지역사회와 지역교회가 열린 관계를 갖도록 노력해야 합니다. 나만 깨끗하면 안 됩니다. 내가 속한 공동체인 교회라는 연못물이 깨끗해야 나도 삽니다. 내가 속한 교회만 깨끗하면 안 됩니다. 내 교회가 있는 지역사회라는 연못물도 함께 깨끗해야 교회도 삽니다. 내가 아무리 깨끗하다 할지라도, 연못물이 썩으면 그 안에서는 아무것도 살 수 없게 됩니다. '개인성화'에서만 멈추는 것이 아니라, 반드시 '개인성화를 넘어서서 개인성화가 사회성화를 위해 건강한 영향'을 끼쳐야 합니다. 이것이 바로 세상의 빛과 소금으로서 하나님 나라를 확장해 나가는 역사입니다. 한 예로 필자가 섬기는 교회에서는 기존 선교와 구제 외에 기독교 단체가 아닌, 한인 이민사회 단체에 연예산의 일정 부분을 나누는 것을 시작했으며, 지역사회의 다민족들을 초청하여 다문화를 함께 나누는 일도 8년 동안 꾸준히 진행해 오고 있습니다.

나가는 말

처음 밝힌 바와 같이 순전히 이민목회 12년 차를 맞는 한 지역교회 공동체를 섬기는 목사가 21세기를 지향하는 미래 한인교회의 모습을 찾아가며 씨름하고 고민한 '열린 교회, 열린 목회 이야기들'입니다. 필자가 섬기는 교회의 예를 들었지만, 그렇다고 저희 교회가 아무런 문제도 없이 팍팍 부흥하고 있느냐고 묻는다면, 반드시 그렇다고 할 수도 없습니다. 다만 현재 목회에 부닥쳐 오는 다양한 위협과 회유 속에서 교회의 본질을 잃지 않으려고 몸부림치며 살아보고 싶다는 현장 목회자의 이야기일 따름입니다.

다가오는 문화에 대한 분석, 그리고 교회와 복음을 위한 대응 준비 등에는 여러 가지 내용들과 해결 방안들이 제시되고 있습니다. 그리고 앞으로도 끊임없이 그러한 것들이 제시되는 것도 중요하지만, 그보다 먼저 시공을 초월하여 변하지 않아야 할 근원적인 바탕이 있습니다. 그것은 다름 아닌 '성서적 교회와 신앙에 대한 본질 강화와 하나님의 형상 회복'입니다. 결국 교회의 지도자인 목회자가 이 본질에 목회적 관심을 갖고 정직성과 성실성으로 고민하고 씨름해야 합니다. 그렇게 교회 공동체를 섬기며 광야 길을 인도해 나가는 목회자의 모습이 드러나는 바로 그때, 성도들은 그 모습 속에서 그 길을 함께 손잡고 나가게 될 것입니다. '상호 신뢰의 회복'입니다. 그리고 그때 교회 스스로의 개혁과 변혁을 위한 자정 능력이, 교회가 사회 안에서 하나님 나라를 분명하게 가리키며 나갈 수 있는 능력이 주님께서 주시는 은혜로 나타나게 될 것입니다. '치유와 회복과 소생'의 역사입니다.

한국교회의 미래는 우리가 그 위기를 직시하고 자각해 나간다면, 그리고 그 대안을 찾아가는 노력을 멈추지만 않는다면, 결코 어둡지 않습니다. 오히려 살아 있는 그리스도의 몸된 교회를 통하여 이 시대에 그리스도의 사역을 재현하게 될 것입니다. 그리하여 존중과 배려, 섬김과 나눔, 사랑과 정의가 가득한 하나님 나라를 더욱더 분명하게 세워 나가게 될 것입니다. 거기에 한국교회와 이민교회의 꿈과 비전과 소망을 담아봅니다.

내 눈이 주를 보았나이다!

매번 반복되는 일상… 오늘도 어깨를 짓누르는 삶의 무게에 아빠의 퇴근길은 무겁고 힘들기만 합니다. 집에 도착하니 사랑스러운 아들이 환한 얼굴로 아빠를 향해 달려와 안기려고 합니다. 그러나 피곤하고 지친 아빠는 아들을 피해 방으로 들어가 버립니다. 머쓱해진 아들이 지친 아빠에게 질문합니다. "아빠는 한 시간에 얼마를 버세요?"

아빠는 마지못해 대답해 줍니다. "한 시간에 20달러를 번단다."

아빠의 대답에 실망한 아이는 잠시 한숨을 쉬더니 아빠에게 부탁합니다. "아빠, 저에게 10달러만 빌려 주세요."

아빠는 돈이 필요한 이유가 전혀 궁금하지 않았고, 가뜩이나 피곤한 자신에게 돈을 빌려 달라는 아들에게 버럭 화를 내고 맙니다. 아이는 그렇게 힘없이 방으로 돌아가고 어느 정도의 시간이 지나자, 아들에게 심하게 화를 낸 것이 맘에 걸리는 아빠가 아들의 방문을 살며시 열어

봅니다. 미안함에 아들을 다독여 주던 아빠는 아들이 필요하다던 10달러를 줍니다. 아들은 무척 기뻐하며, 그동안 모아 놓은 돈을 꺼내더니 돈을 세어 봅니다. "1달러, 2달러, 3달러…" 그 모습을 본 아빠는 "돈이 있으면서 왜 돈을 빌려 달라고 했냐?"고 하면서 아들에게 또 화를 냅니다. 아들은 돈이 부족했다며 다음과 같이 대답합니다. "아빠, 이제 20달러가 있어요. 아빠의 시간을 한 시간만 살 수 있을까요?"

아들은 맛있는 것을 사 먹고 싶었던 것도 아니고, 장난감을 사고 싶었던 것도 아니고, 그저 아빠와 함께 놀고 싶었던 것이었습니다. 이 말을 들은 아빠는 아들을 힘껏 안아줍니다. (함께하는 사랑밭에서)

'함께 있고 싶은 마음!' 바로 하나님이 우리를 향하신 마음입니다. 그 하나님의 마음으로 이 땅에 오신 예수 그리스도! 지금 우리는 그분을 기다리는 대강절을 보냅니다. 대강절(Advent)은 '옴', '도착'을 의미하는 라틴어 'adventus'에서 나왔습니다. 주님 탄생을 기다리는 성탄절 이전 네 주일 동안의 절기입니다. 대강절이 되면 교회는 매주 한 개씩 4개의 초를 밝혀 나갑니다. 대강절 초(Advent Candles)입니다. 대강절 초는 3개의 보라색 초와 1개의 핑크 색깔의 초로 구성되어 있는데, 그 초들은 예수 그리스도의 오심과 그분을 기다림에 대한 의미를 담고 있습니다. 우리가 대강절 초를 켜는 것은 이 어두운 세상에 참 생명의 빛으로 오신 주님을 기억하고, 또한 오신 주님이 오늘 나의 삶에 임재하시기를 기다리며 기대하고 예배드리기 위함입니다. 그러기에 대강절은 빛의 축제요, 빛의 절기입니다. 네 개의 대강절 초들은 각기 그 의미를 지닙니다. 첫째 주일 초는 '희망'을, 둘째 주일 초는 '평화'를, 셋째 주일 초는 '기쁨'을, 네 번째 주일 초는 '사랑'을 상징합니다. 4주에 걸친 대강절을 지난 후인 성탄주일에는 중앙에 하얀 색깔의 초를 마지막으로 밝히게 됩니다. 이 땅에 빛으로 오신 예수님을 상징하는 '그리스도의 초'(Christ Candle)입니다.

이렇게 초 하나씩을 밝혀나가는 마음으로 주님을 기다리던 한 사람이 성경에 나와 있습니다. 누가복음 2장 25절에 나오는 시므온이라는 노인입니다. 시므온은 "네가 죽기 전에 메시아를 보리라!"는 하나님의 약속을 믿고, 평생 동안 예루살렘 성전을 떠나지 않고 설레임을 가득 안은 채 간절히 기다리고 기다리던 끝에 예수를 만나게 됩니다. 시므온 노인처럼 예수를 기다리면서 만나기를 간절히 사모하는 자가 예수를 만날 수 있습니다. 예수 만나기 간절히 사모하는 마음, 그곳이 베들레헴 말구유간이 됩니다. 그리고 그 안에, 바로 거기에 아기 예수가 계십니다.

시므온 노인이 구원의 주이신 예수를 만나자 드린 첫 번째 경배의 고백이 무엇입니까? "내 눈이 주의 구원을 보았도다."라는 것이었습니다. 나에게 생명을 주신 분 예수, 나의 영혼과 육신을 치료해 주시는 분 예수, 나의 존재 이유가 되시는 분 예수! 바로 그분, 나의 구원자, 나의 치료자, 나의 인도자 되시는 그 예수! 바로 그 예수를 내가 이번 성탄절에는 반드시 꼭 보리라, 만나리라! 그 예수로 내 영혼과 육신이 치료받아 내 영혼이 살리라, 강건케 되리라! 그 예수로 모든 부서진 관계를 회복하리라! 다시 일으켜 세우리라! 막힌 담을 허물리라! 그 예수로 나와 나의 자녀들의 인생을 형통케 하리라!

돌아가신 고 김준곤 목사님의 '백문일답'입니다. 100가지를 물어봐도 대답은 오직 하나 "예수뿐이 없다."는 뜻입니다. 우리들과 자녀들의 인생, 그리고 교회와 사회와 민족과 백성들의 모든 질문의 해답이신 예수 그리스도! 바로 그분 만나기를 간절히 사모하시는 2014년도 성탄절이 되어, 시므온 노인처럼 "내 눈으로 주를 보았나이다."라고 선포하는 성탄절이 되시기를 축복합니다. 「미주크리스천신문」 발행인, 편집국장, 그리고 수고하시는 모든 분들과 독자 여러분! 메리 크리스마스!

세상보다 큰 믿음을 갖는다면

늘 새해는 다짐의 해입니다. 마음의 다짐과 의지는 매해 되풀이됩니다. 지난 한 해도 뭐 하나 제대로 이룬 것이 없는 것 같아 마음 한구석이 쓸쓸합니다. 그러나 지난 일년 동안도 이모저모로 우리를 지켜주고 채워주고 인도해 주신 하나님 은혜를 생각하면 그 쓸쓸함에 감사가 가득 채워집니다. 성경은 하나님이 하실 일과 우리들이 할 일이 나누어져 있다고 말합니다. 구하고 찾고 문을 두드리는 것은 우리가 할 일이고, 주시고 찾게 하시고 열어 주시는 것은 하나님이 하실 일입니다 (마 7:7). 우리는 먼저 그의 나라와 의를 구하고, 하나님은 이 모든 것을 더하십니다(마 6:33). 사람이 할 일을 제대로 하지 않고 하나님께 다 해달라는 것은 신앙의 나태, 게으름입니다. 반대로 하나님이 하실 일조차 사람이 다할 수 있다는 것, 즉 '내'가 인생의 주어가 되는 것은 신앙의 교만입니다. 건강한 신앙은 '먼저 기도하고 우리가 할 일에 최선을 다하고, 하나님이 하실 일, 곧 하나님의 채워주심과 인도하심을 기다리는 믿음'입니다.

20년 전 일입니다. 큰아들이 초등학교에 입학하였는데, 담임 선생님이 일학년 아이들에게 주신 첫 번째 숙제가 각 가정의 가훈을 가지고 오라는 것이었습니다. 그동안 살아오면서 가슴에 품어둔 말씀들이 있었지만 가훈으로까지는 정리가 안 된지라, 이 기회에 신앙의 가훈을 만들어야겠다고 생각했습니다. 기도하는 가운데 평소에 항상 제 가슴에 살아 있는 "작은 일에 충성하라!"를 가훈으로 정하여 보낸 적이 있습니다. 늘 자기를 과대평가하여 평생 "큰일을 맡겨주면 잘할 텐데, 아직 나에게 기회가 오지 않았어."하고 항상 스스로를 합리화하는 사람들이 있습니다. "내가 누군데 이런 시시한 작은 일을 할 수 있냐?"고 늘 큰소리만 떵떵거리며 일은 하지 않습니다. '게으름'입니다.

저는 중등부에 다닐 때 목사님 설교 중에 '게으름도 악'이라는 말씀에 큰 충격을 받았습니다. '게으르고 악한 종', '착하고 충성된 종'은 늘 쌍으로 엮여 다닙니다. '악하고 착한'의 기준이 '게으름과 충성'입니다. 나에게 맡겨진 일들이 아무리 작은 일일지라도 또 무엇이든지간에, 즉 그 자리가 아버지이든, 자녀이든, 목회자이든, 성도이든, 주인이든, 종업원이든, 자기가 현재 있는 그 자리에서 최선을 다할 때 '보다 큰일을 맡기시고 더하시는 축복'이 임합니다. 바로 우리 아이들이 그렇게 자랐으면 좋겠다는 마음과 나 또한 그렇게 사역을 감당하고 인생을 살리라 다짐해 보던 기억이 떠오릅니다.

2015년을 열면서 우리가 할 일은 맡겨주신 작은 일들을 귀하게 그리고 열심히 최선을 다하는 것입니다. 하나님이 하실 일은 보다 큰일을 맡겨주시고 더하여 주시는 일입니다. 제주도에 조랑말을 가지고 있던 할아버지에게 눈에 넣어도 아프지 않을 두 명의 사랑스런 손자들이 있었습니다. 손자들이 좀 크자 할아버지에게 서로 조랑말을 달라고 합니다. 할아버지는 얼마나 난처했을까요?

어느 날 할아버지는 손자들에게 작은 병아리 한 마리씩을 주면서 잘 길러 보라고 했습니다. 큰손자는 모이를 쪼아 먹으며 이리저리 돌아다니는 병아리와 들판에 있는 조랑말을 한 번씩 바라보고는 한숨만 쉽니다. 둘째 손자는 열심히 병아리에게 모이도 주고 물도 주고 성실히 돌봅니다. 일주일이 지나자 할아버지는 손자들에게 각기 병아리를 가져오라고 했습니다. 큰손자의 병아리는 기운도 없고 생기가 없이 그냥 그 자리에 서 있기만 합니다. 작은손자의 병아리는 기운도 쌩쌩하고 생기도 돌고 줄곧 이리저리 돌아다니기에 바쁩니다. 마침내 할아버지는 조랑말을 둘째 손자에게 줍니다. 큰손자는 할아버지에게 화를 냅니다. 그때 할아버지는 큰손자에게 말합니다. "병아리도 잘 키우지 못하는 네가 어떻게 조랑말을 잘 키울 수 있겠느냐?"고.

새해입니다. 올해라고 뭐 그렇게 세상이 달라지겠습니까? 오히려 더 많은 문제들이 우리들 앞에 놓일 수도 있습니다. 문제는 세상이 아니라 항상 우리들의 믿음입니다. 세상보다 더 큰 믿음을 갖는다면, 세상이 뭐 그리 대수겠습니까? 동물학자들은 말과 소의 눈에는 사람들이 자기보다 더 크게 보인다고 합니다. 그래서 사람에게 길들여집니다. 그렇지 않다면 우리보다 훨씬 큰 소와 말을 우리가 어찌 당하겠습니까? 세상을 바라보면 세상이 크게 보이고, 문제를 바라보면 문제가 크게 보입니다. 문제가 크게 보이면 문제가 블랙홀이 되어 빠져들게 됩니다. 그러나 하나님을 바라보면 하나님이 세상보다 더 크게 보입니다. 거기에 해결이 있고 거기에 응답이 있고 거기에 역사가 나타납니다.

새해에는 우리 모두 세상보다 더 큰 믿음으로 하나님을 바라보며 세상을 이기시고, 주어진 작은 일이 무엇이든 그 자리에서 최상의 열심과 충성을 다하여 보다 큰일을 맡게 되고 더해지는 축복이 이루어지게 되기를 기도합니다. 하나님 안에서 최선을 다할 때는 그 결과가 무엇이든 후회가 아니라 감사가 채워집니다!

자유하게 당당하게 담대하게

어떤 젊은이가 수도원에 입회하겠다고 찾아오자 수도원의 나이든 수사가 물었습니다.

"너는 금화 세 닢이 있다 하면 그것을 기꺼이 가난한 사람들에게 나누어 주겠느냐?"

"그럼요, 마음으로부터 모두 주겠습니다."

"그러면 은화 세 닢이 있다면 어찌하겠느냐?"

"그것도 기쁘게 나누어 주겠습니다."

"마지막으로 묻겠다. 동전 세 닢이 있다면 어찌하겠느냐?"

그러자 젊은이는 고민합니다. 수사가 다시 묻습니다. "젊은이여, 금화도, 은화도 아닌 어찌 동전 세 닢에는 그렇게 주저하나?"

"아무리 생각해도 그것만은 안되겠습니다."

"아니, 그건 또 왜냐?"

"현재 제가 가진 게 바로 그 동전 세 닢이거든요."

현재 나에게 없는 것은 포기하기가 쉽습니다. 포기할 수 있다고 생각하기 때문입니다. 그러나 정작 현재 나에게 있는 것들을 포기하기란 생각보다 쉽지 않습니다. 예수님은 두 명의 사람을 만납니다. 한 사람은 부자 청년입니다. 그의 관심은 영생입니다. 그들은 선한 일, 계명을 지키는 일 등에 관하여 대화를 나눕니다. 청년은 "모두 다 했는데 아직도 부족한 것이 무엇입니까?"라고 묻습니다. 예수님은 소유를 다 팔아 가난한 자들에게 주고 나를 따르라고 하십니다. 이때 그는 재물이 많으므로 근심에 가득 차 떠나갑니다(마 19:16-22).

예수님은 또 다른 한 사람을 만나십니다. 삭개오입니다. 그는 키가 작아 뽕나무 위로 올라가서라도 주님을 뵙겠다는 일념으로 나무 위에 올라가 있던 삭개오에게 말씀하십니다. "속히 내려오라. 내가 오늘 네 집에 묵어야겠다."

이 말을 들은 삭개오는 급히 내려와 주님을 영접하며 스스로 말합니다. "내가 부자니 소유의 절반을 가난한 자들에게 나눠 주겠고, 내가 세리로서 누군가를 속여 빼앗은 일이 있으면 네 배로 갚겠나이다."

삭개오의 말을 들은 예수님은 말씀하십니다. "오늘 구원이 이 집에 이르렀으니 이 사람도 아브라함의 자손이로다."(눅 19:1-9)

현재 나에게 있는 것이 무엇입니까? 예수님은 오늘을 사는 나에게 내가 주인 삼은 모든 것들을 내려놓고 나를 따를 수 있겠느냐고 물으십니다. 혹은 삭개오처럼 예수님이 나에게 찾아오셔서 내 안에 거하셨기에 그 감사와 기쁨으로 내가 가진 것들을 자원하여 내려놓고 나눌 수 있겠느냐고 물으십니다. 여기에 나의 모습을 비추어봅니다. 부자 청년처럼 근심하며 돌아가는 나입니까? 아니면 삭개오처럼 기쁨과 감사의 축제를 펼치는 나입니까? 내가 지닌 자존심, 자아, 욕심, 욕망, 탐욕 등을 예수 앞에 내려놓을 줄 알아야 합니다. 그리고 나에게 은혜로 주신 믿음, 건강, 지식, 지혜, 경험, 물질, 명예, 권력, 힘들을 세상에, 이웃들에게 하나님 나라를 위하여 나눌 줄 알아야 합니다. 바로 내 생애 가장 귀한 그분 예수 그리스도를 만났기 때문입니다.

두 소녀가 해변을 걷습니다. 한 소녀가 너무나도 예쁜 조개를 줍습니다. 옆에 있던 친구가 부러웠던지 자기에게 달라고 하지만 이 소녀는 꿈쩍도 하지 않습니다. 조금 더 가다가 이 소녀는 다시 진주를 발견합니다. 이 소녀는 너무나 기뻐 자기가 가진 예쁜 조개를 친구에게 선뜻 줍니다. 진주를 발견한 이상, 예쁜 조개는 더 이상 소녀에게 중요하지 않습니다. 가장 귀한 그분 예수 그리스도는 절대 진리요 가치입니다. 사도 바울은 고백합니다. 내게 유익한 모든 것들을 그리스도를 위하여 다 해로 여기는 것은 그리스도를 아는 지식이 가장 고상하기 때문이라고, 내가 그를 위하여 모든 것을 잃어버리고 배설물로 여김은 그리스도를 얻기 위해서라고(빌 3:7-8).

예수를 만났기에 감사와 기쁨의 축제를 연 삭개오의 모습 안에, 진주를 발견하고는 조개를 선뜻 내려놓을 줄 아는 한 소녀의 모습 안에, 그리스도를 얻기 위하여 모든 것을 다 배설물로 여기는 바울의 모습 안에, 오늘을 살아가는 우리들의 모습이 담겨져 있어야 하지 않을까요?

필리핀 빈민 마을 깜덴에서 20여 년 동안 빈민들의 친구로 살아오신 홍성욱 선교사와 사모이신 김한나 선교사가 계십니다. 김한나 선교사가 2월 초순에 10여 일 동안 제가 시무하는 교회에 머물다 가셨습니다. 같이 지내시는 동안 김한나 선교사가 식사를 많이 못하셔서 여쭤보니 선교사역을 감당하는 가운데 위암 수술을 하셨고, 지난 1월에는 자궁암 수술을 하셨으며, 홍성욱 선교사는 2년 전 치아가 모두 빠져 2년에 걸쳐 치아를 해 넣고 계시다는 말씀을 들었습니다. 내과 의사, 방송국 아나운서로서 수상을 거듭하면서 앞길이 활짝 열린 뮤지컬 배우 겸 작가, 연출가로서 세상적으로 눈에 띄는 모든 스펙들을 갖춘 김한나 선교사였습니다. 하지만 이 모든 것들을 다 내려놓고 세계적 빈민촌 가운데 하나인 깜뗀 마을에 들어가셔서 그들과 동거동락하며 하나님 나라의 아름다운 이야기를 써 내려가고 계십니다.

이분의 모습에서 삭개오의 모습을, 사도 바울의 모습을, 진주를 발견한 소녀의 모습을 보게 됩니다. 바로 세상의 그 무엇과도 비교할 수 없고 바꿀 수 없는 내 인생 최고의 진리이자 가치이신 그분 예수 그리스도를 만났기 때문입니다. 그분들은 참 행복한 분들입니다. 그래서 항상 감사합니다. 늘 기뻐합니다. 진리이신 예수 그리스도를 만났고 그렇게 사셨기 때문입니다. "오늘 구원이 이 집에 이르렀으니"(눅 19:1), 그분들은 세상의 그 무엇에도 기죽지 않고 자유하십니다(요 8:32). 주님께서 도우시는 이런 분들을 세상이 어찌 감당할 수 있겠습니까?(히 13:6)

오늘을 살아가는 우리들의 삶의 모습 안에 삭개오와 바울과 소녀와 선교사의 모습들이 점점 자라나는 신앙의 진보를 이루어야 하지 않을까요? 주님의 도우심으로 세상 안에 살지만 세상의 가치에 얽매이지 않고 자유하는, 그래서 당당하고 담대하게 세상을 뚫고 나가 승리하며 사는 멋진 한 해가 되시기를 축원합니다.

새를 죽일 수 없는 이유

옛날 어느 수도원에 훌륭한 원장이 있었습니다. 그는 많은 제자들 중에 특히 한 아이를 지극히 사랑했습니다. 그 아이는 제자들 중에서도 가장 못생겼고, 무엇을 가르쳐도 늘 쉽게 잊어버리곤 했지만, 원장은 특별히 그 아이를 사랑했습니다. 다른 제자들의 불만은 대단했습니다. 그 불만이 쌓이고 쌓여 폭발할 지경에 이르렀습니다. 마침내 모든 제자들이 마당에 모여 스승인 원장에게 따졌습니다. 그러자 그는 조용히 말했습니다. "내가 문제를 내마. 그것을 풀어 가지고 오면 내가 왜 이 아이를 특별히 사랑하는지 알게 될 게다."

원장은 제자들에게 작은 새 한 마리씩을 주고는 아무도 안 보는 곳에서 해질 때까지 그 새를 죽여 가지고 오라고 했습니다. 절대로 아무도 안 보는 곳에서 죽여야 한다고 강조했습니다. 해질녘이 되자 제자들이 하나둘씩 모이기 시작하여 수도원 마당에는 죽은 새의 시체가 쌓였습니다. 그런데 원장이 특별히 사랑하는 아이가 돌아오지 않았습니다. 한참 뒤 뛰어오는 아이의 손에는 작은 새가 산 채로 있었습니다. 이를 본 제자들은 "저 바보는 원장님이 무얼 시켰는지도 모르나 봐!" 하며 비웃었습니다. 원장은 왜 새를 죽이지 못했는지를 물어보았습니다. 그러자 그 아이는 이렇게 대답했습니다. "원장님께서는 아무도 안 보는 곳에서 새를 죽이라고 하셨잖아요. 그런데 아무리 조용하고 으슥한 곳을 찾아보아도 하나님은 보고 계셨어요. 그래서 새를 죽일 수 없었어요."

이 짧은 이야기가 우리들의 마음을 찌릅니다.

서울에서 목회할 때 들었던 한 집사님의 간증이 생각납니다. 이 집사님은 중소기업 영업과장으로 계셨는데, 항상 이리저리 국내외 출장이 잦았습니다. 출장 가면 늘 고민이 생깁니다. 부인과 아이들, 그리고 교회, 목사, 성도들과 좀 멀리 떨어져 있다고 생각하니, 출장 간 곳의 쾌락적 밤 문화에 자주 마음이 쏠리게 됩니다. 같이 간 동료들도 그런 자기 마음을 아는지 자꾸 유혹합니다. 그러나 그때마다 목사님의 설교 말씀이 생각났다고 합니다.

제가 주일학교 다닐 때, 주일학교 선생님이 선한 사마리아인의 비유를 말씀하시면서 퀴즈를 낸 적이 있습니다. 그 기억은 지금도 마음에서 떠나질 않습니다. "여리고 골짜기에는 몇 명이 있었을까요?" 선생님이 묻습니다.

아이들이 고사리 손가락으로 다같이 "하나, 둘, 셋…" 하면서 세기 시작합니다. "강도, 강도 만난 자, 그냥 지나간 제사장과 레위인,

선한 사마리아인, 주막 주인. 모두 여섯 명이네요."라고 대답합니다.

그러자 선생님은 "아니야, 한 분이 더 계셔!"

아이들은 다시 셉니다. "아니, 여섯 명이 맞는데요?"

이렇게 두세 번 헤아리기를 반복하다 지친 아이들이 선생님에게 "누구예요, 가르쳐주세요?"라고 조르자, 그제야 선생님은 말씀하십니다. "여섯 명 말고도 하나님이 계시잖니?"

아이들은 "맞다, 맞다!" 하면서 박수를 칩니다. 오랜 시간이 흘러 지금까지도 저와 반 친구들의 모습이 제 마음에 항상 새겨져 있습니다. '그때'는 박수를 쳤지만, 그러나 '지금'은 두렵습니다!

이 이야기를 설교시간에 한 적이 있었는데, 아마 그 집사님은 이 이야기를 잊지 않고 기억하였던 것 같습니다. 출장 갔을 때의 시험과 유혹을 "지금 여기에도 하나님은 계셔!"라는 신앙적 마음으로 이겨 나가셨다는 간증을 한 적이 있습니다. 그 간증을 듣고 은혜를 받았습니다. 하나님은 교회나 기도원에만 계시는 분이 아니십니다. 하나님의 임재는 '언제 어디서든지'입니다. 믿는 신자들은 늘 '하나님 앞에서'(코람 데오) 살아야 합니다. 신자들은 교회 신앙, 기도원 신앙, 성도들의 공동체 신앙만이 아니라, 세상 안에서 생활신앙을 통하여 살아계신 하나님을 선포하며, 부활하신 예수 그리스도를 증거하고, 오늘도 사역 하시는 성령의 역사를 통하여 하늘에 계신 아버지께 영광 돌려야 합니다(마 5:16).

하나님은 모든 것을 감찰하십니다. 우리 피조물들은 해 아래 숨을래야 숨을 수가 없습니다. 나의 행위가 악함으로 어두운 곳으로 숨어버리고 시치미 떼는 것이 아니라, "악을 행하는 자마다 빛을 미워하여 빛으로 오지 아니하나니 이는 그 행위가 드러날까 함이요."(요 3:20)라는 말씀을 기억하여야 합니다. 이제 우리는 빛 되신 예수님 앞에 나와 변화된 인생을 살아가야 합니다. "진리를 따르는 자는 빛으로 오나니 이는 그 행위가 하나님 안에서 행한 것임을 나타내려 함이라 하시니라"(요 3:21).

사순절은 하나님 앞에서 나의 죄를 찾아내는 절기입니다. 죄를 끄집어내는 절기입니다. 내가 해결할 수 없는 죄 때문에 마음 쥐어짜는 절기입니다. 그리고 죄를 해결할 수 있는 마지막이자 유일한 길인 십자가 앞에 그 죄를 내어놓고 예수 십자가 피로 깨끗이 씻기는 죄사하심의 은총을 체험하는 절기입니다. 십자가에 달리신 예수 그리스도의 피가 마음과 가정과 교회와 세상 안에 영원히 메마르지 않아야 합니다. 항상 흘러야 합니다. 그래서 그 피가 닿은 곳곳마다 치유와 소생과 구원과 생명의 역사가 나타나야 합니다. 사순절기를 예수 십자가 묵상과 영성으로 보낼 수 있는 기회를 주신 주님께 감사와 찬양과 영광을 돌립니다. 하나님은 어디에나 계십니다.

나는 이 땅의 그루터기

이탈리아 사회학자 파레토(Pareto)는 개미들이 일하는 모습에서 한 가지 법칙을 발견합니다. 일개미들이 모두 다 열심히 일하는 것처럼 보이지만, 열심히 일하는 개미는 20퍼센트 정도였고 나머지 80퍼센트의 개미는 빈둥빈둥 놀고 있었습니다. 파레토는 흥미로운 현상이라 생각하면서, 이를 더 깊이 알아보려고 실험을 했습니다. 열심히 일하는 20퍼센트의 개미들과 빈둥빈둥 노는 개미 80퍼센트를 따로 떼어 놓았습니다. 놀라운 것은 열심히 일했던 개미들 20퍼센트들은 모두 다 열심히 일해야 하는데, 역시 그 중의 20퍼센트만 열심히 일하고 나머지 80퍼센트는 빈둥빈둥 놀고 있었습니다. 파레토는 또 실험을 했습니다. 이번에는 놀고 있던 80퍼센트 개미들을 따로 때내어 자세히 관찰해 보았습니다. 이 빈둥빈둥 개미들은 모두 다 놀고 있어야 하는데, 놀라운 것은 그 게으른 빈둥빈둥 개미들의 20퍼센트가 놀지 않고 열심히 일하고 있었습니다. 결국 파레토는 다음과 같은 결론을 내렸습니다.

열심히 일하는 개미이거나, 노는 개미이거나, 함께 있을 때는 20퍼센트 정도만 열심히 일하고 80퍼센트 정도는 놀고 있다는 것입니다. 말하자면 부지런한 소수(20퍼센트)가 게으른 다수(80퍼센트)를 먹여 살린다는 것입니다. 이것이 바로 그 유명한 '파레토의 20:80의 법칙'입니다.

이 법칙은 백화점의 매출에도 적용될 수 있습니다. 백화점 매출의 80퍼센트는 20퍼센트의 고객에서 나옵니다. 이것은 매출액의 80퍼센트를 차지하는 그 20퍼센트의 고객에 초점을 맞추어 마케팅 활동을 하는 것이 효과적이라는 것입니다. 이 법칙에 따르면 20퍼센트의 소수자가 80퍼센트의 이익을 소유하고 있고, 20퍼센트의 근로자가 전체 근로자가 해야 할 일의 80퍼센트를 담당하고 있고, 20퍼센트의 소비자가 전체 매출의 80퍼센트를 차지한다는 말이 됩니다.

이 파레토의 법칙을 교회에 적용해 봅니다. 교회의 20퍼센트가 영적으로 깨어 있다면, 그 영적 거인들이 교회의 중심이 되어 건강한 교회, 복된 교회, 아름다운 교회를 이루어갈 것입니다. 성경에서는 이러한 20퍼센트를 '창조적 소수', '그루터기', 혹은 '남은 자'라고 부릅니다. "그 중에 십분의 일이 아직 남아 있을지라도 이것도 황폐하게 될 것이나 밤나무와 상수리나무가 베임을 당하여도 그 그루터기는 남아 있는 것같이 거룩한 씨가 이 땅의 그루터기니라 하시더라."(이사야 6:13) 밤나무와 상수리나무를 잘라도 그루터기는 남아 있는데, 그 그루터기가 거룩한 씨가 되어 다시 나무가 자라나 나무 원래의 모습을 되찾게 됩니다. 결국 그루터기가 그 나무의 생명입니다.

모세는 한 사람이었지만 그는 단지 한 사람만은 아닙니다. 이스라엘 민족을 살린 그루터기입니다.

기드온과 300군사는 단지 300명이 아닙니다. 미디안 군대 135,000명 앞에서 풍전등화의 위기를 맞은 이스라엘 민족을 구원한 그루터기입니다.

바알에게 무릎 꿇지 않은 7,000명은 단지 7,000명이 아닙니다. 아람군대 10만 명 앞에서 이스라엘 민족을 구원한 그루터기입니다.

예수님의 열두 제자는 단지 열두 명이 아닙니다. 세상을 죄로부터 구원하는 그루터기입니다.

이 그루터기들이 하나님 나라 이야기들을 지금까지 써내려 왔고, 오늘도 쓰고 있고 앞으로도 써 나갈 것입니다.

오늘 우리는 세상의 많은 사상과 풍조로 위협받고 있고, 타협이라는 시험과 동화라는 유혹 앞에 서 있습니다. 얼핏 들으면 그럴듯하게 들리는 마귀의 궤계들 가운데 살고 있습니다. 동성애 문제, 종교혼합주의, 종교다원주의, 세속화 등등이 심각합니다. 우리 아이들이 앞으로 살아갈 내일이 정말 걱정되어 더 깊은 기도를 드리게 됩니다. 그리고 더 적극적으로 대처 방향과 방법들을 찾게 됩니다. 그 중심은 성경입니다. 성경으로 돌아가야 합니다. 성경은 '하나님', 성경은 '예수 그리스도', 성경은 '성령님', 성경은 '진리'입니다. 성경은 하나님, 예수 그리스도, 성령, 진리를 나에게 나타내 보여주시는 '현존'입니다. 말씀을 앞에 놓고 가야 합니다(고전 4:6; 사 55:9). 말씀을 앞에 놓고 우리가 따라가야 합니다. 말씀을 나에게 맞추는 것이 아니라 내가 말씀에 맞추어야 합니다. 우리가 말씀을 끌고 가는 게 아닙니다. 우리가 말씀을 따라가야 합니다. 이렇게 성경으로 돌아가 말씀에 뿌리 내리고 그 위에 세워져 나가는 분명하고 선명한 신앙으로 회복되어야 합니다.

이 신앙이 미국에 단 십분의 일만 살아 있어도, 이들로 인해 미국은 다시 그들의 조상인 청교도의 신앙을 회복하는 나라가 될 것입니다. 우리들 각자가 세상을 살리는 '남은 자'들이 되기를 바랍니다. 우리들 각자가 교회를 살리는 '창조적 소수'가 되기를 바랍니다. 우리들 각자가 가정을 살리는 '그루터기'가 되기를 바랍니다. 우리 모두가 이 일을 위해 기도하며, '내가 그 사람 되길' 간절히 소원하며 힘있게 동참할 때, 하나님 나라의 이야기들이 사방 도처에서 시공을 초월하여 서로가 서로에게 격려가 되어 널리 퍼지게 될 것입니다. '내가 그루터기'가 되어 이루어가는 하나님 나라의 내일을 희망해 봅니다.

'말씀'은 '사건'입니다

오늘날은 설교의 홍수시대입니다. 우리들은 신문, 잡지, TV, 인터넷, 라디오, 스마트폰 등을 통해서 언제 어디서나 유명한 설교자의 모든 설교를 다 들을 수 있습니다. 그러나 그 가운데 하나님의 '메시지'가 얼마나 있는가? 저 또한 다시 한 번 돌이켜 봅니다. 과연 나는 목회자로 하나님의 '메시지'를 바로 선포하고 있는가? 그렇다면 '메시지 목사'입니다. 그러나 청중들이 듣고 싶어 하는 내용들, 사람들의 마음과 귀를 즐겁게 하는 말씀만을 전하려고 한다면 '메시지 목사'가 아니라 '마사지 목사'입니다. 성도들도 오늘날 자신이 듣고 싶어 하는 말씀을 듣기를 원한다면 '마사지 성도'입니다. 그러나 비록 나를 찌르고 흔드는 말씀일지라도 하나님이 주시는 생명의 말씀을 듣기 갈망한다면 '메시지 성도'입니다(히 4:12).

교회는 마사지 같은 말씀이 선포되는 곳도 아니요, 말씀과 비슷한 말씀이 선포되는 곳도 아닙니다. 교회는 메시지, 즉 말씀 그 자체가 선포되는 곳입니다. 우리들이 섬기는 교회는 '마사지 교회'가 아니라 '메시지 교회'가 되어야 합니다. '마사지'가 아닌 '메시지'로 듣는 하나님의 말씀에는 아주 분명한 특징이 있습니다. '메시지'에는 항상 사건이 일어납니다. 성경은 이런 사람들의 역사요, 기독교는 이런 성도들의 증언입니다.

오늘날까지 제작된 영화 가운데 명작 중의 명작이라고 불리는 영화는 단연 '벤허'일 것입니다. 하이라이트인 15분간의 전차 경주 신을 위해 1만5천 명이 4개월 동안이나 연습했다는 전설적인 기록을 남겼습니다. 벤허를 쓴 작가는 미국 남부에 사는 월리스라는 장군이자 수필가였습니다. 그는 철저한 무신론자였습니다. 그는 당대 유명한 무신론자 잉거솔(Robert G. Ingersoll)을 만났는데, 그는 루 월리스(Lew Wallace)에게 말합니다. "기독교의 가르침은 다 거짓말이고 쓸데없는 것이며, 기독교는 믿을 수 없는 거짓 종교임을 증명하는 책을 쓰면 대단한 베스트셀러가 될 거요. 그리고 당신은 큰 부자가 될 것이오."

이에 미혹된 월리스는 성경의 허구성을 철저하게 파헤쳐서 성경은 허무맹랑한 거짓임을 밝히고, 예수를 믿는 이 불쌍한 인류를 신에게서 해방시키기로 결심합니다. 이를 위해 그는 가장 먼저 기독교의 기초가 되는 성경을 자세히 읽습니다. 그는 성경을 읽고, 또 읽고, 또 읽어 내려가지만 성경 속에서 거짓을 발견하기는커녕, 도리어 놀라운 진리를 발견하게 됩니다. 성경을 반복해서 읽을수록 그의 마음속에는 놀라운 변화가 일어납니다. 예수를 부정하려고 할수록 그의 양심은

"아니야, 그렇지 않아. 예수는 하나님의 아들이고, 성경은 진리야!"라고 부르짖었습니다.

결국 월리스는 부인할 수 없는 하나님 말씀 앞에서 무릎을 꿇고 고백합니다. '당신은 나의 주, 나의 하나님'이라고 부르짖습니다. 마침내 살아계신 예수님을 만납니다. 성경을 통하여 하나님 말씀이, 예수님 말씀이, 성령의 음성이, 메시지가 월리스를 막 흔들어 놓습니다. 그는 기독교를 비판하려고 들었던 펜을 꺾고 만인의 심금을 울리며 많은 사람을 예수께로 인도한 불후의 명작 '벤허'를 썼습니다. '사건'입니다.

월리스에게 하나님을, 예수님을, 성령님을 전해준 사람은 아무도 없습니다. 그런 그가 예수님을 만나는 통로가 분명히 있었습니다. 바로 '성경, 말씀'입니다. 성경을 보다가 이렇게 된 겁니다. 성경이 월리스에게 직접 말씀하신 겁니다. 벤허는 월리스가 말씀을 보고, 읽고, 듣는 가운데 일어난 '사건, 역사'입니다. 이 '말씀과 메시지', 그리고 '사건과 역사'는 성경 속의 인물들처럼 우리들에게 과거에도 일어났고, 오늘도 일어나고 있고, 내일도 일어날 것입니다.

신앙생활을 하는 데 있어서 '순교 증후군'이 있다고 합니다. 나를 마구잡이로 흔들면서 나에게 다가오는 '주님의 말씀, 메시지'를 막는 것은 다름 아닌 '나'라는 사실입니다. 주님의 말씀은, 메시지는 힘이 있고 능력이 있는데 내가 막고 있는 것입니다. 왜? '메시지'가 내 인생 안에 들어오는 것이 두렵기 때문입니다. 왜 두렵습니까? 말씀이, 메시지가 내 존재를 진동시키고, 내 영혼을 뒤흔들어 놓으면, 더 많은 예배, 더 많은 말씀, 더 많은 기도, 더 많은 봉사와 헌신, 더 많은 헌금, 더 많은 전도와 선교를 해야 할 테니까 말입니다. 이것이 두려워 '메시지'가 나를 뒤흔드는 것을 원하지 않는 것입니다. 이것을 '순교 증후군'이라고 부릅니다.

주의 말씀은 힘이 있는데 마귀에게 속아 내가 주의 말씀을 막고 있습니다. 우리는 영적으로 깨어 신앙생활을 정말 잘 할까봐 겁먹는 마귀에게 속지 말아야 합니다. 한여름이 뜨겁습니다. 이번 한여름에 우리 심령과 영혼도 엠마오로 가던 두 제자들처럼 진정한 메시지를 만나 가슴이 뜨거워지기를 바랍니다. 귀한 은혜가 가득 하소서.

무릎의 기도, 무릎의 신앙

사순절이 시작됐습니다. 사순절은 4세기 말경에 확립된 교회절기입니다. 우리들은 '40일간의 기념일'이라는 뜻의 헬라어인 '테살코스테'를 따라 사순절로 번역합니다. 사순절의 '40'이란 수는 예수께서 40일 동안 광야에서 시험받으심, 40일간 시내 산에서의 모세의 금식, 이스라엘의 40년간의 광야생활, 예수의 부활에서 승천까지의 40일 등과 같이 성경에서는 고난과 갱신의 상징적 기간입니다. 이 절기가 시작되면 기독교인들은 회개와 그리스도에게로의 재헌신을 다짐하는 갱신을 갖습니다. 그리고 그리스도의 고난에 대한 동참과 의미를 깨달아 성도로서의 경건생활 훈련을 하게 됩니다.

부활주일을 기점으로 역산하여 주일을 뺀 나머지 40일간을 주님의 고난을 묵상하며 경건히 보내는 절기입니다. 이 40일, 사순절 기간 동안 우리가 해야 할 일은, '짚으시는 하나님' 앞에서 '버릴 거 버리고,

채울 거 채우는 일'입니다. 청소도 안 하고, 설거지도 안 하면 점점 냄새가 고약해집니다. 우리가 만약 회개하지 않는다면 죄악의 냄새가 진동할 것이고, 이 냄새는 악령과 귀신을 부릅니다. 영혼과 마음과 심령의 청결, 생각과 말과 생활의 청결에 성령이 임재하십니다. 부부, 부모, 형제 사이라도 감추고 싶은 것들이 있습니다. 감출 수도 있습니다. 그러나 하나님 앞에서는 감출 수도 없고 그렇게 해서도 안 됩니다. 주님 앞에서는 모든 것이 드러나지 않는 것이 없기 때문입니다(히 4:13).

집중적인 회개의 시간, 즉 하나님 앞에 감추고 싶은 모든 죄들을 다 끄집어내어 토설할 때, 주님 십자가의 피가 나의 죄를 씻어주시는 죄 사하심의 은혜를 체험하게 됩니다. 이 기간을 보라색으로 표시하는 것은 이 같은 참회하는 마음의 자세를 뜻합니다. 예수님 공생애의 첫 번째 메시지는 "회개하라 천국이 가까웠느니라!"(마 5:17)는 것입니다. 사순절엔 매일매일 내가 죽고 다시 사는 새로운 존재(고전 15:31)로서 거듭나는 회개, 날이 갈수록 예수님 성품으로 닮아가는 회개, 살수록 하나님께로 더 가까이 다가가는 회개가 나의 삶속에서 구체적으로 이루어져야 합니다. 매일매일 천국이 나의 삶속에, 우리 가정 안에 넓혀져 나가는 사건이 일어나야 합니다.

이 기간 동안 하나님과 나와의 교통을 꽉 막아버리는 죄를 회개할 때, 십자가의 피로 막힌 곳이 뚫려 하나님과 내가 더욱더 친밀한 교제가 이루어질 수 있도록 집중적인 기도를 드려야 합니다. 그때 하나님께로 막힘없이 뻥 뚫린 '도착하는 기도', 나에게도 막힘없이 뻥 뚫린 '도착하는 응답'의 역사를 체험할 수 있습니다.

대중목욕탕 사우나실에 들어갔다가 아는 집사님을 만났습니다. 그런데 도저히 눈 뜨고 볼 수 없을 정도로 그분 무릎이 엉망이었습니다. 연유를 여쭸지만 좀처럼 대답을 안 하시다가 계속 물어보니 그제야 쑥스러운 듯 말씀하셨습니다. "방석도 깔지 않고 맨바닥에 무릎 꿇고 기도하다 보니 이 모양이 돼버렸네요."

'기도제목이 하도 많아' 하루 세 시간씩 기도드린다는 집사님을 보면서, 맨체스터 유나이티드로 스카우트된 축구선수 박지성 님과 세계적인 발레리나 강수진 님이 생각났습니다.

온라인에 올려진 박지성 님의 발 사진을 보면, 그의 이적료가 왜 74억 원이나 되며 그의 연봉이 왜 37억 원이나 되는지 고개를 끄덕이게 됩니다. 가냘프고 어여쁜 발레리나의 것이라곤 도저히 믿어지지 않을 정도로 기형이 돼버린 발을 지니고 있는 강수진 님도 마찬가지입니다. 엉망인 집사님의 무릎, 짓무르고 망가진 만큼 주님의 은총 또한 크지 않을까요?

사순절 기간에는 오락이나, 연극, 무용, 연회 등을 금하고 화려한 옷이나 호화로운 음식, 허영적인 행동을 금하는 금식, 절식, 자선사업에 힘써야 합니다. 교회는 그리스도인이 되어 사는 법, 고난에 동참하는 의미는 물론이거니와, 생활 속에서 이를 실천하고 나누는 일을 훈련하고 실천하도록 인도해야 합니다.

가령 사순절 기간 동안 내가 가장 좋아하는 것들 가운데 하나를 골라 40일간 절제하기, 예를 들면 커피, 고기, 초콜릿, 술, 게임,

골프 등, 그리고 하루에 한 끼 이상 가능한 범위 내에서 금식하기 등을 통한 40일 절제를 나의 삶속 에서 실천해 나가야 합니다. 그러나 이 가운데 가장 중요한 것은 40일을 지나면서 나보다 못한 사람들을 경멸하고 무시했던 나의 못된 마음과 태도, 다른 사람들의 마음을 쑤시는 듯한 나의 말투, 이익을 위해서는 수단과 방법을 가리지 않는 나의 습관, 입으로는 주님이 우선이라고 말하지만 실제로는 항상 돈과 명예와 권력이 앞서는 나의 외식 등을 뉘우쳐야만 합니다. 다시 말해서 '나의 마음과 생각과 말과 행동을 그리스도의 삶으로 변화시켜 나가는 절제와 금식'이 필요합니다.

그리고 마지막으로 주님의 고난을 기억하고, 우리 주변에 아픔을 당하는 이웃과 친구를 찾아보고, 그들을 찾아가 주님의 사랑으로 돕고, 복음을 전합니다. 사순절은 우리들에게 교회의 절기임과 동시에 이렇게 '나의 사순절'을 살아야 합니다. 이 기간 동안 주님의 십자가의 피가 메마르지 않고 우리들 마음에, 가정에, 자녀들에, 교회에 흐르기를 바랍니다. 이 기간 동안 절제와 금식과 인내를 통한 경건을 연습하시는 복된 40일간의 여정, '짚으시는 하나님 앞에서 나의 사순절'을 사시고, 이 여정 안에 문제가 해결되고 기도가 응답되는 역사를 체험하시기를 축복합니다.

선입견과 편견 너머로

얼마 전에 다음과 같은 글이 배달되었는데, 마음에 깊이 와 닿아 소개합니다.

사람은 누구나 마음속에 두 마리의 개(犬)를 키운다고 합니다. 이 두 마리의 개에게는 이름이 있는데, 하나는 '선입견'이고, 또 하나는 '편견'입니다. 그런데 또 한 마리의 특별한 개가 있다고 합니다. '백문이 불여일견'(百聞而不如一見)이라는 '개'입니다. '백 번 듣는 것보다 한 번 보는 것이 낫다', 직접 보지 않고, 들은 얘기로 상대를 판단하면 큰 실수를 범하게 됩니다. 이 개의 애칭은 '일견'(一見)이라고 합니다. 일견을 키우면 선입견과 편견을 제압하고 정확한 눈으로 상대를 볼 수 있습니다. 항상 일견을 키우면서 상대를 바르게 보는 혜안을 가져야 하겠습니다. 종종 우리가 상대방의 진심을 오해하거나, 상대방이 우리를 오해하는 경우가 많습니다. 마음속에 키우는 두 마리 개, 즉 선입견과 편견을 마음 밖으로 풀어 주시고, 일견 한 마리 분양하시지요. (유어스테이지 웹사이트 캡처)

우리의 일상생활 앞에 놓여 있는 셀 수도 없이 많은 선입견과 편견들 때문에, 얼마나 많은 사람들이 자기도 알지 못한 채 오해 받고 마음의 상처로 힘들어하고 불이익을 당하며 살고 있습니까? 우리들 또한 잘못된 선입견과 편견들로 상대방을 오해하고 정죄하기 때문에, 스스로 겪는 내면의 갈등과 불안은 결국 관계의 파괴를 가져오지 않나요? 사람과 사람이 만날 때에는 '선입견과 편견'을 내려놓는 일이 중요합니다. 인격 대 인격으로 만나 서로를 진정으로 이해하고, 사랑하고, 존중하고, 배려하는, 진실되고 열린 마음을 가져야 합니다.

요한복음 8장을 보면, 기득권자인 유대교 지도자들이 바라보기에 예수님은 율법과 기득권을 파괴하는 혁명분자였습니다. 그들은 예수님을 죽이기 위해 계략을 꾸몄는데, 그 첫 번째가 세금의 문제였고(마 22:21), 그 이후에 나오는 사건이 바로 간음한 여자에 대한 문제였습니다. 서기관들과 바리새인들이 예수님을 고발할 건수를 찾기 위해 음행 중에 잡힌 여자를 끌고 와서, "선생이여 이 여자가 간음하다 현장에서 잡힌 현행범입니다. 모세는 율법에 이런 여자는 돌로 쳐죽이라고 하였는데, 어떻게 할까요?"라고 묻습니다. 이들은 단지 정죄와 처벌만을 요구합니다. 이때 예수님은 아무 말도 안하시고 몸을 굽혀 손가락으로 땅에 무엇인가를 쓰십니다. 그리고 일어나 앉으셔서 "너희 중에 죄 없는 자가 먼저 돌로 치라."고 말씀하십니다. 우리 중에 죄가 없는 사람이 있을까요? 없습니다. 그런데도 우리는 다른 사람의 문제를 보고 가차 없이 마음과 행동으로 정죄하려고 할 때가 얼마나 많습니까?

그렇다면 우리도 예수님의 말씀이 다시 들려야 합니다. "너희 중에 죄 없는 자가 먼저 돌로 치라!" 동일한 율법의 잣대로 "너희들 스스로를 비춰 보라. 너희들의 눈에 있는 대들보는 보지 못하고 남의 눈에 있는 티끌만 보이느냐?"는 말씀입니다. 그 화두를 던지시고 두 번째로 다시 몸을 굽혀 땅에 무엇인가를 쓰셨습니다. 이때 "그들이 이 말씀을 듣고 양심에 가책을 느껴 어른으로 시작하여 젊은이까지 하나씩 하나씩 나가고 오직 예수와 그 가운데 서 있는 여자만 남았더라." 예수님은 그 여인에게 말씀하십니다. "나도 너를 정죄하지 아니하노니 가서 다시는 죄를 범하지 말라."

우리는 예수님 앞에 서야 합니다. 그때 예수님은 우리를 선입견과 편견으로 정죄하는 대상이 아니요, 구원의 대상으로 만나 주십니다. 이때 우리는 주님이 주시는 깊은 용서와 사랑을 체험할 수 있게 됩니다. 그래야 우리 손에 돌을 들지 않게 됩니다. 만약 이 체험이 없다면 '선입견과 편견'으로 우리 손에는 끊임없이 돌이 들려져 있을 겁니다. 이어서 주님은 말씀하십니다. "나는 세상의 빛이니 나를 따르는 자는 어둠에 다니지 아니하고 생명의 빛을 얻으리라"(요 8:12).

간음한 이 여인도 신부가 될 수 있을까요? 될 수 있습니다. 주님과 대면할 수 있는 자리에 있으면 됩니다. 그 자리에서 죄를 자복하고 회개하며, 자비와 긍휼로 구원받고 생명의 빛으로 회복되기만 한다면, 아름다운 신부가 될 수 있습니다. 호세아와 고멜 사이에 낳은 첫째 딸은 로루하마(Lo-ruhamah)이고, 둘째는 아들이었는데, 이름이 로암미(Lo-ammi)입니다. 히브리어에 '로'가 접두사로 붙으면 강한 부정, 즉 'Never'을 뜻합니다. '암미'는 '내 백성', '루하마'는 '긍휼히 여김을 받은 자'인데 '로'(Lo)라는 접두사가 붙은 '로루하마'는 '절대 하나님의 긍휼하심을 받지 못하는 천덕꾸러기'라는 의미이고, '로암미'는 '절대 내 백성이 아니다'라는 뜻입니다.

그런 그들을 향해 하나님께서는 호세아 2장 1절에서 "너희 형제에게는 암미라 하고 너희 자매에게는 루하마라 하라."고 하십니다. '암미, 루하마' 즉 '나의 자비와 긍휼을 받는 백성'으로 다시 부르십니다. 언제? 회개하고 돌아올 때입니다. 하나님의 치료와 회복의 은혜입니다. "너는 내 백성이라 하리니 그들은 이르기를 주는 내 하나님이시라"(23절), "여호와께서 이르시되 그날에 내가 응답하리라"(21절).

우리 모두는 다 '로루하마'요, '로암미'이지만, 간음한 여인처럼 주님과 대면해서 주님의 자비와 사랑과 은혜를 받으면 '루하마'가 되고 '암미'가 됩니다. 전적으로 주님의 은혜입니다. 다만 우리는 다음 말씀을 마음에 새깁니다. "나도 너를 정죄하지 아니하노니 가서 다시는 죄를 범하지 말라 하시니라"(요 8:11).

주님의 치료와 회복의 은총이 있으시기를 축복합니다.

누가 해답을 쥐고 있는가

왕이 새로운 왕궁을 건축하라고 명령합니다. 명을 받은 건축가는 왕궁의 각방에 설치할 거울들과 유리들을 다른 나라에 주문합니다. 안타깝게도 거울과 유리들은 운반 도중에 모두 깨져 버립니다. 건축가는 실망했고, 깨진 유리 조각들을 버리려고 합니다. 그때 그곳에 있던 한 남자가 "어쩌면 깨진 거울과 유리들이 더 아름다울지도 모릅니다. 그것들을 벽이나 창에 붙여보면 어떻겠습니까?"라고 제안합니다. 건축가는 고심 끝에 깨진 거울과 유리 조각을 이리저리 왕궁의 벽, 창, 기둥 등에 붙이기 시작합니다. 그러자 깨진 거울 유리 조각들마다 빛이 여러 방향으로 반사되어 왕궁 안은 찬란한 빛으로 가득 차게 됩니다.

감탄한 왕은 이 아이디어를 낸 사람에게 "어떻게 깨진 거울과 유리 조각을 사용할 생각을 하였는가?"하고 물어 봅니다.

"저는 예전에 양복점을 운영했던 적이 있었습니다. 부유한 사람들의 옷을 만들고 나면 자투리 천이 많이 나왔습니다. 그 천들을 모아 가난한 사람들에게 옷을 만들어 나눠줬습니다. 그때 가난한 자들을 위해 자투리 천으로 만든 옷들이 부유한 귀족들의 그 어떤 옷보다 아름답다고 생각했습니다. 그래서 혹시 자투리 천처럼 깨진 유리들도 이리저리 모아 연결한다면 더 아름다울 수 있지 않을까 생각했습니다."
(전해진 이야기들 중 한 토막)

우리의 삶도 때론 깨진 유리 조각들처럼 산산조각이 날 때가 있습니다. 그럴 때마다 우리는 낙심하지 말고 '깨진 거울 유리'가 주는 교훈을 떠올리면 어떨까요? 우리 주 여호와 하나님은 이렇게 깨지고 부서진 거울과 같은 우리들의 인생을 다시 붙이고 짜깁기 하고 이어서, 아름답고 귀하고 복된 인생을 만들어 가실 수 있는 유일한 분이십니다. 깨진 유리 조각들이 오히려 아름다운 왕궁을 만들어낸 것같이, 우리의 인생들도 모든 것을 합력하여 선을 이루시는 그분 안에서 더욱더 아름답게 빛나게 될 것입니다. 이것은 오직 나를 만드시고, 인간의 생사화복과 역사를 섭리하시고 주관하시는 분, 바로 그분 안에서만 일어나는 치료와 위로와 회복과 소생의 역사입니다.

지난주에 한국에 다녀왔습니다. 현재 남-북 대치가 이렇게까지 위기인 적이 없다고들 합니다. 혹자는 그에 반하여, 세계 정치와 경제구도의 역학관계 속에서 한반도에서 전쟁은 일어날 수 없다고 단언하기도 합니다. 그러나 전쟁은 항상 우발적으로 일어나기 때문에 불안합니다. 우리 믿는 자들은 이럴 때일수록 이 역사를 주관하시는 분은 오직 우리 주 여호와 하나님 한 분뿐이시기에 더욱더 그분만을 의지하고 신뢰해야 합니다. 그분께서 한반도에 다시는 동족상잔의 비극이 일어나지 않고 하나님 나라의 평화와 공의가 이루어지도록 역사하시기를 간절히 기도할 따름입니다.

저는 한국을 방문할 때마다 미국에서 사용하는 제 전화기를 갖고 가서 한국통신의 유심카드를 끼워서 사용해 왔습니다. 작년까지만 해도 아무런 문제가 없이 작동이 잘 되었는데, 이번에는 문자와 데이터만 되고 전화가 안 되는 현상이 나타났습니다. 한국통신의 광화문, 명동지사들을 방문했고, 그들이 친절하게 이모저모를 살피며 시도한 끝에 내린 결론은, 미국 전화 회사에서 잠금을 풀지 않았으니 그쪽으로 연락해서 잠금 상태를 풀어야 된다는 것이었습니다.

미국에 연락을 취했더니, 자기네는 원래 잠금을 하지 않는다는 대답을 들었습니다. 마침 근처에 있는 강남지사를 방문해서 사정을 다 설명했더니, 최종 상담부서와 저를 직접 연결해 주었습니다. 그래서 자초지종을 설명했고, 그쪽에서도 여러 시도를 했는데도 문제가 해결되지 않았습니다. 그러자 상담원은 이것은 통신회사가 아닌 전화기의 문제인 것 같으니, 근처에 삼성 휴대폰 서비스 센터를 방문해 보라고 알려줘서 찾아갔습니다.

상담원에게 그동안 있었던 문제들을 말하고는 잠시 기다렸더니 불과 3분 만에 문제가 해결되고 작동이 되었습니다. 전화기 안에 있는 한 부분을 터치하니까 곧바로 해결이 된 것입니다. 세 군데 지사들을 찾아가고 전문가들과 상담하고 마지막 상위 부서에서도 해결되지 않았던 문제가 단 3분 만에 해결되다니, 참 어이가 없었습니다.

하지만 그 가운데서 한 가지 깨달음을 주셨습니다. "이 전화기를 사용하는 사람들은 그렇게 이리저리 시도해도 문제가 해결되지 않았지만, 이 전화기를 만든 사람들은 그 원인을 이렇게 빨리 발견하고 해결하는구나. 우리들도 마찬가지가 아닐까? 인생을 살면서 발생하는 이런저런 문제들을 해결하느라 사람들을 찾아가고 시도하고 노력하지만, 결국 문제의 해결은 우리를 만드신 창조주 여호와 하나님 안에 있다는 것, 위기의 한반도의 해법도 역시 그분 안에 있다는 것을!"

주님! 더욱더 주님을 신뢰하고, 주님을 의지하는 심지가 곧은 자(사 26장)가 되게 하셔서, 인생의 문제들이 해결되게 하시고, 위기의 한반도가 평화의 한반도, 한민족이 되도록 이끌어 주옵소서! 인간의 생사화복과 역사를 주관하시고 섭리하시는 우리 구주 예수 그리스도, 그 이름을 믿고 그 이름으로 기도합니다. 아멘.

역사의 주관자이신 하나님

"반갑습니다." 북한 사람들에게 노래를 청하면 언제 어디서든지 대부분 가장 먼저 툭 튀어나오는 노래입니다. 그래서인지 이젠 우리들도 그 노래를 기억합니다. 2018년 4월 27일(금, 한국시간)에 판문점 평화의 집에서 역사적인 남-북 정상회담이 성공적으로 개최되었고, 서로가 만나니 그 누구도 감히 기대하지 못했던 깜짝 놀랄 만한 일들이 많이 일어났습니다. 저희들도 "반갑습니다."로 답례하고 싶습니다. 만난다는 것은 참 좋은 일입니다.

만나야 문제가 무엇인지를 알게 되고, 만나야 서로가 그 문제를 풀 수 있는 의지가 있는지를 알게 되고, 만나야 그 문제를 해결할 방안들을 상호 모색하게 되고, 만나야 무엇을 양보해야 하고 무엇을 포기해야 하고 무엇을 주장해야 하는지를, 만나야 나만 아는 데서 그치는 것이 아니라 상대방도 알 수 있기 때문입니다. 서로가 서로를 알아가는 만남은 헝클어진 실타래를 풀어가는 아주 중요한 여정입니다. 이런 의미로 남-북 정상회담은 앞으로도 그 어떤 위험과 함정이 있을지라도 반드시 계속 가야만 할 길입니다. 불과 몇 개월 전만 해도 미국과 북한은 막판 절벽까지 서로를 몰아붙여, 교포들은 그것을 바라보며 불안해했습니다. 제2의 한국전쟁 위기설로 인해 고국과 한국에 있는 가족들과 지인들을 생각하며 얼마나 마음을 졸였는지 모릅니다.

미국의 트럼프 대통령과 북한의 김정은 위원장이 그동안 보여준 행보로 볼 때, 전쟁은 개념이 아니라 실제로 나타날 것만 같았습니다. 저 같은 보통 일반인들도 얼마 전 시리아 화학무기와 관련된 곳만 정확하게 타격하는 제한공습에서 보여준 미국과 서방의 능력은, 한반도에서도 이런 제한공습이 언제든지, 얼마든지 현실이 될 수 있다는 것을 충분히 현실적으로 인식하게 되었습니다. 그러나 김정은 위원장의 파격적인 중국 방문과 시진핑과의 회담, 이어 남북 정상회담과 북미 정상회담 제안, 그리고 각국 정상회담을 준비하는 과정들을 매스컴들을 통해 접하면서, 이럴 때 사용하는 단어가 아마 '천지개벽, 감개무량'일 것입니다.

앞으로 남은 북미회담이 남북 정상회담과 같이 성공적으로 진행되어 한반도 휴전협정이 종전협정으로 바뀌고, 이어 평화 협정이 체결되고 상호불가침 조약 등등으로 이어져, 이런 변화된 상황들이 진정한 한반도, 한민족 평화통일의 길과 연결되기를 기원합니다. 그렇게 그 길을 열어간다면, 이보다 더 귀한 축복이 어디에 있겠습니까?

그러나 문제가 있다면 예나 지금이나 남-북 통일 이전에 남-남 통일일 것입니다. 며느리를 예뻐하는 시아버지와 시아버지를 친정아버지처럼 따르는 며느리가 밥상 앞에서 이야기를 나눕니다. 남-북 얘기만 나오면, 처음에는 서로가 자제하며 의견들을 나누다가도 결국에는 얼굴을 붉히고 돌아앉고 맙니다. 지금도 남북 정상회담 이후에 한국에서나 미국에서나 이런 상황들을 접하고 있습니다.

정상 회담 전후로 여러 전문가들이 우려하는 여타 내용들이 발생할 수 있습니다. 분명히 발생할 것입니다. 그러나 "구더기 무서워 장 못 담그겠는가?"라는 말이 있듯이, 부작용들이 무서워 역사가 반드시 가야 할 길을 못 가고 안 갈 수는 없습니다. 반드시 가야 할 길이라면 예견한 일은 일대로, 예견 못했던 일이 발생하면 그 일은 그 일대로 대처해 나가면 될 것입니다. 우리들에게는 충분히 그러한 대처 능력이 있다고 확신합니다.

저희 교회에서는 생명의 삶(두란노)으로 매일 새벽기도회를 하고 있습니다. 지난달, 이번 달 계속 이사야서가 이어집니다. 이사야서를 묵상하며 천지를 창조하신 우리 주 여호와 하나님, 역사와 공동체와 개인을 향하여 계획하시는 하나님, 그리고 그 계획들을 역사 속에서, 공동체의 현장 속에서, 개인의 삶 안에서 이루어 가시고 성취하시는 하나님! 그 하나님의 고백이 가슴에 절절이 와 닿습니다. 모세를 들어 애굽에서 히브리를 출애굽 시키시는 하나님, 바벨론을 들어 이스라엘이 정신 차리게 회초리를 드시는 하나님, 자기 자리를 지키지 못하고 한껏 교만해져 제 정신 못 차리는 바벨론을 향하여 페르시아를 들어

응징하시는 하나님을 만납니다.

우리에게 주어진 8.15 해방은, 당시 조선이 일본보다 강해서가 아니요(독립 투쟁하신 선조들을 격하시키려는 말은 절대로 아닙니다. 그분들도 하나님께서 해방의 역사를 위해 사용하셨음을 분명히 고백합니다), 일본이 조선보다도 약해서도 아니었습니다. 해방은 역사의 주관자이신 하나님께서 한반도 한민족을 긍휼히 여기사 미국과 연합군을 들어 구원하신 사건이듯이, 우리는 오늘도 살아서 역사를 섭리하시고 주관하시는 하나님께서 미국과 한국과 북한, 그리고 주변 국가들을 들어 이리저리 짜 맞추시면서 한반도 한민족에게 평화정착의 역사를 이루어가고 계시다는 사실을 바라볼 수 있어야 합니다.

간절히 기도합니다. "하나님은 오늘도 살아계십니다. 하나님은 오늘도 역사하십니다. 그 역사가 오늘 나에게도, 한반도, 한민족에게 평화의 정착으로 '지금 여기'(Here & Now)의 역사로 나타나게 될 줄로 믿습니다. 오, 주여! 우리 한반도와 한민족을 긍휼히 여기시옵소서! 끝까지 역사하여 주실 줄 믿습니다."

이제 북미 정상회담도 같은 마음의 기도를 드리며 기대합니다. "하나님이 하셨습니다! 하나님이 하십니다! 하나님이 하실 것입니다! 아멘."

하나님의 기업들

월트 디즈니 테마파크의 알 와이츠 회장은 크리스천 기업인으로, 살아가면서 여러 위기가 있었다고 합니다. 한번은 디즈니사가 대형 크루즈 사업을 중역회의에서 논의하던 중, 내부시설 중 도박장 (Casino)을 어느 정도 규모로 할 것인가에 대한 문제가 나왔습니다. 와이츠 회장은 크리스천으로서 이 문제에 대해 "우리 디즈니 크루즈에서는 도박장을 뺍시다."라고 분명히 입장을 밝혔습니다.

당연히 반발이 나왔습니다. "아니, 세상에 도박장이 없는 크루즈가 어디 있습니까?"

그러자 와이츠 회장은 뜻을 굽히지 않았습니다. "알고 있습니다. 그러나 우리 디즈니는 전 세계 어린이들에게 꿈을 심어주어 왔습니다. 그런데 우리 배에 도박장이 있으면 뭐가 되겠습니까?"

와이츠 회장은 반드시 대안을 찾겠노라 말하고, 야고보서 1장 5절의

"너희 중에 누구든지 지혜가 부족하거든 모든 사람에게 후히 주시고 꾸짖지 아니하시는 하나님께 구하라 그리하면 주시리라."는 말씀을 붙들고 하나님께 간절히 기도했습니다. 마침내 하나님께서 그에게 아이디어를 주셨습니다. 그것은 가족을 위한 '패밀리 패키지 프로그램'이었습니다. 가족들이 함께 크루즈를 타고 가족들의 만남, 대화, 관계 회복 등등이 중심이 되는 프로그램이었습니다. 결국 월트 디즈니의 와이츠 회장은 세계 최초이자 유일한 '도박장 없는 크루즈'를 시작했고, 패밀리 패키지 프로그램을 통해 도박장보다도 더 큰 수익을 올렸습니다.

'칙필레'(Chick-Fil-A)는 39개 주와 워싱턴 DC에 1,547개의 지점을 갖고 있는, 치킨을 판매하는 전국 단위의 패스트푸드 회사입니다. 2010년에는 패스트푸드 업계의 거인인 맥도날드를 제치고 한 점포당 매출액이 가장 많았다고 합니다. 칙필레는 지난해까지 연속으로 매출이 증가했습니다. 이런 성장이 더욱 주목을 받는 것은 칙필레가 설립 당시인 1946년부터 지금까지, 일요일에는 문을 열지 않는 전국 단위 유일한 패스트푸드점이기 때문입니다. 패스트푸드점 연 매출액의 약 14퍼센트가 일요일에 나온다는 통계를 볼 때, 칙필레가 일요일에도 문을 여는 맥도날드보다 점포당 매출이 많다는 것은 기적과 같은 일입니다.

창업자이자 독실한 기독교인인 트루엣 캐시 회장은 '일요일에 문을 닫는 것은 자신이 내린 최고의 결정'이라며 '하나님을 존경하고 우리의 관심을 사업보다 더 중요한 것에 두도록 하는 방법'이라고 말합니다.

칙필레는, 자신들의 목적은 '우리에게 맡겨진 모든 것을 충실히 완수하는 청지기가 되어 하나님을 영화롭게 하고 칙필레와 관계되는 모든 사람들에게 선한 영향력을 미치는 것'이라고 명시하고 있습니다. 이런 이유로 칙필레는 '기독교 회사'로 불리지만, 정작 그들은 스스로를 '성경적 원칙에 따라 운영되는 회사'라고 말합니다. 가령 황금률인 "무엇이든지 남에게 대접을 받고자 하는 대로 남을 대접하라."(마 7: 12)는 말씀대로 손님을 대접하고 서비스를 합니다.

실제로 칙필레에 가면 항상 상냥하게 웃는 종업원들의 친절에 감동을 받게 됩니다. 테이블마다에는 생화가 놓여 있습니다. 비록 6달러짜리 패스트푸드를 먹지만, 고급 식당에 있는 것처럼 종업원들이 다가와 필요한 것이 없냐고 늘 묻습니다. 여성고객들을 위해 의자를 빼주고, 애완동물을 위해 치킨 조각을 주기도 합니다. 칙필레는 점포 '운영자'의 선정이 무척 까다로운 것으로 유명합니다.

칙필레 지점을 운영하고 싶은 사람은 일년 동안 최소 열두 번의 인터뷰를 통해 결혼생활, 가족관계, 지역사회 봉사, 교회 활동 등에 대한 질문을 낱낱이 받습니다. 그럼에도 열다섯 명 모집에 1,500명이 지원하는 등 경쟁이 치열합니다. 다른 패스트푸드점과는 달리, 지점 운영자가 되고 싶은 사람은 5천 달러만 내면 됩니다. 나머지 땅을 사고 공사하고 장비를 들여놓는 모든 비용은 본사에서 부담합니다. 운영자는 일종의 임대 형태로 들어와 운영을 하고, 본사는 지점 연매출의 15퍼센트, 임대료, 그 외 나머지 이익의 절반을 가져갑니다. 하지만 각 지점의 운영자는 이렇게 해도 한 달에 평균 이상의 넉넉한 수입을 가져갑니다. 그러기에 직원들의 충성도는 대단하여 이직률이 현저히 낮습니다.

ABC 방송은 2009년 성경의 십계명이 오늘날 어떤 영향을 미치는지를 다루는 특별 프로그램을 제작했는데, 당시 방송에서 칙필레는 '안식일을 기억하고 거룩하게 지키라'는 제4계명을 따를 때 어떤 복을 누리는지 보여주는 좋은 예로 소개되었습니다. 혹 지금 하나님이 기뻐하지 않는 사업으로 인해 고민하고 있습니까? 남들도 다 그렇게 한다고 말하며 세상 방법을 쫓아가지는 않습니까? 하지만 믿음의 사람은 위기의 때일수록 남들이 생각하지 못하는, 하나님이 주시는 아이디어를 구해야 합니다.

오늘도 살아서 역사하시는 하나님은, 선한 일을 위해 지혜를 구하는 자들에게 후히 주시겠다는 성경의 약속대로, 반드시 응답하십니다. 월트 디즈니 테마파크의 알 와이츠 회장처럼, 칙필레의 트루엣 캐시 회장처럼, 현실의 이익을 쫓는 인생이 아니라, 하나님의 약속을 바라보는 신앙으로 '통 큰' 결단을 하며 살 때, 하나님은 그런 믿음의 사람들을 결코 그냥 지나치시지 않습니다. 반드시 만나 역사하십니다. 그 소망이, 그 기대가 우리 모두에게 있기를 바랍니다.

제4부

감사와 행복이 꽃피는 삶

감사하는 마음이 없으면 억만금을 가지고 있어도 늘 더 갖지
못해 안달하고 불평합니다. 그러나 감사하는 마음을 갖게 되면
식탁 위에 딱딱한 빵 한 덩어리와 물 한 대접을 놓고도 석양을
바라보며 감사 기도를 하게 됩니다. 우리 모두 '감사의 현미경'
으로 우리들과 자녀들의 인생, 그리고 교회와 세상의 뒤안길을
자세히 들여다보았으면 합니다. '감사의 확대경'으로 크게 감사
하면 '나의 은총과 축복의 그릇'이 함께 넓혀져 갑니다.

감사, 우리 영혼을 풍성케 해줄 키워드

한국전 정전 60주년 기념일을 일주일여 앞둔 지난 7월 18일 오전 11시였습니다. 섭씨 38도를 웃도는 폭염 속에 현운종(74),조미나 부부가 땀을 뻘뻘 흘리며 화환을 들고 워싱턴 참전기념공원에 나타났습니다. 화환엔 '영원히 당신들을 기억합니다'란 영문 문구와 함께 '서울대 상대 17회 일동'이라고 쓰여 있었습니다. 화환에 담긴 사연은 이렇습니다.

2006년 여름, 배창모 전 한국증권협회 회장은 남미로 크루즈 여행을 떠났습니다. 아르헨티나에서 칠레로 가는 배 안에서 그는 한 미국인 노신사를 만났습니다. 배 전 회장에게 대뜸 '코리안'이냐고 물은 이 노신사는 그렇다고 대답하자, "왜 한국인들이 맥아더 동상을 철거하려 하느냐?"고 호통을 쳤습니다. 알고 보니 노인은 1950년 12월, 흥남에서 부산까지 피난민 10만 명을 대피시켜 '크리스마스의 기적'을 이룬

용사 가운데 한 분이었습니다. '크리스마스의 기적'으로 불리는 흥남 부두 피난민 철수작전에 참여했던 미 해병대 참전용사였습니다. 배 회장은 귀국하자마자 동기회 멤버들을 만났고, 관광객이 많이 찾는 워싱턴 참전기념공원에 매주 헌화를 하기로 뜻을 모았습니다. 때마침 배 회장의 용산고 동창인 현운종 씨가 워싱턴 근교 버지니아에서 화원을 운영하고 있어 헌화를 도와주기로 했습니다. 이렇게 해서 2009년 8월에 시작된 헌화 릴레이는 올해로 5년째 이어지고 있었고, 지난 7월 18일의 헌화가 170번째였다고 합니다. [뉴욕 중앙일보. 2013.7.23.]

제가 담임하고 있는 뉴욕 롱아일랜드 참사랑교회에서는 제가 부임한 첫해부터 매해 9월, 10월 중에, 우리 지역의 타민족 주민들에게 한국의 문화와 전통 그리고 음식을 체험하는 오픈 커뮤니티 행사를 개최해 왔습니다. 올해 10월 6일에 5회째를 맞습니다. 이때 특정된 두 그룹은 반드시 초청합니다. 한 그룹은 한국인 입양아들과 그들의 가족입니다. 우리와 같은 한민족의 피를 나눈 입양아들을 어찌나 그렇게 소중하고 따뜻한 마음과 사랑으로 대해 주는지, 입양아 가족들을 바라보며 참 깊은 감사를 드리게 됩니다. 다른 한 그룹은 6.25 참전용사들과 그 가족들입니다. 5번째가 되다 보니 으레 기억하고 함께 와서 자리를 빛내 주시는 어른들입니다. 무슨 기념행사에 어쩌다 한 번씩 초청하는 것이 아니라, 해마다 초청하여 지극한 정성으로 맞아준다고 기뻐하십니다. 그러나 마음 아픈 것이 하나 있습니다. 해마다 오시던 어른들이 눈에 보이지 않아 여쭤보면 하나님 나라로 이사 가셨다는 대답을 듣곤 합니다. 해를 거듭할수록 줄어드는 어른들을 바라보며 깊은 감사와 더불어, 살아계시는 동안에라도 잘 모셔야겠다고 교인들과 더불어 마음을 다잡게 됩니다.

제가 미국으로 이민 온 첫 지역이 코네티컷 훼어필드라는 지역이었습니다. 뉴헤이븐 예일대학까지는 30분 정도 거리여서 찾아오시는 방문객들을 모시고 자주 가곤 했습니다. 예일대학 중간에 있는 큰 건물에 들어가면, 로비의 벽에 예일대학교 동문인 전사자들의 이름과 그들이 전사한 전쟁과 장소들이 적혀 있습니다. 남북전쟁, 1차, 2차 세계대전, 베트남전에 참가했다는 기록 중에서 영어로 쓰여진 한국전쟁, 낙동강, 소양강 등의 이름들을 보게 됩니다. 미국에서도 명문 중의 명문에 속하는 그 학교 출신들이 생전 보지도 듣지도 못한 생소한 나라 한국전쟁에 와서 젊은 생명을 바쳤다는 생각에, 그들의 이름 앞에 설 때마다 경외감이 가득 차곤 했습니다.

저는 반공주의자도, 꼴통 보수주의자도 아닙니다. 분명한 것 하나는, 이념과 사상의 갈등과 대립을 떠나 역사적 현실 앞에서 '감사하는 자'일 뿐입니다. 만일 6.25 참전용사들이 없었다면 오늘 북한이 겪고 있는 기아, 빈곤, 인권 등의 모든 문제가 북한과 북한 주민들만의 문제가 아니라, 바로 오늘 나와 나의 자녀들의 문제가 될 수도 있었을 것입니다.

사도 바울은 말세에 고통하는 때가 되면 특징들이 나타나는데, 그 중 하나가 '감사치 아니'한다는 것입니다(딤후 3:1-4 참조). 이제는 우리들이 감사의 마음을 전해줄 수 있는 시간도 별로 남아 있지 않은 6.25 참전용사들을 바라보며, 그리고 내 인생의 뒤안길, 이민생활

중에 정말 감사했던 분들을 기억하며 예수의 말씀을 떠올립니다. "예수께서 대답하여 이르시되 열 사람이 다 깨끗함을 받지 아니하였느냐, 그 아홉은 어디 있느냐?"(눅 17:17) 돌아온 한 명의 문둥이! 그가 우리가 될 때, '감사의 기억, 그리고 감사의 마음과 사랑의 나눔'이 올 가을에 우리들의 영혼을 풍성케 해줄 것입니다.

참된 부자

'경영의 신'이라 불리는 마쓰시타 전기산업 회장이었던 마쓰시타 고노스케(松下幸之助, 1894-1989)는 일본 역사상 가장 위대한 기업인으로 존경받고 있습니다.

그는 어릴 때 아버지가 사업으로 파산하자 가정이 어려워져 초등학교를 중퇴하고, 11살 때부터 자전거 점포에서 심부름꾼으로 일하기 시작했습니다.

10년 후 20대에 마쓰시다 전기회사를 창업하였고, 30-40대에는 기업계에서 리더로 명성을 날렸습니다.

50대에는 경영혁신 전문가로 이름을 날렸고, 60대에는 문단에 등단하여 작가로 활동하였으며, 70대에는 박애주의자로, 그리고 80대에는 교육가로 살아갔습니다.

그는 끊임없는 변화와 도전으로 멋진 삶을 살았습니다. 그 결과 570개의 기업과 19만 명을 거느린 대사업가가 되었고, 세계적으로 유명한 마쓰시다 정경숙을 설립하여 수많은 인재를 양성했습니다.

어느 날 한 직원이 마쓰시다 회장에게 물었습니다. "회장님께서는 어떻게 하여 이처럼 성공하셨습니까?"

이 물음에 마쓰시다 회장은 대답하였습니다. "내가 세 가지 하늘의 큰 은혜를 입고 태어났기 때문이라네. 가난과 허약한 몸과 못 배운 것!"

의아해하는 직원을 보고 그는 좀 더 자세하게 설명했습니다. "나는 가난하였기에 부지런히 일하지 않고는 잘 살 수 없다는 진리를 깨달았다네. 나는 약하게 태어났기에 건강의 소중함을 일찍이 깨달았다네. 그래서 겨울철에도 냉수마찰을 날마다 하며 아흔이 넘었지만 건강을 유지하며 살고 있네. 나는 초등학교 4학년을 중퇴하였기에, 이 세상 모든 사람을 나의 스승으로 받들고 배웠다네. 그 결과 많은 상식과 지식을 얻을 수 있었다네. 불행한 환경은 나를 이만큼 성장시켜 주기 위해 하늘이 준 선물이라 여기고, 감사하며 살아가고 있다네."

마쓰시타가 말한 하늘이 그에게 준 세 가지 은총이란 인간들이 가장 싫어하는 것입니다. '가난, 허약, 초등학교 중퇴!' 그런 것들은 대다수 사람들이 치명적인 불행과 절망으로 받아들이는 것들입니다. 그러나 마쓰시다의 뛰어난 점은, 그 불행을 은총으로 받아들이고 감사했다는 데에 있습니다.

"감사함으로 받으면 버릴 것이 없습니다"(딤전 4:4).

"고난당한 것이 내게 유익이라 이로 말미암아 내가 주의 율례들을 배우게 되었나이다"(시편 119:71).

시련 속에서도 "있는 것에 감사, 일상에 감사, 그럼에도 불구하고 감사, 그리 아니하실지라도 감사, 그래서 범사에 감사"(살전 5:18)해야 합니다. 나의 인생 안에서 내 뜻을 앞세우고 이루려고 할 것이 아니라 먼저 주님의 뜻을 묻게 되면, 나에게 일어나는 모든 일이 나에게 주어져야 마땅한 선물로 변하게 되고, 그때에는 모든 일이 다 감사의 대상이 됩니다.

사람들은 지식이 많으면 많을수록 그 지식으로 남을 가르치려고 합니다. 능력과 힘이 강하면 강할수록 그 힘으로 남을 이기려고 합니다. 재산이 많으면 많을수록 더 많이 가지려고 합니다. 그러나 탈무드에 보면 마음의 자세를 다시 한 번 새겨보게 하는 말씀이 있습니다.

"참된 지자는 모든 사람들에게서 배우는 사람이요, 참된 강자는 자신과 싸워 이기는 사람이요, 참된 부자는 가진 것에 대하여 감사하는 사람이다."

진정 참된 부자는 많이 갖고 적게 갖고의 '소유'에 있지 않고, 지금 현재 나의 모습에 감사하는 자입니다. 감사하는 마음이 없으면 억만금을 가지고 있어도 늘 더 갖지 못해 안달하고 불평합니다. 그러나 감사하는 마음을 갖게 되면 식탁 위에 딱딱한 빵 한 덩어리와 물

한 대접을 놓고도 석양을 바라보며 감사 기도를 하게 됩니다.

추수감사절을 맞아 우리 모두 '감사의 현미경'으로 우리들과 자녀들의 인생, 그리고 교회와 세상의 뒤안길을 자세히 들여다보았으면 합니다. 그리하여 에벤에셀의 살아계신 하나님께서 만져주고 이끌어주신 손길을 발견해서(Think) '감사해, 감사해'(Thank) 하는 감사의 메아리가 시작되는 출발점이 '네'가 아니라, 바로 '내'가 되기를 바랍니다.

'감사의 확대경'으로 크게 감사하면 '나의 은총과 축복의 그릇'이 함께 넓혀져 갑니다. 연이어 '후(오늘) 감사'와 '선(믿고 내일 선포) 감사'의 표현이, '우리의 도움을 필요로 하는 우리의 이웃들'을 '섬기며 나누는 나'로 나타나게 되기를 바랍니다. 우리 모두에게 이 가을이 더욱더 풍요로워지기를 소망해 봅니다.

'자극의 감사'에서 '일상의 감사'로!

　미국 프린스턴 신학교 초대학장을 지낸 알렉산더 교수의 이야기입니다. 하루는 한 청년이 뛰어 들어와서 너무나 감격스러워 눈물을 흘리며 말합니다. "교수님! 제가 오늘 마차를 타고 오다가 갑자기 말이 놀라서 벼랑 아래로 떨어졌는데 마차는 산산조각이 났음에도 불구하고 저는 이렇게 멀쩡하네요. 하나님이 지켜주셨어요. 살아계신 하나님 감사합니다!"

　그 청년의 고백을 듣던 알렉산더 교수가 말했습니다. "할렐루야! 참으로 감사하네, 그러나 여보게! 나는 지난 40년 동안 마차를 타고 그 길을 다녔는데 단 한 번도 사고가 난 적이 없다네. 난 자네보다도 더 감사하네, 그려!"

　요즈음 우리는 너무나 자극적인 시대에 살고 있습니다. 큰 사고와 질병, 그리고 위기에서 벗어나게 하신 하나님께는 이렇듯 감격스런 감사를 드립니다. 하지만 우리의 일상 속에서 매순간 순간마다 대단히 세심하게 만져주시는 하나님의 손길들에 대해서는 너무나 당연한 것으로 여깁니다. 그러고는 그냥 만성적으로 지나치며 감사에 인색합니다.

중병을 앓고 난 뒤에는 모든 사물이 새롭게 보입니다. 몸을 움직거리는 것만으로도 너무나 신기하고 감사하는 마음이 듭니다. 밥을 먹을 때에도, 일을 할 때에도, 운동을 할 때에도, 무의식중에도, 잠을 잘 때에도 심장은 쉴 새 없이 펌프질을 해줍니다. 내가 무슨 수고를 해서 심장이 이렇게 잘 뛰고 있겠습니까? 내가 무엇을 하였기에 나의 폐가 이렇게 잘 호흡하고 있겠습니까? 나는 아무 수고도 하지 않았는데도, 아니 이런 생각조차도 하지 않고 있는데도, 하나님께서 나의 심장과 폐를 건강하게 움직여 주십니다.

우리가 아파서 침상에 있지 않고 내 차를 운전해서 내 발로 걸어서 교회에 나와 예배드리고 봉사할 수 있는 것도 하나님의 은혜입니다. 지나치지 말고 감사해야 합니다. 일상의 감사입니다. 성령께서 많고 많은 사람들 중에서 우리의 영혼을 지켜주셔서 믿음의 길을 가는 믿음으로 사는 자로 인도해 주시는 것도, 비록 힘들지만 매일 일할 수 있는 곳이 있다는 것도, 서로 못마땅해서 투덕거리는 남편과 아내와 자녀들일지라도 그들이 함께 있다는 것도, 하다못해 눈으로 볼 수 있고 귀로 들을 수 있고 입으로 말할 수 있는 것조차도 매일 매일 살아가는 평범한 일상 속에서의 하나님 은혜입니다. 반대로 '없다고, 못한다고' 생각하면, 이는 더욱더 분명해집니다. 이 모든 것들을 지나치지 말고, 잊지 말고 기억하며 감사해야 합니다. 일상의 감사입니다.

애완용 동물 가운데는 대표적으로 '강아지'가 있고 '고양이'가 있습니다. 동물학자에 따르면 고양이와 강아지는 기억장치에 특별한 차이점이 있다고 합니다. 강아지는 주인이 열 가지를 잘못하고 한 가지만 잘해주면 그 한 가지 잘해주는 것 때문에 주인을 졸졸 따르고 고맙게 생각한답니다. 그러나 고양이는 열 번 잘해주다가도 한 번 잘못해주면 그동안 잘해준 모든 것을 싹 잊어버리고 잘못한 것 하나 때문에 토라져서 주인을 잘 따르지 않는다고 합니다. 신앙생활에도, 인생에도 강아지형이 있고, 고양이형이 있습니다.

음식을 해줘도 "맛있다, 맛있다!" 하며 먹어야, 해주는 사람도 마음이 기뻐서 더 많이 해주고 싶습니다. 우리들도 "감사하다, 감사하다." 하며 살아야 하나님도 기뻐하시며 "내가 더 감사의 조건들을 많이 만들어줘야지."하고 마음먹으십니다.

여름이 고비를 넘어가고 있습니다. 자칫 이때가 되면 불쾌지수도 올라가고, 지나고 보면 별것 아닌데도 그냥 사람들과 부딪히고 상처를 주거니 받거니 하면서 짜증스러운 시간을 보내기 쉽습니다. 이럴 때일수록 일상 속에서 하나님의 은혜를 지나치지 말고 찾아내서, 잊지 말고 감사하는 신앙의 지혜가 필요합니다. 매일매일 만나는 사람들 안에서도 일상의 감사로 가는 곳곳마다 감사 바이러스를 퍼뜨리셔야 합니다. 교회에서도, 가정에서도, 일터와 직장에서도, 친구들과 이웃들 간에도 서로 서로 감사를 나누며 무더운 여름을 일상의 시원한 감사로 이겨 나가시기를 소망합니다.

그럼에도 불구하고 감사

멕시코 어떤 마을에 온천과 냉천이 한 곳에서 가지런히 솟아나는 신기한 곳이 있다고 합니다. 동네 아낙네들은 빨래 광주리를 가지고 와서 온천에서 빨래를 삶고 냉천에서 헹구어 깨끗이 옷을 빨아 집으로 가져갑니다. 그 모습을 본 관광객이 옆에 있는 가이드에게 말합니다. "이곳 부인들은 참 좋겠습니다. 찬물과 더운물을 마음대로 거저 쓸 수 있으니까요. 이곳 사람들은 온천과 냉천을 주신 하나님께 감사하겠 군요!"

"그렇지도 않아요. 이곳 아낙네들은 빨래하기에 꼭 필요한 것이 나오지 않는다고 불평이 더 많답니다."

"아니, 그게 뭡니까?"

"땅에서 비누가 안 나온다고 불평을 한답니다."

이 이야기를 들으며, 혹시 오늘 우리들도 땅 속에서 비누가 나오지 않는다고 투덜대지는 않는가를 생각해 봅니다. 사람의 마음은 이렇게 있는 것에 감사하기보다는 없는 것에 불평을 합니다. 어리석은 사람들은 '나에게 없는 것을 세어 보고' 불평하지만, 지혜로운 사람은 '나에게 있는 것을 세어 보고' 감사합니다. '먼저 주어진 것에, 있는 것에 감사하는 자'가 되어야 합니다. 또한 우리가 일상생활에서 너무나도 당연하게 여기고 있는 많은 것들이 '생각해 보면 감사의 조건들'이 됩니다.

우리는 이렇듯 일상에서의 감사를 잊지 말고, 잃어버리지 말고 살아야 합니다. 또한 "우리는 그럼에도 불구하고 감사해야 합니다." 잘 나가는 핑크빛 인생의 순간에는 누구나 다 당연히 하나님께 감사합니다. 그러나 힘들고 어려운 순간을 보낼 때는 한숨 쉬며 감사를 잃어버리게 됩니다. 그러나 믿는 자들은 고통 안에도 반드시 하나님의 뜻이 있음을 믿어야 합니다. 감사하기 힘들고, 이해하고 받아들이기 어려운 상황일지라도, 사도 바울처럼 '모든 것이 합력하여 선을 이룰 줄 믿고', 자족하는 일체의 비결을 배워야 합니다. 그래서 "나는 할 수 없으나 성령이여! 나를 도우사 내가 마음으로, 입술로 범죄치 않고 성령이 주시는 능력으로 범사에 감사하게 하소서!"라는 고백을 할 수 있어야 합니다. 이렇게 모든 일에 늘 감사의 찬양을 드리며 성전에 들어가야 합니다.

욥은 사람이 처한 가장 혹독한 시련 가운데서도 "나의 가는 길을 오직 그가 아시나니 그가 나를 단련하신 후에는 내가 정금같이 나오리라."(욥 23:10)는 것을 믿고, 시련 중에서 그럼에도 불구하고 감사했습니다.

하박국 선지자는 "무화과나무가 무성치 못하고, 포도나무에 열매가 없고, 감람나무에 소출이 없고, 밭에도 식물이 없고, 우리에 양이 없고, 외양간에 송아지가 없어도(합 3:17-19), 하나님이 살아계심을 믿고, 그 살아계신 하나님이 반드시 나를 치유하고 회복시키실 줄 믿고, 그럼에도 불구하고 감사를 드렸습니다.

'Thank'는 'Think'에서 출발합니다. 감사한 조건들을 생각해야 감사가 나온다는 의미입니다. 진실로 감사한 조건과 내용들을 생각하게 되면 감사하는 마음이 가슴 밑바닥에서부터 차오르게 됩니다. 그러고는 저절로 감사하다는 말이 넘치는 샘물처럼 솟아나게 됩니다. 그렇게 되면 상대방의 가슴에 나의 감사가 전달되고, 함께 절대 긍정의 분위기를 이루게 됩니다. 그와 마찬가지로 매일 매일 일상의 삶속에서 때를 맞추어 부어주시는 하나님의 은혜에 감사할 때, 하나님도 기뻐서 "내가 감사의 조건들을 더 많이 만들어줘야지!"하고 마음먹지 않겠습니까? 있는 것에 감사하고, 일상에서 감사하고, 그럼에도 불구하고 감사하여 "범사에 감사하라!"는 하나님의 뜻을 살아가야 합니다 (살전 5:18).

그리고 이웃들에게도 나누고, 베풀고, 섬기면서 살아야 합니다. 그곳에 더욱더 하나님의 은총이 깊이 임하실 것입니다. '감사와 나눔과 은총'은 함께 갑니다. 이 역사가 이 가을에 우리 모두에게 임하셔서 더욱더 풍요로운 추수감사절이 되기를 소망합니다.

감사 바이러스 퍼뜨리기

인터넷에서 화제가 되었던 이야기입니다. 지난 2015년 7월 23일 새벽 5시 30분, 뉴저지의 한 식당입니다. 두 남성의 대화를 듣고 있던 한 여성이 이들에게 쪽지를 건넵니다. 〈오늘 당신들의 아침은 제가 대접할게요.〉 이 여성은 식당의 종업원 24살 리즈 우드워드였습니다. 그녀는 이 식당의 7년차 종업원입니다.

밤새 식당 일을 한 후 가게를 청소하고 퇴근하려던 그녀는, 우연히 두 남자의 대화를 듣게 됩니다. 두 남자는 소방관 팀과 폴이었습니다. 폴은 지난 밤 창고에 난 불을 끄기 위해 12시간 동안 진화작업에 투입됐습니다. 친구인 팀은 밤새 아무것도 먹지 못한 그를 데리고 식당을 찾았습니다.

"이 식당에서 가장 큰 커피 주세요." 팀과 폴은 아침식사를 하며 화재 사고에 대한 이야기를 나눴습니다. 화재 진압을 위해 불 속으로 뛰어든 소방관에 감동한 리즈는, 그들에게 영수증 대신 쪽지를 건넸습니다. 〈두 분의 아침 값을 제가 대신 계산할게요. 모두가 도망쳐 나오는 곳으로 뛰어 들어가 사람들을 구하는 당신들에게 정말 감사합니다. 두 분은 용감하고, 든든한 분들입니다. 오늘은 푹 쉬세요!〉 소방관들은 이 따뜻한 쪽지 이야기를 페이스 북에 올렸습니다. 이 식당에 간다면 그녀, 리즈 우드워드에게 많은 팁을 부탁한다는 말과 함께…

그런데 얼마 뒤 소방관 팀은 자신에게 선행을 베푼 리즈가 사실은 진짜 도움이 필요한 사람이라는 걸 알게 됐습니다. 리즈는 사지마비 환자인 아빠를 위해 밤에는 일하고 낮에는 그를 돌봤던 겁니다. 그녀는 휠체어를 탄 채 탑승할 수 있는 밴을 사기 위해 기부금을 모으는 중이었습니다. 소방관 팀은 페이스 북을 통해 그녀의 사연을 전했고, 어려운 상황이지만 소방관들에게 선행을 베푼 리즈에게 감동한 사람들은 그녀를 위해 기부를 시작했습니다. 단 하루 만에 모인 기부금액은 53,000달러! 부모님 결혼기념일인 12월 30일까지 사지마비 환자인 아버지를 위해 밴을 사려고 모으려던 목표 금액은 17,000달러였는데, 3배를 넘은 금액이 단 하루 만에 모였습니다.

리즈는 이 사건을 이렇게 말합니다. '작은 감사가 불러온 놀라운 기적'이라고. 그녀는 말합니다. "부모님은 작은 감사는 누군가의 인생을 바꿀 수 있다고 항상 가르치셨습니다. 그리고 누군가를 도울 기회가 온다면, 그들을 도울 수 있는 기회를 주신 것도 감사하고, 그들을 도울 수 있는 것에 감사하는 마음으로 그들을 도우라고 하셨습니다.

저는 단지 힘든 소방관들의 웃음을 보고 싶었을 뿐입니다." 참으로 감동적입니다.

성경은 만물의 마지막이 가까워 올 때는 두 가지 징조로 알 수 있다고 했습니다. 하나는 마태복음 24장에 나타난 기근, 지진, 전쟁, 적그리스도, 미혹하는 영 등등은 마지막 때에 나타나는 우주론적 징조요, 다른 하나는 사도 바울이 디모데후서 3장 2-5절에서 말하고 있는 징조입니다. 바울은 마지막 때가 되면 우리가 살아가는 세상 속에 19가지 징조가 나타난다고 말합니다. 세태론적 징조를 말하는 것인데, 그중 하나가 '감사하지 아니하고'라는 것입니다. 하나님은 만물의 마지막이 가까워오는 때 감사치 아니하는 세대에 사는 우리들에게 "범사에 감사하라."고 하십니다.

11월은 감사의 달입니다. 감사는 하나님의 뜻입니다. 하나님의 뜻은 해도 되고 안 해도 되는 그런 것이 아닙니다. 하나님의 뜻에 순종해야 합니다. 감사의 현미경으로 내 인생을 조목조목 들여다보아 '찾아내어 감사'해야 합니다. 없는 것에 불평하지 말고 '있는 것에 감사'해야 합니다. 생명 주시고, 일어나 나갈 수 있는 직장과 일터 주시고 등등, 매일 매일의 '일상에서 감사'해야 합니다. 고통 중일지라도 그 안에 하나님의 깊은 뜻이 있음을 믿고, '그럼에도 불구하고 감사'해야 합니다. 혹 내 마음, 내 뜻대로 되지 않아도 하나님의 절대주권 앞에 무한 신뢰하여 '그리 아니하실지라도 감사'해야 합니다. 이렇게 범사에, 즉 내 인생 안에 어떤 상황이 닥치든, 어떤 일이 일어나든, 하나님께서 모든 것을 합력하여 선을 이루실 줄 믿고 범사에 감사해야 합니다. 그리고 '어제 감사했어'가 아니라, '내일 감사할 거야'가 아니라, '오늘 감사'하고 있어야 합니다. 이것이 그리스도 예수 안에서 우리들을 향하신 하나님의 뜻(살전 5:18)이기 때문입니다.

감사도 순종입니다. 자식이 부모님이 원하시는 것을 해드릴 때 부모에게는 기쁨이 되고, 행복이 되고, 감사가 됩니다. 우리도 하늘 아버지이신 하나님이 원하시는 것을 해드릴 때 그것이 하나님께 기쁨이 되고 행복이 됩니다. 하나님께서 오늘 우리들에게 보고 싶어 하시는 것은 바로 '범사에 감사하는 마음'입니다.

이번 감사절을 맞아 이 감사의 마음을 갖고 만나는 사람 사람마다, 가는 곳곳마다 감사 바이러스를 퍼뜨리셔서, 감사하는 내가 있기에 교회도, 가정도 감사가 가득하고, 감사하는 내가 있기에 일터와 직장도, 친구들과 이웃들 간에도 감사가 가득해진다면, 하나님은 바로 그런 나로 인해 행복해 하실 것입니다. 하나님은 이렇게 범사에 항상 당신의 뜻대로 감사하며 순종하며 사는 우리들에게 반드시 더 큰 감사거리가 많아질 수 있도록 우리들의 인생 안에 은총과 축복을 더하여 주십니다.

감사와 은총과 축복은 같이 갑니다. 이 깊어가는 가을의 마지막 문턱에서 그 감사를 바랍니다.

손을 활짝 펴는 마음

해녀들은 숨을 못 쉬고 물을 먹게 되어 죽는다고 합니다. 해마다 이 '물숨' 때문에 많은 해녀들이 목숨을 잃는다고 합니다. '숨비'가 '생명'이라면, '물숨'은 '죽음'입니다. 그래서 제주도 해녀들은 이 물숨과 죽음을 피하기 위해서 딸에게 주는 교훈이 있습니다. "욕심을 내지 말고 숨비만큼만 따. 눈이 욕심이야. 욕심을 잘 다스려야 해." '숨비'만큼만 따면 되는데, 그러지 못해 욕심 때문에 물숨을 쉬어 사망에 이르게 됩니다. '조금만 더'라는 욕심이 이렇게 우리를 사망에 이르게 합니다. "욕심이 잉태한즉 죄를 낳고 죄가 장성한즉 사망을 낳느니라."(약 1:15)

우리는 욕심을 절제해야 합니다. 성령의 아홉 가지 열매 가운데 하나가 '절제'입니다. "오직 성령의 열매는 사랑과 희락과 화평과… 절제니…"(갈 5:22) '조금만 더'라는 '욕심'을 절제해야 합니다. 그래야 욕심에서 자유할 수 있습니다. 이 세상에서 욕심을 절제하며 욕심에서 자유하여, 감사치 않는 세상과 사람 속에서 범사에 감사하며 사는 것이 그리스도 예수 안에서 우리를 향하신 하나님의 뜻입니다(갈 5:18).

얼마 전 새벽기도회 때 호세아서를 하다가 은혜를 받았습니다. "배가 불렀고 배가 부르니 그들의 마음이 교만하여 이로 말미암아 나를 잊었느니라"(호 13:6). 배가 부르니 마음이 교만하여지고 하나님을 점점 잊어먹는 종교인이 되더라는 말씀입니다. 이 말씀을 묵상하면서 내가 교만하여져 하나님을 잊는 자가 될 정도의 부자가 아닌 것을 감사드렸습니다. 내가 교만하지 않고 하나님을 잊지 않는 겸손한 신앙인이 될 만큼만 배가 부른 것도 하나님의 은혜요 축복이라는 깨달음을 갖게 되었습니다.

11월 감사의 달을 맞아 우리가 가장 먼저 가슴에 새겨야 할 신앙의 주제는 '욕심의 절제, 욕심에서의 자유'입니다. 욕심 때문에 사망의 길로 들어서면 안 됩니다. 욕심 때문에 다른 사람들과 다툼을 일으켜서도 안 됩니다. "욕심이 많은 자는 다툼을 일으키나 여호와를 의지하는 자는 풍족하게 되느니라"(잠 28:25). 다른 사람들과의 다툼은 바로 나의 욕심과 상대방의 욕심이 부딪히기 때문입니다. 그러기에 욕심이 많은 자는 항상 다툼을 일으킵니다. 그러나 여호와를 의지하며 사는 사람은 항상 마음이, 인생이 감사가 있고 풍요롭습니다.

그렇다면 구체적으로 욕심에서 자유하려면 어떻게 해야 할까요? 나누고 섬기며 살아야 합니다. 어둠과 죄악의 길로 가지 않으려고 발버둥치는 게 율법이라면, 복음은 빛과 의의 길로 힘써 가는 것입니다. 빛으로 가면 자연히 어둠은 사라질 것이고, 의의 길로 가면 죄의 자리에 서지 않게 될 것입니다. 욕심을 절제하려고 안간힘을 쓰는 게 율법이라면, 복음은 무엇입니까? 섬기고 베풀며 나누려고 애쓰는 것이 복음입니다. 섬기고 나누려고 애쓰면 자연히 욕심에서 자유하게 되기 때문입니다.

믿는 자는 더 많이 가지려고 두 손을 움켜쥐면서 살지 않습니다. 믿는 자는 손을 쫙쫙 펴서 더 많이 나누면서 살아갑니다. 저마다 가능한 범위 안에서 베풀고 나눌 때, 전에 체험하지 못했던 행복과 기쁨을 맛보게 될 것입니다. 나눌 때 비로소 하나님이 나에게 주신 건강과 생명에, 하나님이 나에게 주신 가족들과 자녀들에, 하나님이 나에게 주신 일용할 양식에, 하나님이 나에게 섬기라고 허락하신 교회에, 하나님이 나에게 허락하신 매일 매일의 일상에, 버릴 것 하나 없이 범사에, 빠짐없이 감사하게 됩니다.

나눌 때 비로소 우리들에게는 천국과 구원과 영생이 더욱더 선명하게 보이기 시작할 것입니다. 이것이 욕심을 절제하고, 욕심에서 자유하여 범사에 감사할 수 있는 길입니다. 감사하는 마음이 이 가을처럼 깊어가기를 바랍니다.

휘게, 믿음의 부자

　'휘게'란 덴마크어로 '위안, 포옹, 배려, 웰빙 분위기'에서 유래되었고, 오늘을 살아가는 우리들에게는 '사랑하는 가족이나 친구 또는 혼자서 보내는 아늑한 시간'을 뜻합니다. 가령 호화스럽거나 화려하지 않게, 가까운 가족이나 친지들과 지인들이 모여 작은 양초들을 밝히고 따뜻한 분위기에서 식사를 하거나 편안하게 커피를 마시며 일상의 즐거운 대화들을 함께 나누며 보내는 시간을 '휘게'라고 합니다. 덴마크 사람들은 화려한 것보다 내면에서 행복의 원천을 찾으려 하기에 스스로 느끼는 '행복 체감도'가 높다고 합니다. 내 안에서의 '휘게', 가끔은 혼자 창가에 앉아 따뜻한 차 한 잔을 손에 감아들고 그 따스함을 느끼며 창밖을 내다보는 시간들입니다. 가족들과 함께 모닥불을 피우며 일상의 대화를 나누는 여유 있는 시간 휘게! 소박한 즐거움을 누리는 행복한 순간들입니다. 어떤 분이 휘게 10계명에 대해서 말합니다.

1. 분위기를 만든다.

2. 지금 이 순간을 누린다.

3. 디저트와 차로 달콤한 휴식을 가진다.

4. 모두를 평등하게 생각한다. ('나'보다는 '우리')

5. 감사하고 만끽한다.

6. 분위기를 조화롭게 한다.

7. 긴장을 풀고 편안한 휴식을 취한다.

8. 감정 표현은 쉰다.

9. 화목한 마음으로 추억을 되새긴다.

10. 편안하고 포근한 장소를 정한다.

'휘게'는 일상에서 작은 것 하나라도 소중히 여기는 마음들이 모여 행복한 삶을 만들어가는 시간입니다. 우리는 그동안 너무나 '일과 성취 중심'의 삶을 살아왔습니다. 지나간 한 해도, 또 그 전에도, 어느 삶의 현장이든 녹록치 않은 환경 속에서 삶의 여유 없이 생존을 위한 시간들을 치열하게 살아왔습니다. 어느 정도 열심을 부리고 나서 이룬 것이 적지 않다면 만족하는 삶을 영위해야 마땅한데도, '이루었으나 무엇인가를 놓치고 잃어버린 듯한' 공허한 마음을 안고 오늘을 살아갑니다.

스스로 물어 봅니다. 채워지지 않는 그것이 무엇일까? '관계의 상실'이 아닐까? 나와 하나님의 관계, 나와 나 자신과의 관계, 부부의 관계, 나와 자녀들과의 관계, 나와 성도들, 주변 이웃들 지인들과의 관계 등등. 관계들 안에 채워져야 할 내면의 충만함, 바로 그것이

메마르고 고갈되었을 때 느끼는 공허가 아닐까? 하나님과의 깊은 실존적 만남이 사라지고 형식적인 종교인이 되었다면, 부부와 자녀들과도 따뜻한 사랑과 이해 그리고 배려와 비전을 나누지 못한 채 혈연이라는 끈과 울타리에만 연연하고 있다면, 타인과의 만남이 삶을 나누는 상생의 만남이 아니라 내 이익과 일의 성취를 위해 필요한 만남으로만 작용한다면, 과연 우리들은 깊은 내면의 행복을 느낄 수 있을까? 무엇이 진정 가치 있는 진정한 행복일까? 스스로에게 질문을 던지면서, 성경에서 대답을 찾아봅니다.

하나님이 성경을 통하여 사람에게 던진 처음 두 가지 질문에서 그 대답을 찾아가 봅니다. 처음 질문은 "아담아 네가 어디 있느냐?"(Where are you?, 창 3:9)는 것이고, 다음 질문은 "네 아우 아벨이 어디 있느냐?"(Where is your brother?, 창 4:9)라는 것입니다. 첫 번째 질문은 죄를 짓고, 숨고, 가리고, 도망치는 아담을 하나님이 찾으시는 장면입니다. 하나님은 오늘도 아담과 같은 우리들을 쉴 새 없이 찾으십니다. '하나님과 나와의 실존적 관계'입니다. 신약의 탕자의 비유입니다.

두 번째 질문은, 가인이 아벨을 죽이자 하나님이 아벨을 찾으시는 장면입니다. 오늘을 살아가는 '나와 이웃과의 상생적 관계'입니다. 신약의 선한 사마리아인의 비유입니다. 이 둘은 따로 가는 게 아니라 같이 만나는 지점이 반드시 있어야 나의 십자가(My Cross)가 됩니다. 예수님은 "누구든지 나를 따라오려거든, 즉 무리와 군중이 아니라 나의 제자가 되려거든 자기 십자가를 지고 따라오라."(눅 14:27)고 말씀하십니다. 자기 십자가는 두 가지 질문에 대한 대답, 즉 하나님과 나와의 실존적 관계의 회복, 나와 이웃(부부, 부모, 자녀, 친족, 지인, 목회자, 성도, 사업 파트너, 주인, 종업원 등등)과의 상생적 관계의 회복입니다. 각자의 삶의 순간순간마다 자기 십자가를 구체적으로 실천하며 사는 것, 바로 예수를 따르는 제자들입니다. 실존적 관계로의 치료와 회복이요, 상생적 관계로의 전환입니다.

새해에는, 일과 성취를 위해 정신없이 달려가던 걸음을 잠깐 멈추고 (셀라, Stop & Listen), 매우 자주 하나님을 바라보고 이웃을 돌아보는 '휘게'의 시간을 갖는 것은 어떻는지요? 그리고 휘게의 시간을 통하여 하나님과 나와의 실존적 관계를 회복하여 종교인의 틀을 깨고 신앙인으로 살아가야 합니다. 그리하여 하나님이 나의 주변을 운행하시는 것을 느끼고 고백하며 간증해야 합니다. 또한 나 중심으로 살았던 시간들을 깨고 함께 살아가는 삶에 대한 이해와 배려와 사랑이 가득한 상생으로 삶의 자리를 옮겨 앉아야 합니다. 그래서 자기 십자가를 다시 회복하여 믿음의 부자로 사는 한 해가 되시기를 소망합니다.

감사의 현미경으로

우리가 살고 있는 시대는 꽤나 자극적입니다. 자동차 사고가 나서 차가 폐차 될 정도인데도, 머리털 하나 안 다치고 살아남았다면, 으레 하나님께 감사하다는 기도가 터져 나옵니다. 이러한 경우에는 누구나가 저절로 감사하다는 기도를 하게 됩니다. 그러나 매일매일 자동차 사고가 나지 않고 하루하루를 안전하게 지켜주시는 하나님의 은혜에 감사하는 데는 인색합니다.

우리는 먼저 일상에서의 감사를 더 정밀하게 찾아내어 감사해야 합니다. 인체는 우주의 축소판이라고 합니다. 평균 체중을 지닌 성인이라면 하루 동안 다음과 같은 '인체 활동'을 경험한다고 합니다. 성인의 심장은 하루에 10만 3,689번을 뛰고, 피는 하루에 2억 6,880만 킬로미터를 돕니다. 하루에 2만 3,040번의 숨을 쉬고, 750개의 근육을 빠르게 혹은 천천히 움직이며, 뇌세포는 7백만 개가 움직입니다.

내가 무슨 수고를 해서 이 모든 것들이 단 하루에 이루어진단 말입니까? 나는 아무 수고도 하지 않았는데, 하나님께서 이 모든 것들을 움직이게 만드셔서 내가 살고 있는 것입니다. 창조주의 경이로운 섭리입니다. 일상에서의 감사입니다. 새벽 제단을 쌓을 때마다, 예배드릴 때마다 감사해야 합니다. 질병으로 침상에 누워 교회에 오지도 못하고 마음을 잡지 못하여 이리저리 유리하고 방황하지 않고, 스스로 예배드리러 올 수 있는 건강을 지니고 있다는 사실을 감사해야 합니다. 그리고 문제의 기도제목 붙들고 씨름하러 교회에 나와 무릎을 꿇을 수 있다는 것 역시 하나님의 크신 은혜입니다.

매일 생명 주신 것도, 건강한 것도, 매일 출근할 수 있는 곳이 있다는 것도, 매일 못마땅해 하면서 투덕거리지만 남편이 있다는 것, 아내가 있다는 것, 하다못해 밥을 먹고 싶을 때 먹을 수 있다는 것도, 가고 싶은 곳을 자유롭게 갈 수 있다는 것도, 눈으로 볼 수 있고, 귀로 들을 수 있고, 입으로 말할 수 있는 것조차도, 매일 매일 살아가는 평범한 일상에서의 감사입니다.

추수감사절에는 감사의 현미경으로 나의 일상을 들여다보고, 나의 일상에서 나와 자녀들의 인생 곳곳을 세밀하게 만져가시는 하나님의 손길을 더 정밀하게 많이 찾아내어 큰 감사를 하시기 바랍니다. 일차원적인 사람은 모든 일들이 형통하여 잘 나갈 때, 평안할 때만 감사를 합니다. 남편이 돈을 잘 벌어오고, 자녀들이 속을 썩이지 않고, 온 식구들이 건강하고, 하는 일마다 척척 잘 되면, 누구나 감사할 수 있습니다. 그러나 인생의 길이 항상 순탄하거나 형통하지만은 않습니다. 언제나 고요한 바다만은 아닙니다. 때때로 광풍이 불어 닥칩니다. 앞이 안 보일 정도로 깜깜한 암흑 속에 갇혀 있기도 합니다.

진정한 그리스도인의 감사는, 그 안에서조차 감사할 조건들을 찾아내어 '그럼에도 불구하고 감사'해야 합니다. 미국 미시간 주에는 로버트 맥메스가 세운 '실패 박물관'이 있습니다. 입구에는 토머스 에디슨의 글이 비석에 새겨져 있습니다. "나는 실패한 것이 아니다. 단지 전구가 켜지지 않는 9,999가지 이유를 알게 되었을 따름이다." 그에게 9,999번의 실패는 10,000번째 전구에 불이 들어오기까지 불이 들어오지 않는 9,999가지 이유를 알게 된 것에 불과하다는 것입니다. 혹 우리들의 인생에 9,999번의 실패가 있더라도 절망하거나 좌절하지 말아야 합니다. 10,000번째의 성공을 향해가는 계단 하나를 더 올라갔을 뿐임을 믿고, 그럼에도 불구하고 감사해야 합니다.

하박국 선지자는 "무화과나무가 무성치 못하고, 포도나무에 열매가 없고, 감람나무에 소출이 없고, 밭에도 식물이 없고, 우리에 양이 없고, 외양간에 송아지가 없어도"(합 3:17-19), 하나님이 살아계심을 믿고, 그 살아계신 하나님이 반드시 무화과나무도 무성케 하시고 감람나무도 소출이 가득하게 하시고, 밭에도 식물이 풍성케 하시고, 우리에 양도, 외양간에 송아지도 가득 차게 회복시키실 줄 믿고, '없어도 부족해도 그럼에도 불구하고 감사'했습니다. 우리들은 '하나님의 축복' 때문에 드리는 일차원적인 당연한 감사뿐만 아니라, 고통 안에도 하나님의 뜻이 있음을 믿고 감사해야 합니다. 또한 우리는 모든 만남 안에서 감사해야 합니다.

남편이 아내가 해주는 밥을 먹을 때, 시큰둥하게 먹고 끼적끼적 먹으면 해주는 사람 마음이 어떻겠습니까? 감사하기는커녕 "맛이 왜 이래?, 거 누구누구는 음식도 잘 하더구만."하고 말한다면 그동안 묵었던 속이야기들이 이때다 싶어 다 튀어나오게 되고, 한바탕 전쟁이 일어납니다. 어리석고 미련한 인생입니다. 그러나 아내가 무엇을 해주든지 맛있다고 하고, 설혹 맛이 없더라도 훗날을 위해 "당신 점점 음식을 맛있게 하네."하고 말하고, 더 나아가 뭘 해도 잘 했다, 잘 했다 하면, 매일같이 식탁이 새로워지고 풍성해집니다. 그리고 식탁에서 이야기꽃이 피어나기 시작합니다.

점점 서로가 서로에게 마음이 열립니다. 속에 있던 이야기들도 나오기 시작하고, 서로에 대한 이해와 신뢰가 더 쌓여갑니다. 얼마나 지혜로운 인생입니까? 원래 우리나라는 가족 공동체이고, 이 가족 공동체의 전통은 '밥상 공동체'입니다. 둥그런 밥상에 둘러앉아 밥을 먹으면서 서로의 이야기를 듣고, 서로가 서로를 이해하고 신뢰하며 사랑하는 공동체가 우리 '한민족의 밥상 공동체'입니다.

"하나님께 감사하라! 일상에 감사하라! 그럼에도 불구하고 감사하라! 만남 속에서 감사하라! 찾아서 감사하라!" 바울은 "범사에(In every thing, in all circumstances) 감사하라!"(살전 5:18)고 말합니다. 감사하는 마음이야말로 '그리스도 예수 안에서 나를 향하신 하나님의 뜻'에 완전히 부합하는 마음입니다. 감사하는 마음은 넉넉하고 풍요롭습니다. 감사하는 마음은 진정한 신앙인의 결실이고 열매입니다.

그 사람을 가진 그대도, 세상도 행복이어라

　제가 시무하고 있는 뉴욕 롱아일랜드 참사랑교회에 출석하는 한 청년 자매가 줄리어드 음악학교를 졸업하게 되었습니다. 그래서 지난 주에 바이올린 졸업 연주회를 다녀왔습니다. 그 청년 자매와 대화를 나누던 중, 스승이셨던 분의 이야기를 듣고 깊은 감동이 있었습니다.

　그분은 1987년부터 줄리어드 음악학교애서 가르쳤고, 1994년부터 2007년까지 학장을 지내신 스테펜 크랩(Stephen Clapp) 교수님이십니다. 코네티컷에 있는 교회를 섬기고 계시는 장로님이시기도 합니다. 지난 수년 동안 맨해튼의 그랜드 센트럴(Grand Central) 기차역의 열린 공간에서 지나가는 사람들 가운데 함께 하고 싶은 사람들과 더불어 성경공부를 하셨다고 합니다. 굳이 그렇게까지 안 하셔도 되는데 말입니다. 줄리어드 학교에서는 매주 수요일 오전 8시 30분에 자기의 레슨실인 541호실에서 부임 후 지금까지 아이들과 더불어 기도 모임을 인도하셨습니다. 굳이 그렇게까지 안 하셔도 되는데 말입니다. 줄리어드 학교의 크리스천 친교 그룹인 줄리어드 기독동아리(Juilliard Christian Fellowship)와 미주대학생선교회(Korean Campus Crusade for Christ)를 오랜 기간 동안 후원하셨습니다. 뿐만 아니라 고문(advisor)으로서 지원을 아끼지 않았다고 합니다. 굳이 그렇게까지 안 하셔도 되는데 말입니다.

레슨 중에도 제자들과 이야기를 나누고 기도해 주시면서 항상 재킷 안주머니에서 메모지를 꺼내 중보기도 제목을 적었다고 합니다. 그러면서 기도해 주실 것을 약속하시곤 했답니다. 굳이 그렇게까지 안 하셔도 되는데 말입니다. 매년 학기 초만 되면 코네티컷에 계신 선생님 댁으로 열다섯 명 남짓 되는 모든 제자들을 초대하여 음식을 대접할 뿐만 아니라, 오가는 차편까지 손수 부담하여 주셨다고 합니다. 학기 말엔 꼭 학교 옆 선생님 단골 음식점에서 점심으로 학기의 마지막을 축하해 주셨답니다. 굳이 그렇게까지 안 하셔도 되는데 말입니다.

지난 2010년 학기말 즈음 학생들에게 폐암이라는 말씀을 전해 주셨습니다. 그리고 지난달 1월 29일 하나님의 부르심을 받기 일주일 전까지, 근 3년 동안 사모님과 따님의 부축을 받으며 휠체어를 타시고 혼신을 다하여 학생들을 가르치셨습니다. 제자들을 붙들고 마지막 힘을 다하여 기도해 주셨다고 합니다. 굳이 그렇게까지 안 하셔도 되는데도, 크렙 교수님은 그렇게 하셨습니다. 자기 삶의 자리에서 하나님 나라 이야기가 들려지도록 최선을 다해 천국을 준비하는 인생을 사셨습니다. 굳이 그렇게까지 안 하셔도 되는데 말입니다. 그냥 줄리어드 음악학교의 바이올린 교수로서 잘 가르치며 살아도, 아무도 뭐라 하는 사람 없이 존경 받으셨을 텐데 말입니다. 그럼에도 불구하고 그렇게 사셨습니다.

그 결과 크렙 선생님의 믿음과 사랑으로 인해 많은 제자들과 그분을 만난 사람들이 예수님의 제자가 되었고, 되어가는 중에 있다고 합니다. 그리고 많은 이들이 그분의 뒤를 이어 자신들의 삶으로 하나님 나라 이야기를 이어가고 있습니다. 우리 교회 청년 이주은 자매의 고백이 오늘 저의 가슴을 치고 들어왔습니다. "목사님! 우리 교수님이 돌아가신 후에 더 강하게 제자들 가운데, 학교 한가운데에 역사하시고 계심이 느껴져요. 오늘 제 졸업 연주회도 하나님과 교수님을 마음에 떠올리며 그분께 들려드리고 싶어요."

크렙 교수님은 줄리어드 음악학교와 그가 생명처럼 아꼈던 제자들과 그를 만난 모든 분들의 마음속에 살아계십니다. 그분은 이 시대에 뉴욕 맨해튼 한복판에서 전 인생을 진솔하게 '삶'으로써 예수를 전하신 '작은 그리스도'이십니다. 마음 깊이 고개가 숙여집니다. 문득 고 함석헌 옹의 시 "그 사람을 그대는 가졌는가"가 떠오릅니다.

> 만 리 길 나서는 길 처자를 내맡기며 맘 놓고 갈 만한 사람
> 그 사람을 그대는 가졌는가 / 온 세상이 다 나를 버려 마음이
> 외로울 때에도 "저 맘이야!"하고 믿어지는 그 사람을 그대는
> 가졌는가 / 탔던 배 꺼지는 시간 구명대 서로 사양하며 "너만은
> 제발 살아다오" 할 그 사람을 그대는 가졌는가 / 불의의 사형장

에서 "다 죽어도 너희 세상 빛을 위해 저만은 살려 두거라."
일러 줄 그 사람을 그대는 가졌는가 / 잊지 못할 이 세상을
놓고 떠나려 할 때 "저 하나 있으니" 하며 빙긋이 웃고 눈을
감을 그 사람을 그대는 가졌는가 /

어느 때인가, 어디에서인가 그 다음을 이어가는 목소리를 들은
것만 같습니다.

그 사람을 가진 그대는 행복이어라. / 그 사람을 가진 세상도
행복이어라. / 그대를 가진 세상도 행복이어라. / 크렙 교수님을
가진 그대는 행복이어라. / 크렙 장로님을 가진 세상도 행복이어
라. / 크렙 장로님의 이야기를 가슴에 품고 사는 그대를 가진
세상도 행복이어라.

천국에 계실 크렙 장로님을 그려봅니다.

가정은, 가족은 다 그런 겁니다

'퀘렌시아'는 스페인어로 '피난처, 안식처'를 뜻합니다. 투우장 한쪽에는 소가 안전하다고 느끼는, 사람들에게 보이지 않는 구역이 따로 있다고 합니다. 소는 투우사와 혈전을 벌이다가 쓰러질 만큼 지쳤을 때, 바로 이 피난처 구역인 '퀘렌시아'로 달려갑니다. 그리고 숨을 몰아쉬며 힘껏 에너지를 모읍니다. 기운을 되찾아 계속 싸우기 위해서입니다. 세상의 위협으로부터 자신이 안전하다고 느끼는 곳, 힘을 모을 수 있고 쉼을 가질 수 있는 곳이라면, 그곳이 바로 회복의 장소이자 '퀘렌시아'입니다.

곤충의 퀘렌시아는 나뭇잎의 뒷면이고, 땅 두더지의 퀘렌시아는 땅굴입니다. 물론 사람에게도 퀘렌시아가 필요합니다. 일에 지쳐 휴식이 필요할 때, 누군가에게 상처받아 억장이 무너질 때, 그때가 바로 나만의 '퀘렌시아'를 찾아가야 할 때입니다. 여러분의 '퀘렌시아'는 어디입니까? 상황과 환경에 따라 다를 수 있지만, 그래도 우리 모두에게 공통적인 '퀘렌시아'는 바로 가정입니다. 아무런 부끄럼 없이 얘기도 하고, 핀잔도 받고, 인정받기도 하고, 쉬면서 치료받고 회복되는 그런 감사와 기쁨을 주는 곳입니다. "가정은, 가족은 그런 겁니다." 어느 한 분의 이야기입니다.

제가 고등학교 1학년이었고, 동생이 중학교 2학년이었던 시절입니다. 집 근처에 학교가 있어 걸어다녔던 저와는 달리, 동생은 학교가 멀어 버스를 타고 통학을 해야만 했습니다. 그래서 동생은 늘 엄마가 주시는 차비를 들고 집을 나섰습니다. 그런데 차비를 들고 집을 나선 동생이 버스를 타지 않고 걸어가는 모습을 보게 되었습니다. 괘씸했습니다. 그래서 쫓아가 따져 물었더니 '가족의 평화를 위하여' 라는 이상한 말만 하고는 씩 웃는 것이었습니다.

다음날도 어김없이 엄마는 동생에게 차비를 주었고, 그 모습을 본 저는 "엄마 차비 주지 마세요. 버스는 타지도 않아요. 우리 집 생활도 빠듯한데 거짓말하는 녀석한테 왜 차비를 줘요!" 하며 동생이 얄미워 볼멘소리를 했습니다. 하지만 엄마는 먼 길을 걸어다니는 동생이 안쓰러우셨는지 내 말은 아랑곳하지 않고, 동생에게 차비를 쥐어주며 "오늘은 꼭 버스 타고 가거라."고 당부하시며 보냈습니다. 그 차비가 뭐라고, 엄마한테 왜 내 얘긴 듣지도 않느냐며 툴툴대기 일쑤였습니다.

며칠 후, 학교 갔다 집에 돌아와 보니 온 집안에 맛있는 냄새로 가득했습니다. 주방으로 얼른 뛰어가 보니 놀랍게도 맛있는 불고기가 지글지글 구워지고 있는 것이었습니다. 당시 우리 집은 형편이 어려워 고기는커녕 끼니 챙겨 먹기도 힘든 상황이어서 더욱 기쁨은 컸습니다. 저는 얼른 들어가 고기를 한 쌈 크게 싸서 입에 넣으며 미소 가득한 얼굴로 물었습니다. "오늘 무슨 날이에요?" 그러자 어머니께서 말씀하셨습니다. "날은 무슨 날…, 네 동생이 형이랑 엄마 아빠 기운 없어 보인다고, 그동안 모은 차비로 고기를 사왔구나."

그 먼 길을 걸어가면서 상상했다고 합니다. 가족이 오순도순 고기를 먹으면서 진정으로 기뻐할 가족의 평화를 위해 걷고 또 걸었다는 것입니다. 성인이 되고 불고기라도 먹는 날이면, 그날 동생의 모습이 생각나 대견함에 눈시울이 붉어지곤 합니다. 가족은 그런 것 같습니다. 형이 못하면 동생이, 동생이 부족하면 형이, 자식에게 허물이 있으면 부모가, 부모님이 연세가 들면 자식이! 그렇게 서로 감싸며 평생 행복을 만들어 가는 것, 가족은 그런 것 같습니다.

"형제자매가 있는 사람은 자신이 얼마나 운이 좋은지 몰라. 물론 많이 싸우겠지, 하지만 항상 누군가 곁에 있잖아, 가족이라 부를 수 있는 존재가 곁에 있잖아."(트레이 파커)

가정은, 가족은 다 그런 겁니다! 세상을 살아갈, 이겨낼 사랑의 그런 추억을 주는 곳입니다. 그 무엇으로도 끊을 수 없는 용서와 사랑이 있는 곳, 인생의 크고 작은 깨달음이 있는 곳, 바로 세상을 밝히는 빛이 되는 그 용서와 화해, 쉼과 위로, 그리고 사랑과 평화가 경험되는 곳이 가정입니다. 가족입니다. 가정의 달을 맞아 다시 한 번 삶에 채워 봅니다. "가정은, 가족은 다 그런 겁니다."

이제는 성공보다는 행복을

'번 아웃 증후군'(burn out syndrome)이란 말이 있습니다. 사람이 한 가지 일에만 몰두하면 결국 신체적, 정신적으로 극도의 피로감이 쌓이고 쌓여 '우울증, 무기력증, 자기혐오, 직무거부' 등에 빠지는 증상을 말합니다. 어떤 일에 마음이 불타올라 무섭게 집중하다가 갑자기 모든 에너지가 방전되어 무기력이 극에 달하면서 업무에 적응하지 못하게 되는 상태입니다. 휴식을 뒤로 한 채 하루 10시간 이상씩 일에 몰두하는 한국 직장인들에게 가장 빈번히 나타난다고 합니다.

실제로 한 취업포털 사이트에서 남녀 직장인 601명을 대상으로 설문 조사를 한 결과, 응답자의 74.7퍼센트가 자신이 '번 아웃 증후군'이라고 응답했고, 미국 이민사회에서 스몰비지니스를 하는 한인 이민자들을 대상으로 한 설문조사에서는 89.7퍼센트가 자신이 '번 아웃 증후군'이라고 응답했다고 합니다. 또한 이와 유사한 '워커홀릭 증후군'(Workaholic syndrome)도 있습니다. 오직 '일을 해야 살맛이 나는', 일에 대한 집념이 강한 사람들입니다. '워커홀릭'은 1980년대 초부터 사용되기 시작한 용어로, 여러 원인이 있지만 보통 경제력에 대해 강박관념을 가지고 있는 사람, 완벽을 추구하거나 성취지향적인 사람, 자신의 능력을 과장되게 생각하는 사람, 배우자와 가정으로부터 도피하려는 성향이 강한 사람들에게 나타나는 경향이라고 합니다. 이 증후군을 가진 사람들의 특징은, 일을 하지 않으면 불안해하고 외로움을 느끼며, 자신의 가치가 떨어진다고 생각합니다. 덕분에 주변 사람들이 피곤해지는 경향이 있습니다.

하지만 모든 '워커홀릭'이 다 그렇지는 않으며, 말 그대로 노는 것보다 일하는 것이 더욱 즐거운 경우가 대부분입니다. 특히 높으신 분들이 이런 유형이면 아랫사람들이 굉장히 피곤해지고 과로사의 비율이 높아지게 됩니다. 더 나아가, 자기처럼 일을 하지 않는 사람을 단순히 '게으른 사람' 내지는 '조직에의 충성심이 없는 사람'으로 낙인을 찍어버리는 가치관의 소유자를 윗사람으로 모셔야 한다면, 아랫사람들에게는 그야말로 사는 것이 지옥일 겁니다. '번 아웃 증후군'이 주로 외적인 환경에 의한 것이라고 한다면, '워커홀릭 증후군'은 개인의 내면적 성향에 의한 것입니다. 이들에게 나타나는 공통된 문제들은, 가족과 주변 사람들과의 관계가 소원해져 가정이 파괴되고, 주변 지인들이 떠나면서 고독과 외로움에 스스로 갇히게 되고, 점점 더 많은 시간을 컴퓨터에서 해결하려고 하는 등, 서브컬처(Subculture)가 나타난다는 것입니다.

미래학자들은 이런 현상이 가져오는 결과를 '고립화'(Isolation)라고 말합니다. 개인적이고 사회적인 '분리, 격리, 고립', 공동체성의 파괴입니다. 그렇다면 일정 부분 이런 상황을 이기는 길이 있다면, 무엇일까요? 물론 휴식은 절대적으로 있어야 합니다. 휴식을 통한 관계와 개인적, 사회적 공동체성을 회복해야 합니다. 그러나 근본적으로 더 중요한 것은, 주어진 일들을 대하는 자세와 태도가 달라져야 한다는 것입니다.

『논어』(論語)의 "옹야편"(雍也篇)에 보면, "지지자(知知者)는 불여호지자(不如好知者)요, 호지자(好知者)는 불여낙지자(不如樂知者)"라는 말이 있습니다. "아는 것은 좋아하는 것만 못하고, 좋아하는 것은 즐기는 것만 못하다."는 뜻입니다. 책 읽기를 좋아하는 사람이 책 읽기를 즐겨하는 사람을 따라갈 수 없습니다. 축구를 좋아하는 사람이 축구를 즐기는 사람을 절대로 따라갈 수 없습니다.

신앙생활도 그렇습니다. 기도에 대해 아는 자보다 기도하는 일을 좋아하는 자가 되고, 더 나아가 기도를 즐기는 자가 되어야 합니다. 하나님과 하나님 나라와 복음과 교회를 위해 봉사하고 헌신하는 일에 대해 아는 자보다 그 일을 좋아하는 자가 되고, 더 나아가 그 일을 즐기는 자가 되어야 합니다. 그것이 훨씬 바람직합니다. 무엇이든 즐기는 자가 되는 것! 바로 거기에 행복한 삶이 있습니다.

선배 목사님 한 분은 저에게 말씀하시곤 합니다. "난 이렇게 목회가 재밌어, 행복해, 감사해."

생각해 봅니다. 그 교회라고 힘들고 어렵고 아픈 일들이 없겠습니까? 그러나 그 가운데서도 항상 즐기면서 목회를 하시니, 그 목사님에게서는 행복한 목회의 향내가 풍겨납니다. 행복한 삶을 보게 됩니다. 요즘 '성공한 삶'과 '행복한 삶'이라는 화두가 마음을 칩니다. 성공한 삶보다는 행복한 삶을 따라가는 것이 젊은 세대들의 트렌드입니다. 자기들에게 필요한 재정만큼만 일하고, 나머지 시간은 자기 취미 활동이나 아이들과 가족들과 좀 더 많은 시간을 보내려고 합니다. 연봉이 적더라도 자기가 즐기는 일을 선택합니다.

생존에 치여 살았던, 지금도 그렇게 살고 있는 이민 1세대들에게는 꿈같은 이야기일 수 있습니다. 이민 1세대들은 가족들을 뒷바라지 해야만 하는 강박적 생존위기에 몰려, 원치 않아도 거의 모두가 '번 아웃 증후군', '워커홀릭 증후군'에 근접해서 살 수밖에 없었습니다. 그러는 가운데에도 잘 커간 자녀들을 바라보며 마지막 남은 일말의 보상을 느낍니다. 이제 우리 이민 1세대들도, 환경이 녹록치 않다는 것은 알지만, 그래도 내가 하는 일들을 즐기면서 '행복한 삶' 쪽으로 삶의 무게 중심을 조금씩 옮겨가면 어떨까요? 거기에서 개인이 치유되고, 가정이 회복되는 역사가 나타나게 되리라 기대하고 희망합니다. 요즘 길마다 여행을 떠나는 가족들의 행렬을 바라보며, 한여름에 잠시 생각해 보았습니다.

제5부

하나하나가 모여 다발을 이룬다

우간다 말로 '카무카무 우에'라는 말은 '하나하나가 모여 다발을
이룬다.'는 뜻입니다. 이 세상에서 혼자보다는 둘이 낫고 둘보
다는 셋이 낫습니다. 그만큼 서로가 한마음으로 뭉치면 엄청난
큰일도 해낼 수 있습니다. 이렇게 한마음으로 뭉치게 만드는
촉매가 '함께 나눔'입니다.

아름다운 비행

    날씨가 제법 선선해진 요즈음, 새벽기도가 끝난 후 집에서 가까운 존스비치로 산책을 나가곤 합니다. 하늘을 바라보면 기러기 떼가 날아가는 모습을 종종 보게 됩니다. 오늘은 그들의 이야기를 하려고 합니다. 기러기는 먹이를 찾아 이동하는 거리가 대략 지구 한 바퀴인 4만 킬로미터를 날아간다고 합니다. 이 어마어마한 거리를 날아가기 위해 기러기는, 우리가 흔히 볼 수 있듯이 v자 대형을 그립니다. 조류학자들은 연구하기를 여기에 과학적 원리가 숨어 있다고 합니다.

    첫 번째 원리는, V자 대형을 그리며 맨 앞에서 날아가는 기러기들이 힘차게 펄럭이는 날개 양력으로 인해 뒤에 따라오는 기러기들은 그 힘이 71퍼센트 정도 절약된다고 합니다. 29퍼센트의 힘만 갖고도 함께 갈 수 있다는 것이지요. 그래서 힘센 기러기들이 맨 앞에 자리 잡고, 뒤로 갈수록 약한 기러기들이 자리를 잡다가 맨 마지막에는 병든 기러기, 나이 많은 기러기, 어린 기러기들이 자리를 잡는다는 것입니다. 맨 앞의 기러기는 힘도 필요하지만 바람, 속도, 위험요소 등을 파악하여 방향을 잡아야만 합니다.

교회나 공동체에서도 깊은 영성과 경륜이 있는 성도들이 맨 앞에 자리 잡고서 날아가야 합니다. 괜히 나대는 것 같고 혹은 앞에 나서는 것이 싫어서 자꾸 뒤로만 가려고 한다면, 누가 맨 앞에서 공동체를 이끌어 갈 수 있을까요? 누가 공동체에서 천국을 이루는 본을 보일 것이며, 구원과 영생의 길로 나아가도록 인도해 가겠습니까?

공동체 안에서의 겸손을 잘못 이해하는 사람들이 의외로 많습니다. 부활하신 그리스도의 몸된 공동체를 함께 건강하게 지키고 세워나가야 합니다. '나 하나쯤'은 뒤에 있어도 괜찮을 것이라는 생각을 접고, '나 하나만큼'이라도 앞으로 나아가려고 노력해야 합니다. 앞으로 나아간다는 것은 그만큼 전체를 인도해야 할 책임을 지겠다는 각오를 해야 가능합니다. 물론 맨 앞에 갈 자격도, 실력도 없는데, 자리만 차지하려고 하는 사람들이 있는 것도 사실입니다. 그 부분은 공동체의 자정능력에 달려 있습니다.

두 번째 원리는, 기러기들은 날면서 끊임없이 "꺼억, 꺼억…" 소리를 지른다고 합니다. 가장 앞에 날고 있는 리더 기러기가 그룹 전체에게 보내는 응원의 소리라고 합니다. 교회나 공동체를 인도해 나가기 위해 앞장서는 교역자들과 성도들이 있습니다. 이들을 비난하거나 비평하거나 불평해서는 안 됩니다. 시샘하거나 질투해서도 안 됩니다. 오히려 나는 못하지만, 나 대신 맨 앞에서 공동체를 위하여 힘 있게 바른 방향으로 잘 이끌어가라고 응원의 소리를 해주어야 합니다. "나 대신 수고합니다, 참 감사합니다. 힘내세요. 기도하겠습니다." 우리들이 내야 하는 소리입니다.

세 번째 원리는, 기러기들은 날아가면서 그 자리가 시시때때로 바뀐다고 합니다. 맨 앞의 기러기들이 어떻게 계속 4만 킬로미터로 날아갈 수가 있겠습니까? 가다가 힘이 부쳐서 지치게 되면, 그동안 힘을 축적했던 그 다음 대열의 기러기들이 앞으로 나오고, 지친 기러기들은 그 뒤로 위치를 바꾼다고 합니다. 뒤에서 날면서 다시 힘을 축적하여 앞으로 나갈 준비를 하기 위해서라는 것입니다. 참으로 과학적이고도 합리적인 비행입니다. 우리도 공동체를 위하여 가장 앞장서서 수고하고 애쓰는 성도들이 지칠 때가 있습니다. 이때 "에이! 저것 봐, 그렇게 잘난 척하더니 꼴 좋다!"하고 손가락질하지 말아야 합니다. 오히려 "얼마나 힘들었어? 지금까지 수고 많이 했어! 잠깐 뒤로 와서 쉬어! 당신처럼 잘할 수 있을지는 몰라도 부족한 내가 그 봉사 자리 한번 감당해 볼게." 공동체 구성원들이 모두 다 이런 마음을 가질 때, 참 아름다운 복된 공동체가 될 것입니다.

네 번째 원리는, 대열에서 이탈되는 지친 기러기는 동료 중 두세 마리가 남아서 곁을 지켜준다고 합니다. 한 마리도 이탈 없이 다 함께 가는 것을 포기하지 않습니다. 공동체에서는 나만 잘 가는 것이 아니라, 함께 가기 위해 주변도 살펴보면서 속도도 늦춰줄 줄 아는 여유와 배려가 필요합니다.

'함께 행복하게 사는 것이 진정한 행복'입니다. 우리 공동체 안에서도 뒤처지는 형제자매들이 많습니다. 나만 달려가는 공동체가 아니라 가다가 뒤돌아보며 잠시 기다려 주고 함께 가며 배려하는 공동체가 오늘 우리의 교회이기를 소망해 봅니다. 이 가을에 우리 이민교회 공동체들이 자연에서 배우는 '이름다운 비행"이기를 소망해 봅니다.

그들은 모두 주가 필요해

　팔다리와 가슴이 뼈가 드러날 정도로 앙상하고 유독 배가 볼록한 아이들! 사진으로 많이 보았던 아프리카 어린이들입니다. 무슨 병에 걸린 걸까요? 알고 보니 그 병은 가난하기에 생기는 병이었습니다. 단백질 섭취량이 극히 적은 상태가 오래도록 이어질 때 생기는 병인데, 가나어로 '콰시오코르'입니다. 둘째 아이가 태어날 때 큰 아이가 걸리곤 하는 병입니다. 가난한 나라에서 갓 태어난 동생에게 엄마 젖을 빼앗긴 아이는 그동안 모유에서 얻을 수 있었던 양질의 성분을 계속 공급받을 수가 없게 됩니다. 그렇게 되니 단백질이 부족한 4세까지의 유아들은 머리는 커지는데, 팔과 다리 살은 빠지고 배가 불러지게 됩니다. 이런 어린아이들, '콰시오코르'들이 1년에 300만 명, 한 달에 25만 명, 하루에 8,300명, 한 시간에 347명, 일 분에 6명, 10초에 1명 꼴로 오염된 물을 마시거나 물과 관련된 질병으로 죽어간다고 합니다.

그러기에 이 아이들에게 물은 단순히 물이 아니라 생명이요 내일을 향한 꿈이요 희망입니다. "It's not just water. It's a hope for children." 그렇다고 아프리카에 깨끗한 물이 없는 것은 아닙니다. 아프리카 지하에는 깨끗한 물이 많이 흐르고 있다고 합니다. 우물을 팔 비용이 없어 깨끗한 물을 먹지 못하고 오염된 물을 먹을 수밖에 없는 것입니다. 그래서 그렇게 죽어갔고, 지금도 죽어가고 있고, 앞으로도 죽어갈 것입니다.

곧 다가오는 어린이 주일, 어머니 주일을 바라보며 스스로 물어봅니다. 과연 이 어린이들은 나에게 누구일까? 이들을 바라보는 어머니들의 마음은 어떨까? 이들이야말로 여리고 골짜기에서 강도 만나 피 흘리며 죽어가는 자가 아닐까? 정말 이들이 우리의 도움을 필요로 하는 이웃이 아닐까? 정말 이들은 지극히 작은 자 하나(소자)의 모습으로 오신 작은 예수들이 아닐까? 그렇다면 정말 나는 누구일까? 지나치고 외면하는 레위인과 제사장들은 아닐까? 선한 사마리인의 비유(눅 10:25-37)도 영생의 질문에서 시작했고, 양과 염소의 비유(마 25:31-46)에서도 결론은 영생의 길입니다.

그리스도 예수의 사람들에게 인생은 그냥 인생이 아닙니다. 영생을 준비하는 마지막 기회입니다. 우리들의 도움을 필요로 하는 우리의 이웃들은 전에도 존재했고, 오늘도 존재하고 내일도 존재할 것입니다. 항상 존재해 왔습니다. 양과 염소의 차이는, 레위인 제사장과 선한 사마리아인의 차이는 "누가 그들의 이웃이 되어주었는가?"(마 25:40, 눅 10:36)라는 데 있습니다. 오늘 나의 도움을 필요로 하는 이웃들은

'부활의 주님이 필요한 사람'들입니다. 이들에게 부활의 생명이신 예수를 나누고 섬길 때, 그들의 삶 안에, 현장 안에 죽음과 절망과 고독과 소외의 권세가 깨뜨려질 것이고, 예수 부활의 생명이 가득하게 될 것입니다.

이러한 믿음으로 사순절을 지내고 부활절을 맞은 우리 교회에서는 지난 4월 27일 주일에 뜻깊은 음악회를 열었습니다. 아프리카의 케냐 몸바사 근처의 작은 마을 우쿤다에 세워진 'Bright Angels Christian Academy'에 다니는 어린아이들과 그 마을 주민들을 후원하기 위한 음악회였습니다. 이곳은 점점 무슬림화 되어가고 있습니다. 우물을 파주는 '우물파기 후원음악', '2014 부활절 생명 동참 프로젝트—물은 생명입니다!'라는 슬로건을 내건 음악회였습니다.

아프리카에서의 물은 어린이들을 죽음으로 몰아넣는 사망의 권세입니다. 물 때문에 사망의 권세 아래 죽어가는 어린이들에게 깨끗한 물이 나오는 '우물 파주기'는 그들을 '죽음에서 생명으로' 건져내는, 부활하신 주님과 함께하는 생명 사역의 '동참'입니다. 우리의 도움이 필요한 이웃들을 그냥 지나치는 레위인과 제사장이 아니라, 자비와 긍휼과 사랑을 나누고 섬기는 선한 사마리아인으로서 지극히 작은 자(소자)를 '섬기는 일'입니다. 동시에 이슬람 마을 안에 기독교 학교 공동체를 지원하여 '생명의 물'(=생수)을 통한 복음 선교 사역입니다. 독창, 합창, 오케스트라 등 출연진만 80여 명에 이르는 음악회였습니다. 모두 다 부활절 생명 나눔에 동참하기 위해 재능기부로 이루어졌고, 음악인들이나 행사를 지원하는 이들이 함께 엄청난 은혜를 받는 귀한 시간이었습니다. 우물파기 후원금은 이날 참석한 미주한인국제기아 대책기구 사무총장인 정승호 목사에게 전달되었습니다.

해마다 부활절을 맞는 교회들과 성도들! 과연 나와 나의 교회만이 기쁜 부활절을 보내고 있지는 않으신지요? 이 부활의 기쁨을 필요한 이들과 함께 나눠 그들도 예수의 부활을 기뻐해야 합니다. 매일 스치고 지나가는 일상의 모든 사람들, 그들 모두가 '부활의 주님'을 필요로 합니다. 우리 모두 이 부활의 주님이 필요한 이웃들에게 부활 생명을 나눠주는 부활 신앙을 살아가야 합니다. 그리하여 하나님 나라와 그분의 절대주권적 통치에 쓰임받는 부활의 증인이 되시기를 소망합니다.

우분투를 아시나요?

　우분투(Ubuntu)라는 말을 아시는지요? 아프리카의 어느 동네에서 아이들이 모여 놀고 있었습니다. 이곳을 방문한 한 여행객이 아이들에게 유머러스한 제안을 합니다. "저 앞에 있는 나무에 맛있는 사탕, 과자, 초콜릿, 코카콜라를 달아놓을 테니 누구든지 먼저 달려가 그 봉지를 잡는 사람이 임자다. 그러니 이제 땅 하면 달려가라." 그러고는 "땅!"하고 외쳤습니다.

　하지만 아이들의 반응에 이 여행객은 기겁을 할 정도로 놀랐습니다. 어린이들이 너 나 할 것 없이 모두 다 힘껏 달려 나가 나무에 달린 것들을 먼저 잡으려고 할 것이라고 기대했는데, 아이들의 반응은 여행객의 예상을 완전히 뒤집어버렸습니다. 뛰어가는 아이들은 한 명도 없었습니다. 서로 얘기를 나누면서 깔깔대고 웃으며 다 같이 그 나무를 향해서 걸어가고 있는 것입니다.

여행객은 깜짝 놀라서 물었습니다. "왜, 먼저 뛰어가지 않니? 앞서서 도착하면 그만큼 몫이 많아질 텐데."

아이들이 대답합니다. "내가 가지면 제 친구들은 못 가지잖아요. 그럼 친구들이 불행하게 될 텐데요."

그 아이들의 생각인즉슨, '나의 행복이 타인의 불행이 되어서는 안 된다'는 것이었습니다. 서로가 더 많이 갖고 더 많이 누리려고 치열한 경쟁을 벌이는 우리 사회를 돌아보면, 너무나 크나큰 경종이 아닐 수 없습니다. '내 몫만 챙기면 그만이지 능력이 없어서 뒤처지는 사람까지 내가 어떻게 하겠느냐'고, '그런 것까지 내가 책임져야 하느냐'고, '그러다가 나도 불행해지면 어떻게 하느냐'고, '나라도 행복해져야 하지 않겠느냐'고 우기고 항변하기에 익숙한 우리들의 모습을 돌아보게 해주는 이야기입니다. 우리는 이런 세상과 공동체에 길들여져서 자기 정당화와 합리화로 일관하며 살아왔습니다. 이런 우리들에게 '함께 행복하게 사는 것이 진정한 행복'임을 여실히 보여준, 아프리카의 어린이들의 이야기는, 가슴에 잔잔한 파문을 일으킵니다.

'우분투'라는 말은 아프리카 반투족 말로 "네가 있기에 내가 있다."(I am because you are)라는 뜻입니다. "우분투! 당신이 있기에 내가 있습니다. 당신이 나와 항상 함께여서 참 감사하고 행복합니다." 이 말은 작년 95세의 일기로 우리 곁을 떠난 남아프리카 공화국의 넬슨 만델라 대통령이 자주 사용하고 강조해서 세상에 널리 알려지기 시작했습니다.

우리는 모두 다 다릅니다. 성도, 이름도, 자라온 환경도, 직업도,

배움도, 경험도, 성격도 같은 거라고는 거의 없습니다. 그런데 이렇게 서로 다른 우리가 만났습니다. 사람과 사람이 만나서 맺는 관계를 '인연'이라고 합니다. '연'에는 종류가 있습니다. 학교는 '학연', 고향은 '지연', 가족은 '혈연' 등등. 이외에도 믿는 자들에게는 또 다른 '연'이 있습니다. 바로 '영연'입니다. 예수 그리스도 안에서 모든 차별을 폐지하고 하나되는 '연'입니다.

이 넓은 미국 땅으로 이민 와서 살면서 아무리 가까운 가족, 친척, 친지, 지인들일지라도 매주일마다 한 번(주일예배) 혹은 매주간마다 여덟 번 이상(새벽기도회, 수요예배, 금요기도회, 주일예배, 속회 등) 만나는 그렇게나 가까운 사람들이 어디 있겠습니까? '믿는 자들'은 아주 특별하게 가장 가까운 영역 안에 있는 '영연 가족들'입니다. 이런 영연 가족의 만남은 내 유익을 구하려고 서로가 서로에게 상처주는 그런 만남이 아닙니다. 오직 예수의 이름 아래 서로의 이름을 기억하고 불러주며, 서로를 알아가고, 서로를 사랑하며, 서로를 섬기고 나눌 때, 서로가 감사하고 기뻐하며 하나가 되는 만남입니다. "당신이 있기에 내가 있습니다. 당신이 나와 함께여서 늘 감사하고 항상 행복합니다."라는 '우분투의 만남'인 것입니다.

린다 & 리처드 에어 부부의 『자연에서 배우는 행복의 기술』이라는 책이 있습니다. 그들은 여러 가지 자연의 이야기를 통해 인생의 이야기들을 써내려 갑니다. 그 중 하나가 '게'에 대한 흥미로운 관찰기입니다. 게 한 마리를 양동이에 넣으면 금방 빠져 나옵니다. 그러나 게 두 마리를 양동이에 넣으면 두 마리 모두 다 빠져나오지 못합니다. 한

마리가 빠져나오려고 하면, 다른 게가 잡아끌어 내리기 때문입니다. 게는 서로를 끌어 내리려는 본능이 있다고 합니다. 그러기에 양동이에 게를 채우면 서로 끌어 내리려고 하기에, 게는 한 마리도 빠져나오지를 못한다고 합니다.

극단적인 이기주의와 개인주의에 침식된 우리 사회와 사람들의 병든 마음을, 병든 생각을, 병든 생활을 치료하는 길은 좀 더 많은 병원을 짓는 것이 아닙니다. 우리 영혼이 살아 꿈틀거려 이웃을 사랑하고 배려하고 칭찬하고 격려하며 함께 가는 믿음과 사랑을 회복하는데 그 해답과 길이 있습니다. '내'가 살려고 '남의 눈의 티'를 보고 비판, 비난하는 세태 속에, 자기 가슴을 치며 "내 탓이오!"라는 겸손한 마음으로 '내 눈의 들보'를 보는 성숙한 믿음이 필요합니다. 그리고 그 위에 칭찬과 격려와 배려와 사랑과 감사가 나눠진다면, 당연히 아름다운 영연 공동체가 될 것입니다. 칭찬받을 만한 말과 일을 하는 것이 중요합니다. 그러나 같은 무게로, 칭찬하는 사람도 복됩니다. 무게가 5톤이나 나가는 범고래를 춤추게 만드는 것은 칭찬입니다. 격려와 칭찬과 배려는 기적을 만들어 냅니다.

'우분투의 마음'과 '그리스도 안에서의 영연'이 중요합니다. 그리고 그 안에서 이루어지는 '서로가 서로를 향한 사랑과 배려와 칭찬과 격려'는, 나와 주변 사람들의 마음과 영혼을 살리게 됩니다. 더 나아가서는 우리 모두에게 용기와 희망을 줄 뿐만 아니라, 감사와 은혜로 채워지게 됩니다.

"당신이 있기에 행복합니다. 당신이 있기에 감사합니다. 당신은 사랑받기 위해 태어난 사람입니다. 당신을 칭찬합니다, 격려합니다. 참 좋습니다. 참 잘했습니다….”

각 교회마다 성큼 다가온 여름행사들을 통하여 '우분투의 마음'을 나누며 '영연 공동체를 통한 힐링의 역사'가 일어나기를 기대해 봅니다. 성령의 도우심으로 가득 채워져서, '감사와 찬양과 은혜'의 메아리가 울려 퍼지는 한여름 밤의 꿈이 되기를 소망해 봅니다.

가서 너도 이같이 하라!

요즈음 인터넷 사이트마다 미국 대형교회 목사가 노숙자가 된 사연이 화제입니다. 주일예배가 시작되기 전, 한 노숙자가 교회 근처를 어슬렁거리며 기웃거립니다. 꽤나 교회에 관심이 있어 보입니다. 예배에 참석하러 온 교인들에게 그는 "배가 고픕니다. 음식이 필요한데 돈이 없습니다. 도와주세요."라고 말했습니다. 하지만 어느 누구도 그에게 돈이나 음식을 주거나 관심을 갖는 사람은 없었습니다. 단지 세 명만이 그에게 굿모닝 인사를 하였을 뿐, 모두 다 그를 지나쳐 교회 안으로 들어갔습니다. 예배 시간이 되어 교회에 들어간 그는 맨 앞자리에 앉았지만 예배위원들에게 저지를 당하고 차가운 시선을 받으며 맨 뒷자리에 겨우 앉게 됩니다. 곧이어 사회자가 올라와서 오늘 저희 교회에 새로운 담임목사가 부임했다는 광고를 합니다.

"환영합니다. 스티펙 목사님, 교회 영접위원과 안내위원들이 목사님을 맞이하려고 약 한 시간 전부터 교회 문밖에 나가 있었는데, 미처 영접하지 못했습니다. 죄송합니다. 목사님 오셨는지요? 목사님 오셨으면 앞으로 나오시겠습니까?"

교인들이 모두 주변을 두리번거리며 기대에 찬 눈길로 새로 부임한 목사를 찾아 고개를 돌리는 순간, 모든 교인들은 경악했습니다. 교인들에게, 안내위원들에게, 예배위원들에게 냉대를 받고 맨 뒤로 쫓겨가 눈치 자리에 앉아 있었던 그 노숙자가 벌떡 일어나 성큼성큼 강단 앞으로 걸어 나왔습니다. 바로 노숙자로 변신한 스티펙 목사였습니다. 그는 강단에 서자마자 곧바로 마태복음 25장 31절부터 40절까지를 읽어 내려갔습니다. "내가 주릴 때에 너희가 먹을 것을 주었고 목마를 때에 마시게 하였고 나그네 되었을 때에 영접하였고…." 그 구절은 누가 양이고, 누가 염소인지를 단적으로 보여주는 말씀입니다.

스티펙 목사가 성경을 읽는 동안 교인들 중엔 흐느껴 울면서 회개하는 사람들이 속출했고, 부끄러움에 고개를 떨구는 교인들이 대부분이었습니다. 스티펙 목사는 이날 오전, 주일 예배 직전에 자신이 겪었던 일들을 교인들에게 말하면서, "저는 오늘 아침 교인들이 모이는 것을 봤습니다. 하지만 오늘 우리 교회는 예수 그리스도의 교회는 아니었습니다. 세상에는 교회들도 많고 교인들도 많습니다. 그러나 제자들과 제자들이 모이는 교회는 부족합니다. 여러분들은 언제 예수의 제자가 될 것입니까?"라고 물었습니다. 그러면서 "우리 교인들은 매주 주일예배 한 시간만 하나님을 섬기기 원하는 것 같습니다. 하지만 그것은 하나님의 계획이 아닙니다. 그리스도인이 된다는 것은 당신이 믿는 것 이상입니다. 그것은 이웃과 함께 그리고 옆에서 더불어 사는 것입니다."라는 말씀으로 첫 부임설교를 했습니다. 이것이 교인수가 일만 명이 넘는 대형교회에 예레미야 스티펙 목사가 노숙자가 되어 부임한 이야기입니다.

19세기 찰스 쉘돈의 베스트셀러로 지금껏 출판되고 있는 『예수라면 어떻게 할 것인가?』(What would Jesus do?)라는 책이 떠오르는 장면입니다. 필자가 신학대학 4학년 때 광성고등학교로 교생실습을 나갔습니다. 그때 바로 길 건너 서강대학교에 노벨평화상을 수상한 테레사 수녀가 오셔서 특별강연을 한다는 소식을 듣고 참석했던 기억이 떠오릅니다. 그때 매우 인상적이어서 지금까지 내 마음속에 새겨진 이야기가 있습니다. "거지의 모습으로 분장하고 오신 예수 그리스도! 가난하고 헐벗고, 외로운 자의 모습으로 분장하고 오신 예수 그리스도! 예수 그리스도가 필요한 그들 모두가 우리의 이웃이요 형제들입니다."

성서신학자들은 복음서 가운데 기독교의 사랑을 가장 잘 나타내주는 두 개의 비유가 있다고 합니다. 하나는 하나님의 사랑을 전하는 탕자의 비유요, 다른 하나는 형제 사랑을 전하는 선한 사마리아인의 비유라고 합니다. 선한 사마리아인의 비유는 한 율법학자가 "선생님 내가 무엇을 하여야 영생을 얻으리이까?"(눅 10:25)라는 물음으로 출발합니다. 나의 도움을 필요로 하는 이웃은 전에도 존재했고, 오늘도 존재하고, 내일도 존재할 것입니다. "이웃이 누구인가?"에 대한 정의를 넘어서서 예수의 말씀처럼 "가서 너도 이와 같이 하라 하시니라."(눅 10:37) '이와 같이 해야' 합니다. 영생으로 인도하는 길입니다.

"너희가 여기 내 형제 중에서 지극히 작은 자 하나에게 한 것이 곧 내게 한 것이니라."(마 25:40) 이어 "그들은 영벌에 의인들은 영생에 들어가리라 하시니라."(마 25:46) 이제 우리 모두 '나의 도움을 필요로 하는, 주님이 필요한, 만나게 되는 이웃들'을 '그냥 스쳐 지나치는 자'가 아니라, '함께 하는 자'가 되어, 하나님 나라를 이루고 확장하기 바랍니다. 주의 영광을 선포하며, 영생의 축복을 누리는 진정한 예수의 제자들이 되기를 바랍니다. 인생은 영생을 준비하는 기간입니다.

'말'은 '생명'입니다

프랑스의 휴양도시 니스의 한 카페에는 이런 가격표가 붙어 있다고 합니다.

- ◉ Coffee! 7 Euro.   ◉ Coffee Please! 4.25 Euro.
- ◉ Hello, Coffee Please! 1.4 Euro.

우리말로 바꾸면, "커피!"라고 반말하는 손님은 1불을, "커피 주세요!"라고 주문하는 손님은 60센트를, "안녕하세요, 커피 한 잔 주세요!"라고 예의 바르고 상냥하게 주문하는 손님은 단 20센트만을 지불해도 된다는 의미입니다. 기발한 가격표를 만든 카페 주인은 손님들이 종업원에게 함부로 말하는 것을 보고 아이디어를 냈다고 합니다. 그 카페에서는 말 한마디를 예쁘게 하는 것으로 똑같은 커피를 1불의 5분의 1의 가격인 20센트로 마실 수 있는 것입니다.

우리나라 속담에도 "말 한마디로 천 냥 빚을 갚는다."는 말이 있습니다. 예쁜 말, 고운 말, 아름다운 말, 칭찬과 격려와 긍정적인 말, 믿음과 사랑과 소망이 가득 담긴 말, 감사와 기쁨과 행복한 말을 주고받아야 합니다. 말을 따라 따뜻한 마음이 전해집니다. 그 말이 사람을 살립니다. 특히 가까운 관계여서 마음 편하고 부담이 없는 부부간에, 자녀들에게, 가까운 친구나 지인들에게 혹 나이나 학력, 경력, 지위 등에 있어서 사회적으로 약하고 소외되고 외로운 지체일수록, 그리고 막 대하기 쉬운 상대일수록 더욱더 그리해야 합니다. 말한마디 때문에 상처받고 좌절하고, 말 한마디 때문에 용기와 희망을 갖게 됩니다. 말은 사람을 살리기도 하고 죽이기도 합니다.

복음은 사람을 살리는 생명의 말씀입니다. 복음이 우리들을 통하여 희미해져 가거나 사라지는 것이 아니라, 복음이 우리들을 타고 흘러가 만나지는 사람들을 살림으로써 더욱더 빛을 발해야 합니다. '말'은 '생명'입니다. 이 생명의 말이 오고갈 때 살리는 역사가 나타납니다. 무엇이든지 막히면 좋지 않습니다. 혈관이 막히면 건강에 문제가 생기고, 교통이 막히면 정체가 됩니다. 사람과 사람 사이도 막히면 온갖 오해와 불신이 생깁니다.

'붕어빵 3개에 1000원, 1개에 200원' 붕어빵 가게에 붙여놓은 가격표입니다. "이상하네, 많이 사면 더 비싸다니…" 그러던 중 붕어빵을 사러 온 남루한 행색의 할머니와 아저씨의 대화를 듣게 되었습니다.

"붕어빵 한 개만 부탁해요."

"네, 여기요. 할머니 맛있게 드세요."

가끔 찾아와 붕어빵 한 개를 사 가시는 할머니. 한 개밖에 살 돈이 없는 할머니를 위한 아저씨의 배려였고, 그 할머니로 인해 붕어빵 아저씨는 척박한 인생 안에 새로운 마음의 여유를 갖게 된 것입니다. 이렇게 서로가 서로에게 감사와 기쁨과 행복이 되었습니다. 마음과 마음이 열려 그 열린 마음의 길로 이해와 배려와 용서, 관용과 자비, 그리고 긍휼과 사랑의 말이 오고 갈 때, 거기에는 서로를 살리는 상생의 역사가 나타납니다.

하나님과 나와의 관계도 중간에 꽉 막히면 아무리 예배드리고 기도 해도 허공을 맴도는 허무하고 소모적인 시간이 될 뿐입니다. 예배드리 는 것이, 기도하는 것이 중요한 것이 아니라, 하나님이 받으시는 예배, 하나님이 들으시는 기도가 중요합니다. 하나님과 나 사이에 막힌 곳이 없이 왔다갔다 소통이 이루어져야 합니다. 그렇게 열려진 길로 예배와 말씀과 기도가 오고갈 때, 예배와 말씀이 나를 살리고 기도도 응답되는 체험을 하게 됩니다. 성령의 도우심으로 교통, 교제함이 이루어집니다.

"이것이 나의 간증이요 이것이 나의 찬송이라."고 고백하며, "나 사는 동안 끊임없이 구주를 찬양하리로다." 영광 돌리는 생활 신앙, 살아 꿈틀거리는 '믿음으로 사는 자'가 되어 '믿음의 좁은 길'을 걸어가 게 됩니다. 그리고 만나는 자들에게도 같은 생명의 체험을 나누고 전하게 됩니다. 영적으로 건강하고 생산적인 신앙입니다. 말은 '생명' 입니다.

엄마가 장난꾸러기 아들을 데리고 산에 올라갑니다. 이리저리 천방 지축으로 뛰놀던 아들이 갑자기 얼굴이 붉으락푸르락하여 뛰어와서는 엄마에게 말합니다. "엄마! 산이 나를 싫어한대!"

엄마는 조용히 아이 손을 붙들고 아이가 그 소리를 들은 곳으로 데려가서 "얘야, 나는 너를 사랑한다고 외쳐보렴."하고 말합니다. 아이가 힘껏 외치자, 조금 후에 "사랑해, 사랑해"라는 소리가 그 아이의 귀에 들리기 시작합니다. 아이가 말합니다. "산은 변덕쟁이인가 봐. 나를 싫어했다가, 사랑한다고 하고." 엄마는 아이의 얼굴을 어루만져 주며 말합니다. "아들아, 네가 산을 사랑하면 산도 너를 사랑하고, 네가 산을 싫어하면 산도 너를 싫어한단다."

그렇습니다. 누구든지 사랑받고 싶으면 먼저 사랑을 주어야 합니다. 내가 듣고 싶은 말이 있으면 먼저 내가 그 말을 해주어야 합니다. 그것이 신앙의 지혜입니다.

"남에게 대접을 받고자 하는 대로 너희도 남을 대접하라."(눅 6:31) '말'은 '생명'입니다. 점점 각박해지는 세태 속에서 '내가 하는' 믿음의 말, 은혜의 말, 희망의 말, 칭찬과 배려와 용서와 이해의 말들을 통하여, '내가 있는 곳'이 가정이든, 교회이든, 직장이든, 그 어디든 '내가 있기에, 나로 인하여' 감사와 기쁨과 행복이 있는 시간과 공간으로 변화되기를 바랍니다. 그리고 생명의 역사가 창조되는, 하나님 나라의 작은 꿈을 이 가을에 소망해 봅니다.

상생(相生)의 신앙

오래 전 중학교 때 기타를 처음 배웠습니다. 복음성가도 불렀고 팝송, 포크송도 열심히 불렀습니다. 당시 불렀던 포크송 가운데 '작은 연못'이라는 애창곡이 있었습니다. 서슬 시퍼랬던 군사독재 시절에는 한동안 남한과 북한을 연상한다는 이유 때문에 금지곡으로 분류되어 캠퍼스와 언더그라운드에서 더 많이 불렀습니다. 하지만 그 이후 금지곡에서 풀려서 '긴 밤 지새우고…'로 시작되는 '아침이슬'과 더불어 한국가요를 한 차원 끌어올렸다는 평가와 함께 지금까지도 많은 젊은이들에게 사랑을 받고 있는 곡입니다. 전 그때부터 지금까지 아직도 이 곡을 참 좋아합니다. 노랫말이 전해주는 메시지가 있기 때문입니다.

깊은 산 오솔길 옆 자그마한 연못엔,

지금은 더러운 물만 고이고 아무것도 살지 않지만,
먼 옛날 이 연못엔 예쁜 붕어 두 마리
살고 있었다고 전해지지요 깊은 산 작은 연못,
어느 맑은 여름 날 연못 속의 붕어 두 마리,
서로 싸워 한 마리는 물위에 떠오르고,
여린 살이 썩어 들어가 물도 따라 썩어 들어가
연못 속에선 아무것도 살 수 없게 되었죠.
깊은 산 오솔길 옆 자그마한 연못엔
지금은 더러운 물만 고이고 아무것도 살지 않죠.

난 이 노랫말을 무척 사랑합니다. 그래서 신학교 시절에 주일학교, 중·고등부를 지도할 때나, 목사가 되어 어른들 성경공부나 수련회를 가서도, 가끔씩은 이 노래로 역할극을 한 번씩 해보곤 했습니다. 남들보다 내가 힘이 있다고, 남들이 가지지 못한 무엇을 내가 가졌다고 내 고집만 부려 다른 사람들과 싸워서 이겨야 된다고, 지면 인생이 끝나는 것처럼 생각하는 사람들이 있습니다. 그 마음과 생각을 아무리 감추려고 애를 써도 습관처럼 내 일상에서 무의식중에 툭툭 튀어나와 주변과 부딪힙니다. 남을 짓밟고 이겨야 직성이 풀리고 위안이 되는, 무언의 중압감으로 상대방이 위축되는 걸 보아야, 자기 스스로 평화로운 사람들입니다.

그러나 결국 내가 이겼다고 생각하는 그 순간부터 연못물은 점점 썩어 들어가 싸움에서 이긴 '나'도 결국에는 살지 못하게 되고 맙니다. 이것은, '나'도 중요하지만 '우리'가 함께 살아가기 위해 꼭 필요한 것이 무엇인가에 대한 소중한 지혜를 깨닫게 합니다. 그리고 '내'가 중심이 되는 마음에서 '우리'를 생각해볼 수 있는 전환의 단초를 제공해 주고 있습니다. 더 나아가 '나만의 인생'에서 '우리라는 공동체'를 바라보며 내가 정작 포기해야 하는 것이 무엇일까를 고민하는 기회를 주고 있습니다.

나도 중요하지만 내가 속해 있는 공동체의 연못물도 아울러 함께 깨끗해야 합니다. 연못물이 썩으면 내가 아무리 살려고 발버둥 쳐도 역시 따라 썩어 들어갈 수밖에 없기 때문입니다. 나도 중요하지만 '가정이라는 연못물'도 깨끗하게 유지될 수 있도록 노력해야 합니다. 내 신앙생활도 중요하지만 '교회라는 연못물'도 썩지 않고 더 맑아질 수 있도록 땀 흘려야 합니다. 우리 교회도 중요하지만, '뉴욕 한인사회'라는 연못물도 맑고 깨끗하게 유지, 관리될 수 있도록 힘써야 합니다.

하나님은 우리를 남편으로, 아내로, 자녀로, 친구로, 동료로, 이웃으로 만나게 하셨습니다. 그리고 그리스도의 몸된 공동체인 교회를 섬기는 목사로, 성도로 우리를 만나게 하셨습니다. 이 모든 만남은 하나님께서 우리들에게 함께 사는 연못물을 가면 갈수록 더욱더 맑고 깨끗하게 만들어가라는 '상생의 인생과 신앙을 훈련시키시는 현장'입니다.

바울 사도는 말합니다. "약하고 부족한 지체들을 더욱더 존귀히 여기라… 몸 가운데 분쟁이 없도록 여러 지체가 서로 잘 돌보라… 기쁨과 아픔을 함께 느끼고 나누라… 우리 모두는 그리스도의 몸을 위해 부름받은 지체라"(고전 12:12-27).

'나'보다 '교회'를 먼저 생각하며 내려놓을 거 내려놓고, 나눌 거 나누고, 섬길 거 섬겨서 '교회의 유익과 건덕'(고전 14:12)을 구하는 믿음입니다. '나와 너'가 만나, 그 만남이 서로가 서로를 살리는, 그래서 우리 안에 '생명'이 역사하는 '상생(相生)의 신앙'이 우리들의 인생이기를 소망해 봅니다.

어느 예수 제자의 하나님 나라 이야기

필다가 섬기는 교회의 지난 나흘 동안 부흥회는 참으로 오랜만에 찾아온 은혜의 시간들이었습니다. 유명한 부흥강사도 아니고 큰 교회 목사님도 아닙니다. '아골골짝 빈들에도 복음 들고 이름 없이 빛도 없이' 세계적 빈민촌 중 하나인 필리핀 깜덴 마을에서 벌써 18년 동안 그들과 함께 살면서 사역하시는 홍성욱 선교사님이십니다. 그분이 살아온 깜덴 마을의 하나님 나라 이야기는 모두에게 참 많은 감동과 감격을 주었습니다. '그분이 그렇게 살았기 때문'입니다. 살아온 삶의 이야기는 능력이 있었습니다.

지난 18년 동안 석회석이 있는 물을 그들과 함께 마셔서 치아 28개가 다 빠져 동기와 선후배 목사님들의 도움으로 틀니를 조금씩 해 나가는 그 입을 통해서 나온 하나님 나라 이야기는, 많은 이들에게 '말씀과 순종' 속에 감추어진 비밀을 깨닫게 하셨습니다. 그는 신학교를 졸업하고 7년 동안 경북 의령 복지시설에서 마약, 매춘, 정신박약, 장애우, 버려진 노인들 등, 소외와 질병으로 일그러진 이들을 이웃삼아 섬겼습니다. 그때 그는 찾아오지도 않는 가족들을 대신해서 병원 바깥에 버려진 시체를 알코올로 닦아주고, 마지막 가는 길 새옷 한 번 입어 보라고 쌍방울표 메리야스 속옷을 깨끗이 갈아입혀 주었습니다. 그리고 옷을 입힌 후 '며칠 후 며칠 후 요단강 건너가' 찬송을 불러주었습니다. 그리고는 "하나님! 다른 목사들은 다 결혼주례도 하고, 회갑 잔치도 하는데 왜 나만 이리 장례만 치르게 하십니까?"라고 항변하기도 하였답니다.

7년 동안 무려 200번이나 장례를 치렀다고 합니다. 우동이 자장면보다 더 맛있다는 그 말에 분개해서 낫을 들고 싸우는, 말도 안 되는 현장이었습니다. 상식과 합리가 통하지 않고 폭력만이 난무한 현장에서 온갖 시련을 다 겪으며 보냈습니다. 그러던 중에 미국에 있는 한인교회에 초빙이 되어 미국에 가기 전 친구들과 함께 필리핀 여행을 떠납니다. 그리고 그 여행 패키지 중 하나인 스모키 마운틴을 방문합니다. 스모키 마운틴은 쓰레기가 산을 이뤄 너무 심한 악취가 나기 때문에 들어서기도 어려운 곳이었습니다. 그런데 그 주변에는 빈민들이 사는 마을이 있었습니다.

그들을 바라보고 있을 때, 그는 '자기에게 다가오는 예수님'을 보았다고 합니다. 그런데 그 예수님이 "성욱아, 이들도 내 자녀들이란다. 이들도 네 형제들이란다."라고 말씀하시면서 그들 속으로 걸어 들어가셨습니다. 그 속에서 그들의 눈물에 함께 우시고, 그들의 아픔에 함께 아파하시는 예수님을 너무나 뚜렷이 보았습니다. 하나님의 부르심이 었습니다. 그러나 그는 다시 한국으로 돌아와 2년 동안 이 부르심을 거부합니다. 그러던 어느 날 성령에 이끌려 결심하고 필리핀 깜덴 마을로 들어갑니다.

한두 평 남짓 되는 움막으로 지은 것이 전부인 집에서 한 가족이 삽니다. 대부분 5명 이상 8명까지 살기에 부모님들은 누워서 자지 못합니다. 항상 벽에 기대어서 잘 수밖에 없습니다. 식용유 통으로 만들어진 작은 깡통에 나뭇가지들을 넣고 불을 때서 음식을 만듭니다. 빈민마을이 으레 그렇듯이 시궁창 하천들이 사이사이를 흘러갑니다. 그곳은 대변과 소변을 해결하는 곳이라 악취가 진동을 합니다. 그러다 비가 오면 씻겨 내려가고를 반복합니다. 그 옆에 우물을 파서 식수를 해결하는데, 우기가 길고 환경이 열악하여 우물물은 수인성 질병을 일으키는 주범입니다. 이 물을 먹고 모기와 곤충들에 물려 가려서 긁으면 어느 새 그곳이 곪게 되고, 약 한 번 제대로 쓰지 못하고 다리와 팔들을 절단해야만 합니다.

"이 빈민의 악순환 속에서 이렇게 살고 있는 이들이 과연 사람일까?" 하는 물음을 스스로 던지게 됩니다. 한국의 젊고 잘생긴 선교사가 자기 마을로 들어와 같이 살지만, 그들에게는 철저히 이방인이었을 따름입니다. 그러던 어느 날 여덟 살의 어린 소녀가 그렇게 다리가 잘려 약 한 번 못 써보고 시름시름 앓다가 그만 죽게 됩니다. 가톨릭 국가인 필리핀이기에 신부를 부릅니다. 신부는 오지 않습니다. 이때 장례를 치르기 위해 영원한 이방인 홍 선교사님에게 장례를 부탁합니다. 소녀의 시체를 두 팔로 안고 비를 주룩주룩 맞으며 장례를 치르고 나자, 깜덴 마을의 장례는 모두 다 장례비용이 공짜인 그의 몫이 되었습니다. 그리고 이 장례를 통하여 차차 그들에게 들어가는 길이 열립니다. 이때 그는 깨닫습니다. 여기 오기 전 경북 의령 복지원에서 7년 동안 200구의 시체를 닦게 하셨던 하나님의 섬세하신 손길과 섭리를! 그렇게 그들과 함께 살면서 교회를 시작합니다. 따갈어 한마디도 못했지만, 그래도 복음은 교회에서 출발해야 한다는 고백 아래 교회를 시작합니다. 한국에서 이들에게 필요한 구호품들을 가져다 전해주고, 선교비로 이들에게 필요한 물품들을 사서 공급하기도 합니다.

그러던 어느 주일, 교회에 나오는 사람 하나가 이렇게 말하는 것을 듣게 됩니다. "시간 됐다, 슈퍼마켓 가자!" 교회가 슈퍼마켓이 된 것입니다. 너무나 충격을 받은 그는 성경과 십일조와 성미에 대해서 가르치게 됩니다. 그러자 교인들이, 주민들이 그에게 한국으로 돌아가라고 3개월 동안이나 보이콧합니다. "우리가 얼마나 불쌍한 사람인데 거기서 십일조와 성미를 하라고? 미치지 않았어?"라고 항변하면서 말입니다.

당시 깜덴 마을의 제일 부자가 한 달에 100불을 벌었습니다. 그런데 거기서 10불을 십일조하면 90불을 가지고 8명의 식구들이 한 달을 버텨야 합니다. 그러니 십일조를 하느냐 마느냐 하는 것은, 삶이냐, 죽음이냐 하는 생존의 문제였습니다. 그러나 그는 나눔 속에 감추어진 하나님의 축복을 확신하고, 18년 동안 굽히지 않았습니다. 하루에

1불을 벌지 못하는 그들, 3불이 없어 죽어가는 그들에게 들어가, 그렇게 그들과 똑같이 18년을 살았습니다.

그 결과 현재 깜덴 마을 교회에 나오는 200가정 가운데 60가정이 십일조와 성미를 하게 되었습니다. 이것들로 자기와 같거나 자기보다 더 가난해서 죽어가는 빈민들에게 쌀을, 내팽개쳐진 어린아이들과 노인들에게 우유를 나눠주고 있습니다. 그러면서 그들은 행복해 하고 감사해 합니다. 나눔 속에 감춰진 하나님의 비밀은 '행복'이었습니다.

이어 초진비용 3불이 없어 자기 병이 무엇인지조차 모른 채 병을 키워 죽어가는 수많은 빈민들을 위한 무료병원인 사랑 나눔병원, 질병과 빈곤에 무방비로 놓여 있는 어린아이들에게 하루에 우유 하나와 빵 하나를 나눠주며 성경을 읽어주고 소망을 심어주는 나눔 유치원, 그리고 교회 안에서 예수 만나 자기의 인생을 비로소 난생 처음 설계하는 젊은이들을 지원하는 꿈 장학회, 깜덴 마을에 들어와 깨지고 내려놓으며 도전을 받는 한국과 미국 등지에서 찾아온 수많은 단기 선교팀들을 위한 깜덴 영성 훈련원 등을 세워 사역하고 있습니다. 하나님의 역사가 그렇게 나타납니다.

부흥회 내내 가슴을 치고 들어온 홍성욱 선교사님의 하나님 나라 이야기는, 그렇게 모든 성도들과 교회를 선한 영향력으로 흔들어 놓았습니다. 그것은 단 한 가지 '크리스천으로 그렇게 살았기 때문'입니다. 성령의 역사입니다. 오늘 선선한 가을바람을 맞으며 그냥 그렇게 살아간 어느 예수 제자의 하나님 나라 이야기를 독자들과 나누고 싶었습니다.

"임금이 대답하여 이르시되 내가 진실로 너희에게 이르노니 너희가 여기 내 형제 중에 지극히 작은 자 하나에게 한 것이 곧 내게 한 것이니라"(마 25:40).

작은 세상에서의 꿈

"휴가 180일, 5년마다 해외여행, 근무시간은 하루에 7시간, 정년 70세, 평균 연봉 6000만원, 1년 휴가 180일! 샐러리맨들에게는 꿈의 직장이며 CEO들에게는 배움의 경영철학이 있는 이곳은 일본의 '미라이 공업'입니다."

누구나 이런 회사가 잘 돌아갈 리가 있느냐는 의문을 한번쯤은 품을 수도 있습니다. 심지어는 사장이 미쳤다고 할 정도로 회사보다 직원의 복지에 온 힘을 쏟는 이 회사는 일본 내 동종업계에서도 매출 1위를 달리고 있는 우량기업입니다. 해마다 전 직원들의 이름이 쓰여 있는 쪽지를 선풍기 바람에 날려 과장을 뽑습니다. "이번에는 자네가 과장이야!", "어차피 똑같아. 아무나 맡겨도 잘 해. 믿고 맡기면 성과는 자연스레 나오게 되어 있어!"라고 격려를 합니다.

사내 게시판에는 "모든 직원들은 이유, 내용 불문하고 제안서를

내면 상금을 받는다. 횟수, 내용 절대 상관없이!"라는 공고가 항상
붙어 있습니다. 직원들이 제안한 내용에는 비용절감에 대한 내용부터
직원과 회사가 모두 원-원(win-win) 할 수 있는 획기적인 전략들이
많이 올라온다고 합니다.

"직원들 책상마다 달려 있는 스위치는 자리에 앉을 때만 불을 켜도록
하자! 복사기는 단 한 대만 놓자!"

그렇다면 300명이 일하는데 직원들이 이를 불편하게 여길까요?
아닙니다. 그렇게 절약한 돈으로 직원들에게 5년에 한 번 해외여행을
보내준다면, 기꺼이 기쁜 마음으로 복사 순서를 기다리고 전기를
아껴 쓰게 되지 않을까요?

"인간이야. 기계가 아니라 인간! 어떤 기업은 원가를 맞추기 위해
월급을 낮추고 직원들을 많이 부려먹지. 그럼 사원들이 신나서 열심히
일할까? 택도 없는 소리지. 회사가 힘들수록 사원을 기쁘게 해야
해. 그래야 발전하는 거야. 왜? 사원들은 인간이니까. 인간은 즐거울
때 더 열심히 하니까."

미라이 공업 창업자인 야마다 아키오의 마인드입니다. 이렇게 '사원
이 행복해야 기업이 성장한다.'는 미라이 공업에는 해마다 100대
1의 치열한 경쟁률이 말해주듯이, 직장을 원하는 사람들에게 가장
가고 싶은 기업으로 꼽힙니다.

이상은 제 이메일로 좋은 이야기들이 오는데, 정확한 출처는 기억하
지 못하지만 그 중의 하나입니다. 이를 나누고 싶습니다. 만약 제가
직장인이었다면, 아마도 모든 직장인들이 "이런 회사에 들어가고

싶다, 부럽다."는 마음을 가질 것입니다. 이 회사의 근간은 무엇일까요? '믿음과 신뢰'라고 생각합니다. 사주와 사원이, 사원과 사원이 서로 믿고 신뢰하는 가운데 혁신적인 개혁과 효율성의 극대화가 이루어져 모두가 원-원 하는 게 아닐까요?

아마도 이들은 그 경험을 가정으로, 친구와 이웃들에게로, 세상으로 가져가 그대로 적용하며 살게 될 것입니다. 이들의 작은 행진은 '함께 나누며 신뢰하는 세상'을 이끌어 가는 작은 시냇물들이 되어, 강으로 합쳐지고 마침내 바다로 연결될 것입니다. 제가 어릴 때부터 즐겨 불렀던 '작은 세상'이라는 노랫말이 생각납니다.

"함께 나누는 기쁨과 슬픔, 함께 느끼는 희망과 공포, 이제야 비로소 우리는 알았네, 작고 작은 이 세상, 산이 높고 험해도, 바다 넓고 깊어도, 우리 사는 이 세상 아주 작고 작은 곳! 험한 길 가는 두려운 마음, 우리 걸으면 기쁨이 넘쳐, 이제야 비로소 우리는 알았네, 작고 작은 이 세상, 산이 높고 험해도, 바다 넓고 깊어도, 우리 사는 이 세상 아주 작고 작은 곳!"

오늘의 교회와 성도를 생각해 봅니다. 100대 1이라는 경쟁률을 뚫고 미라이 공업에 들어가고 싶듯이, 예배드리러 가고 싶어 환장하는 교회! 교인총회가 되면 선교부장, 교육부장, 관리부장, 재무부장, 당회원, 기획위원 등등의 쪽지를 날려, 하고 싶은 사람들이 날라 다니는 쪽지 붙들어 봉사하는 교회! 하나님께서 진정 원하시는 성서적 교회를 위한 제안서들이 교회 곳곳에 붙어 있는 교회! 이것을 권위에 대한 도전이라고 생각하지 않고 창조적 도전이라고 생각하며 끊임없이 자기계발과 혁신이 이루어지는 교회! 목사와 성도들이 서로 딴 생각 품고 신경전을 펼치며 불편하게 보내는 것이 아니라, 서로가 서로를 믿고 신뢰하며 밀어주는 정직한 교회! 주일학교 교실이 부족해도, 주차장이 없어 길가에서 주차 전쟁을 해도, 남의 교회를 빌려 쓰고 있어도, 교회 안에서 김치냄새 풍기면 안 되어 허구 헌 날 베이글 먹어도, 전혀 불편해 하거나 창피스러워하지 않고 오히려 이런 우리 교회를 다닌다는 것 자체로만으로도 행복하고, 뿌듯하고, 자랑스럽고, 자부심을 갖는 성도들!

오늘날 사회가 교회와 목회자와 성도들을 바라보며 걱정하고 근심하며 지탄하는 세태 속에서, 이런 행복한 교회와 성도들을 꿈꿔 봅니다. 이런 교회와 그 교회 때문에 즐거워 미쳐 신명난 성도들이 각각 가정으로 돌아가, 친지와 친구들, 그리고 이웃과 세상에 들어가 그 경험을 함께 나누는 '작고 작은 이 세상'을 노래 한 번 중얼중얼 불러 봅니다. 객기일까요? 아름다운 소망일까요? 객기라고 치부해 버려도 좋지만, 적어도 이런 꿈을 잃지 않고 살고 싶은 자기 몸부림이 각자의 인생과 신앙의 중심에 살아 있어야 하지 않을까요? 다시 한 번 꿈꿔 봅니다. 내가 살고 있는 작은 세상에서 성서적 교회와 성서적 신앙의 회복을!

내 손안에서 둘이 하나 되리라!

얼마 전 큰아들이 여러 나라를 돌아 한국에 간다고 출장을 떠났습니다. 그때가 목침지뢰 사건으로 출발하여 포격 사건과 남북의 긴장이 양극점으로 가파르게 상승하던 때라 마음앓이를 했습니다. 다행히 일단은 진정 상태가 되었고, 전화위복의 기회를 맞은 거 같아 마음이 놓입니다. 얼마 전 우리는 광복 70주년을 지났습니다. 이스라엘 민족의 유월절과 한민족의 광복절을 생각해 봅니다. 애굽의 지도자 바로와 이스라엘의 지도자 모세를 비교해 볼 때, 당시 애굽의 바로는 주변 지역들을 정복할 수 있는 최고의 군사력이 있었습니다. 반면 모세는 80세의 노인으로 누더기 옷을 걸치고 목동에게 필요한 지팡이 하나가 전부였습니다. 지팡이 하나로 세계 최강의 군대를 가진 애굽의 바로를 어떻게 당해낼 수가 있었겠습니까? 이 모든 것은 단연코 하나님의 은혜로 이뤄진 역사였습니다. 그래서 출애굽, 유월절 기억과 기념의 핵심은 "기억하라." 그리고 "하나님의 은혜에 감사하라."는 것입니다.

광복 70주년을 맞아 생각해 봅니다. 입으로 담기 어려울 정도의 만행을 저지른 1940년대 당시의 일본은, 모세 당시의 애굽과 마찬가지로 지상에서 강력한 군대 중 하나였고, 우수한 전술과 무기를 소유했습니다. 수많은 애국지사들이 독립을 위해 나라 안팎 여기저기에서 투쟁했지만, 당시 일본은 조선이 때려 부수고 광복을 맞이할 수 있는 그런 나라가 아니었습니다. 유대인들의 독립인 출애굽과 유월절을 하나님께서 역사하신 것처럼, 바벨론을 들어 이스라엘을 멸망시키고, 다시 페르시아를 들어 바벨론을 멸망시키고 포로로 잡혀간 이스라엘 백성들을 귀환시키시는 하나님이셨습니다. 역사의 수레바퀴를 주관하시는 그 하나님께서 이 나라 저 나라를 들어 사용하시고 미국을 들어 일본을 항복하게 만드신 것이 우리의 해방이요, 광복입니다.

우리 조선이 강해서도 아니고 일본이 약해서도 아니요, 오직 하나님이 하신 일입니다. 1910년부터 1945년까지 36년 동안, 삼천리강산 2천만 민족을 통째로 삼킨 지 날짜로 계산해서 12,771일 만에 일본은 한국을 토해냈습니다. 그것이 해방이고, 그것이 8.15 광복입니다. 그래서 유월절과 같이 광복절의 핵심도 "기억하라." 그리고 "하나님의 은혜에 감사하라."는 것입니다. 우리나라는 지금부터 50년 전만 해도 세계로부터 오는 구제품으로 연명하던 나라였습니다. 그러나 지금은 무역 규모가 1조 달러로 세계에서 11번째, 배를 설계해서 만드는 선박 건조량 세계 1위, 자동차 생산 세계 5위, 국내 항구와 공항에서 처리하는 화물량도 각각 세계 5위, 얼마 전 보도된 바에 의하면, 세계 237개국 가운데 '대한민국 파워 세계 13위"라고 합니다. 외형상으로 세계인구의 0.7퍼센트, 세계 전체 넓이의 0.07퍼센트에 불과합니다. 세계지도를 보면 중국에 붙어 있는 호랑이 모양의 작은 나라, 그것도 그 절반인 한국이 이런 막강한 국가 경쟁력을 지닌 나라가 되었습니다. 이것은 한민족 특유의 근면 성실성도 있겠지만, 대한민국, 한민족을 사랑하시는 하나님의 은혜요, 마지막 때에 한국교회를 들어 쓰시기 위한 하나님의 역사입니다.

이렇게 우리는 광복 70주년을 맞이했지만 아직도 불완전한 독립이요 해방입니다. '광복의 완성인 평화통일'을 이루어야 합니다. 에스겔서 37장 15절 이하 말씀에 한민족을 대입시켜 봅니다. "막대기 하나에다가 대한민국과 그의 자손들, 다른 막대기 하나에다가 북한과 그의 자손들이라고 쓰라. 그리고 두 막대기가 하나 되게 그 막대기를 연결시켜라. 그것들이 내 손에서 둘이 하나가 되리라." 즉 분단국인 한반도, 한민족의 남과 북이 하나되는 것은 정치, 군사, 외교, 경제 등등이 아니라, "내 손안에서 둘이 하나 되리라!"는 것입니다. 하나님이 하십니다.

1980년부터 니콜라이 교회에서 시작되어 매주 모이는 월요기도회는 10년 이상 계속되면서 독일 통일의 도화선이 되었습니다. "기도해야 합니다." 독일통일의 아버지라고 불리는 서독의 콜 수상이 1990년 5월에 한국을 방문했습니다. "언제쯤 독일이 통일되리라고 봅니까?"라는 질문에 "역사의 신이 돕는다면 한 십년은 걸리지 않겠습니까?"라고 대답했습니다. 그로부터 단 5개월이 지난 1990년 10월, 독일은 통일됐습니다.

"준비해야 합니다." '광복의 완성인 통일'을 달라고, 남북 적대구조의 전쟁이 재발하지 않고 '평화 통일' 되게 해달라고, 예수 믿는 우리들 마음 안에 예수 그리스도 십자가 세워 남북의 '사람들과 마음의 분단의 벽'을 허물게 해달라고, 교회와 크리스천들인 우리를 들어 한반도, 한민족 평화통일을 위해 사용케 해달라고 기도해야 합니다. 준비해야 합니다.

자녀들 세대에는, 부산-서울-개성-평양-신의주-단동-북경-몽고-시베리아-모스크바-독일-스위스-프랑스-영국까지 한반도, 한민족의 기차가 달려야 합니다. 그 철길을 따라 한류의 세계화를 꿈꾸는 수많은 작은 거인들의 걸음걸음들이 이어집니다. 통일 이전에도 세계 13위의 국가 경쟁력인데, 통일 후의 국가경쟁력은 과연 얼마나 될까? 한반도, 한민족의 웅비론을 그려보면 가슴이 벅찹니다. 자녀들에게 물려줄 한민족 유산입니다. 그 비전이 현실이 될 수 있도록 기도하고 최선을 다해야 합니다. 역사의 주관자는 하나님이시기에 말입니다.

감동의 양육

어느 날 간디를 찾아 먼 길을 아들과 함께 걸어온 한 어머니가 있었습니다. "선생님, 제발 도와주세요. 제 아들이 설탕을 지나치게 좋아해요. 건강에 나쁘다고 아무리 타일러도 제 얘긴 듣지 않아요. 그런데 제 아들이 간디 선생님을 존경해서 선생님께서 끊으라고 말씀해 주시면 끊겠다는군요."

간디는 잠시 소년을 바라보더니 어머니께 말했습니다. "도와드리겠습니다. 하지만 보름 뒤에 아드님을 데려오십시오."

어머니는 간디에게 간청하며 다시 말했습니다. "선생님, 저희는 아주 먼 길을 걸어 왔습니다. 오늘 제 아들에게 설탕을 먹지 말라는 한마디만 해주세요."

간디는 다시 소년을 바라보더니 말을 이어갔습니다. "보름 뒤에 다시 아드님을 데려오십시오."

더는 간청할 수 없었던 어머니는 야속했지만, 보름 뒤 아들을 데리고 다시 간디를 찾아왔습니다. 간디는 소년에게 말했습니다. "얘야, 설탕을 많이 먹으면 건강을 해치니 먹지 않는 것이 좋겠구나!"

설탕을 먹지 않겠노라 약속한 아들을 보며 고마운 뜻을 거듭 전하던 어머니는, 궁금한 것이 생각나 간디에게 물었습니다. "선생님 보름 전에 찾아뵈었을 때, 왜 보름 후에 다시 오라고 하신 건가요?"

간디는 어머니에게 말했습니다. "사실 저도 설탕을 좋아했습니다. 보름 전에도 설탕을 자주 먹고 있었기 때문에 설탕을 먹지 말라고 하기 전에 제가 먼저 끊어야 했습니다."

가슴에 잔잔한 감동이 있습니다. 남을 바라보기 전에 먼저 자신을 바라보는 마음입니다. 남에게 대접을 받고 싶으면 그렇게 먼저 너도 대접하라는 황금률이 떠오릅니다. 우리가 타인의 잘못을 지적하기 전, 자신을 먼저 돌아보는 습관을 갖는다면 내가 먼저 모범이 될 것이고, 말과 행동이 일치하는 삶을 산다면 우리들에게 가장 어울리는 단어는 '존경'이 될 것입니다. 성경은 이를 '양육'(Peideia)이라고 말합니다. 교육과 양육은 다릅니다. '교육'(Pedagogy)은 가르치면 됩니다.

도둑인 아빠가 자기 아이들에게 "얘야, 도둑질은 참 스릴 있고, 환상적인 직업이야. 너도 이다음에 커서 아빠처럼 멋진 도둑의 삶을 살아봐, 참 보람되고 가치 있는 인생이야."라고 가르치지는 않습니다. 자기가 도둑질해도 자녀들에게는 도둑질하지 말라고 가르칩니다.

그렇게 교육할 수 있습니다. 그러나 양육은 다릅니다. 부모된 우리들이 항상 정직하고 진실하게 살아야, 그 모습이 자녀들의 삶속에 어느덧 녹아 들어가 자녀들도 정직하고 진실하게 살게 됩니다. 이것이 바로 양육입니다. 간디는 자기도 설탕을 즐기면서 자기를 찾아온 어머니와 아들에게 설탕은 건강에 좋지 않으니 먹지 말라고 말할 수 있었습니다. 그러나 간디는 그렇게 교육하지 않았습니다. 먼저 자기가 자기에게 설탕을 끊을 수 있는 시간, 보름을 줍니다. 그리고 그는 설탕을 끊은 뒤인 보름 후에 어머니의 손을 잡고 찾아온 아이에게 설탕은 건강에 좋지 않으니 끊으라고 말합니다. 간디는 양육했습니다.

오늘날 나는 부정직하게 살아도 남들이 부정직하게 살면 손가락질 하며, 정직하게 살라고 말합니다. 거기에는 어떤 감동이나 영향력이 없습니다. 내가 먼저 정직하게 살고 함께 나누는 삶에 감동이 있고 영향력이 있습니다. 부모의 삶이 바뀌지 않는 한, 자녀의 삶은 절대 바뀌지 않습니다. 무릎 꿇고 기도하는 부모님의 모습을 보고 커간 자녀들이 무릎 꿇고 기도하게 됩니다. 돋보기 너머로 성경을 보는 부모님의 모습을 보고 커간 자녀들이 성경을 보게 됩니다. 앞치마 두르고 교회에서 봉사하는 부모님의 모습을 보고 커간 자녀들이 커서도 봉사합니다. 피스 메이커로 살아가는 부모님의 모습을 보고 커간 자녀들이 피스 메이커가 됩니다.

엄마들은 "쟤는 누구 닮아서 저렇게 정신이 없어."라고 말하곤 합니다. 그런 모습을 볼 때마다 저는 속으로 "엄마 닮았지." 합니다. 보여주는 대로 자라는 게 자녀들입니다. "또 아비들아 너희 자녀를 노엽게 하지 말고 오직 주의 교양과 훈계로 양육하라"(엡 6:4). 모세의 뒤에는 어머니 요게벳의 신앙이 있었고, 사무엘의 뒤에는 어머니 한나의 기도가 있었고, 디모데의 뒤에는 어머니 유니게의 믿음이 있었고, 성 어거스틴의 뒤에는 어머니 모니카의 기도가 있었고, 웨슬리의 뒤에는 어머니 수산나의 신앙이 있었고, 링컨의 뒤에는 어머니 낸시의 믿음이 있었습니다.

5월은 가정의 달입니다. 어린이주일, 어머니주일을 지킵니다. 말씀대로 살지 못해 항상 안타깝지만, 그래도 말씀대로 한번 살아보려고 힘쓰고 애쓰는 엄마, 아빠의 몸부림, 그 모습을 보고 그렇게 커간 자녀들에게 하나님께서 만남의 축복과 형통의 역사를 허락하실 것입니다. 우리 모두 이런 엄마, 이런 아빠, 이런 자녀들, 이런 가정이 되시기를 축복합니다.

역사에서 답을 찾는다!

    한 선교사 가족을 소개하려고 합니다. 제임스 홀, 로제타 홀 선교사 부부입니다. 제임스 홀은 스크랜턴이 세운 '시병원'에서, 로제타 홀은 '보구여관'에서 각기 일하면서 복음을 전했습니다. 제임스 홀은 평양으로 가서 청일 전쟁 이후 부상병들과 많은 백성들을 치료하다가 과로로 쓰러졌고 디프테리아까지 걸려 죽을 지경이 되었습니다. 그러자 평양에 먼저 와 있던 모펫 선교사가 평양에서 인천까지 배편을 마련해 줍니다. 그는 인천에 도착하여 일주일 정도 지나서 부인의 품안에서 "내가 평양 오지 전쟁터에서 죽을 수도 있다는 것을 알고 갔다가 죽게 되었다고 나를 원망하지 마십시오. 나를 평양에 보내신 하나님을 원망하지 마십시오. 평양과 같이 완악한 성을 변화시키기 위해서는 누군가 희생제물이 필요하다는 것이 하나님의 뜻입니다. 내가 그 첫 번째 희생제물이 된 것을 감사하기 바랍니다."라는 유언을 남기고 세상을 떠납니다.

그때 아들인 셔우드 홀은 만 한 살이었고, 뱃속에는 일곱 달 된 아기가 있었습니다. 로제타 홀은 안식년을 겸해서 미국에 와서 아기를 낳았는데, 딸이었습니다. 로제타가 "하나님! 할 일 많아 우리 부부를 조선에 보내셨는데, 당신은 왜 남편을 데려가셨나요?"라고 기도할 때마다 하나님은 그녀에게 동일한 음성을 들려주십니다. "네가 할 일이 많다. 조선으로 다시 가라."

그녀는 하나님의 음성에 순종하여 어린 아들과 딸을 데리고 다시 조선으로 갑니다. 남편이 못 다한 일을 하자고 마음먹고, 평양으로 올라가 남편 제임스 홀 박사를 기념하고자 '기홀 병원'과 평양 최초의 여성병원인 '광혜여원'을 세웁니다.

얼마 후 미국에서 낳아서 데리고 온 딸이 만 세 살이 되던 해에 이질에 걸려 죽게 됩니다. 이 어린 딸을 아빠가 묻혀 있는 마포 양화진에 함께 묻기 위해 엄마인 로제타 홀은 이 길을 걸으면서 일기를 씁니다. "생전에 보지 못한 아빠 얼굴 보고 싶어 아빠 옆에 묻히고자 내 딸은 평양에서 서울로 갑니다. 이 길이 아빠가 평양을 구원하기 위해 수도 없이 걸어 다녔던 바로 그 길입니다."

이제 하나 남은 아들인 셔우드 홀은 3살에 아빠 제임스 홀을 잃어버리고 5살 때 동생 에디스 홀을 잃어버립니다. 그는 아빠와 동생을 앗아간 조선이 싫어 미국으로 돌아가 비즈니스 스쿨을 다니고 미국에서 살겠다고 입버릇처럼 말합니다. 1906년 하디 선교사가 평양 남산현 교회에서 부흥회를 인도합니다. 바로 그때 이 열세 살 난 셔우드 홀이 거기에 앉아 있었는데, 은혜와 성령이 물 붓듯이 내려옵니다. 그는 하나님 앞에 서원합니다. "나도 우리 엄마, 아빠처럼 의사가 되어 조선에 뼈를 묻겠습니다. 복음으로 조선을 구하는 일을 하겠습니다."

그는 미국으로 돌아가 메디컬 스쿨을 졸업하고 의사가 됩니다. 당시 조선에는 폐결핵 환자가 엄청 많았습니다. 셔우드 홀은 "나는 조선의 폐결핵을 퇴치하는 운동에 앞장서겠다."고 결심하고 조선으로 돌아와 그의 아내인 메리안 홀과 함께 폐결핵 퇴치운동에 앞장섭니다. 크리스마스 씰을 만들어 결핵 퇴치 운동을 벌인 사람이 바로 셔우드 홀입니다. 이 부부도 양화진 묘지에 묻혔습니다.

마포 양화진 선교사 묘지에 가면, 조선에 파견된 선교사 중 최초로 순직한 윌리엄 제임스 홀, 그의 아내인 로제타 홀, 그들의 아들인 셔우드우드 홀, 며느리인 메리안 홀, 어린 시절 사망한 에디스 홀 등 한 가족 다섯 명이 모두 묻혀 있습니다. 어린 시절 사망한 에디스 홀을 제외한 나머지 네 명이 조선 땅에서 복음을 전하고 의료 선교사로 봉사한 기간을 합치면 무려 73년이나 됩니다. 이들은 의사라는 좋은 직업과 미국이라는 편하게 떵떵거리고 잘살 수 있는 환경을 뒤로 하고, 조선 땅을 향하신 하나님의 선교를 위해 도구로 사용되다가 모두 다 그렇게 하나님 나라로 갔습니다.

이들 선교사의 삶은 한마디로 '희생과 헌신'이었습니다(요 12:24). 오늘 우리들과 교회는 바로 이런 선교사들의 희생과 헌신 위에 세워졌습니다. 그러나 오늘 우리들의 신앙은 어떻습니까? 오늘 우리들의 교회는 어떻습니까? 나만 복 받고, 나만 잘 되고, 우리 교회만 부흥하면 된다는 이기적인 신앙에 빠져 있지 않습니까? 나에게서 주님과 교회를 위한 희생과 헌신이 사라졌습니다. 교회에서 하나님 나라에 대한 열정어린 희생과 헌신이 사라졌습니다. 역사에서 답을 찾는다면 이제 우리는 개인적인 신앙, 이기적인 신앙을 깨뜨리고 나와야 합니다.

우리 후손들에게 하나님 나라의 더 넓은 지평을 선사하기 위하여, 이 땅에 전쟁이 그치고 평화로운 세상을 만들기 위하여, 배고파 병들어 죽어가는 이웃들을 돌보며 함께 살아가는 상생의 세상을 만들기 위하여, 남과 여, 가진 자와 못 가진 자, 많이 배운 자와 못 배운 자 등등의 모든 차별이 없어져야 합니다. 그리고 억울한 자가 없는 공의로운 세상을 만들기 위하여 오늘 우리들에게, 우리 교회에 필요한 것이 무엇입니까? 역사에서 답을 찾습니다. 바로 '나와 교회의 희생과 헌신' 입니다. 그 위에 하나님 나라는 세워지고 넓혀져 갑니다.

오늘 아버지께서 일하시니 나도 일해야 합니다(요 5:17). 복음은 나와 우리 교회 앞에서 멈춰서는 안 됩니다. 구원 받았으니 구원시키고, 은혜와 축복을 받았으니 내가 그리고 우리 교회가 그 통로가 되어 베풀고 나누어야 합니다. 하나님 나라를 위하여!

갈대 크리스천

지난 6월 한 달 동안은 안식월로 재충전을 위해 한국을 다녀왔습니다. 한국을 다녀오신 성도들이 모두 이구동성으로 "목사님, 사모님, 이번에 한국 가시면 꼭 가보세요!"라고 추천했던 곳이 전라남도 순천이었습니다. 그래서 순천을 다녀왔습니다. 순천에 도착하니 몇 년 전 제가 섬기는 참사랑교회의 부흥회를 인도하셨던 낙도 전도 왕 반봉혁 장로님과 장로님이 섬기시는 순천 왕지교회 김용태 목사님이 나오셔서 극진히 안내해 주셨습니다. 반 장로님과 김 목사님 두 분 모두 순천에서 태어나 지금까지 그곳에서 살아오셨습니다. 그분들을 따라 현지 사람들만 아는 허름한 골목길 맛집들을 많이 다녔습니다.

순천만은 말 그대로 습지입니다. 습지만 15만 평으로 세계 3대 습지로 꼽힙니다. 습지를 한 바퀴 돌고 꼭대기 전망대까지 올라가면 위에서 습지 전체를 볼 수 있습니다. 롱아일랜드 쟌스 비치처럼 보도

블록으로 길을 아주 잘 만들어 놓았습니다. 헤엄치는 것이 아니라 폴짝폴짝 습지를 뛰어다니는 순천만의 명물인 짱뚱어라는 작은 물고기, 그리고 왼쪽 발과 오른쪽 발의 크기가 아주 다른 독특한 작은 게들이 습지 구멍구멍에서 나와 이리저리 다니는 모습을 바라보았습니다. 그러면서 갈대숲이 내는 아름다운 소리를 들으며 걷는 재미가 쏠쏠하였습니다.

순천만의 보도 블럭 산책에 이어 약 40분 동안 배를 타고 안내원의 설명을 들으면서 순천만 곳곳을 다녔습니다. 안내원의 설명 가운데 저에게 은혜가 되는 내용이 있어, 순천만 갈대 이야기를 나누려고 합니다. 습지는 말 그대로 습지입니다. 순천만 습지의 가장 큰 특징은 갈대밭입니다. 갈대가 동서남북 사방으로 숲을 이루어 바람이 불 때마다 갈대가 흔들리면서 그때마다 매번 다른 아름다운 소리를 선사합니다. 훌륭한 오케스트라도 좋은 화음을 선사하지만 세상에서 제일 가는 아름다운 소리는 하나님이 창조하신 자연의 소리라는 것을 다시 한 번 깨달았습니다.

독자 여러분들도 기회가 되면 들려보시기를 추천합니다. 갈대소리를 들으며 배를 타고 가는데, 아래를 보니 순천만의 물은 흙탕물 그 자체였습니다. 물속이 보이지 않는 아주 더럽고 탁한 물이었습니다. 그런데 놀랍게도 이 흙탕물이 가장 깨끗한 물인 1급수라고 합니다. 그것을 증명이라도 해보이듯이 1급수에서만 사는 각종 새들과 물고기들이 살고 있었습니다. 안내원이 설명하기를 우리들 눈에 보이기에 더럽고 탁한 순천만 물을 이렇게 깨끗한 1급수의 물로 만들어 주는 것이 바로 갈대라고 합니다.

갈대는 두 가지 특징을 가지고 있습니다. 첫 번째 특징은 정화, 자정 능력입니다. 갈대는 물속의 더러운 균들과 나쁜 요소들을 다 자기가 빨아들입니다. 그런데 여타의 식물들처럼 정화 작용 후 나쁜 것들을 다시 대기로 방출해 버리지 않습니다. 갈대는 더러운 물을 정화시키고는 빨아들인 나쁜 물질들을 자기 안에서 스스로 없애 버린다고 합니다. 참 놀라운 일이요, 하나님이 창조하신 자연의 섭리가 아닐 수 없습니다.

갈대의 또 다른 특징은, 자기가 필요한 곳을 찾아간다는 것입니다. 갈대는 더럽고 탁하고 나쁜 물이 있는 곳을 찾아가 뿌리를 내리고 자라납니다. 그래서 그 물을 정화시켜 1급수 물을 만들어 냅니다. 그러기에 순천만의 지형은 이리저리 생겨나는 갈대 숲 때문에 계속 바뀌어 간다고 합니다. 순천만은 원래 더럽고 탁한 물만 있는 습지이지만, 이런 갈대들 때문에 깨끗한 1급수를 유지할 수가 있습니다.

이 설명을 듣는데, 불현듯 마음을 치고 들어오는 것이 있었습니다. 바로 '갈대 크리스천'이라는 단어였습니다. 우리 크리스천들도 이렇게 갈대와 같아야겠다는 마음을 갖게 되었습니다. 하나님이 스스로 창조하신 자연을 통해 우리들에게 전해주시려는 그 메시지를 만난 것 같았습니다. "너희는 세상의 빛과 소금이 되거라. 어두움을 밝히는 빛, 그리고 세상이 썩지 않도록 소금의 역할을 감당하거라!"는 예수님의 말씀이 가슴을 쳤습니다.

우리들의 가정에서, 우리들이 섬기는 교회에서, 세상에 나가서,

크리스천들은 갈대가 되어야 하지 않을까요? '갈대 크리스천'인 내가 있기에, 내가 있는 내 가정 안에, 내가 있는 교회 안에, 내가 있는 세상 안에, 불신앙과 불의와 욕망과 정욕 등 나쁘고, 탁하고, 더럽고, 어둡고 악한 기운들이 더 이상 설 자리가 없어져야 합니다. 그런 기운들을 '갈대 크리스천들'이 다 빨아들여서 정화시켜야 합니다. 성령의 임재를 사모하고 구하여 성령의 불길로, 은혜로, 내 안과 바깥에 있는 나쁜 것들을 불살라 깨끗하게 태워야겠습니다. 그래서 갈대 크리스천인 내가 있기에 내가 있는 가정과 교회와 세상에는 맑고 영롱하고 깨끗한 영적인 1급수가 흘러야 합니다. 순천만 갈대가 준 영적 선물이었습니다. 함께 나눕니다.

돼지 잡는 날

미국 캔자스 주의 작은 마을에 채프먼 부부가 살고 있었습니다. 그들에게는 윌버라는 아들이 하나 있었는데, 탄넬이라는 분이 가난한 윌버에게 용돈을 보내주고 있었습니다. 윌버는 탄넬 아저씨에게 다음과 같은 편지를 보냅니다. "탄넬 아저씨! 그동안 저에게 용돈을 보내주셔서 감사합니다. 그런데 저희 마을에는 한센병 환자들이 많아요. 저는 아저씨가 준 3달러로 새끼돼지를 사서 키우고 싶어요. 이 돼지를 팔아 한센병 환자 가족들을 도와야겠습니다. 저도 앞으로 아저씨처럼 누군가를 돕고 싶어요."

이후 윌버는 돼지새끼를 사서 열심히 키웠고, 마을의 또래 아이들도 덩달아 돼지를 키웠습니다. 윌버의 새끼돼지는 살이 포동포동 올랐고, 이듬해에는 돼지를 팔아 한센병 환자 가족을 도울 수 있었습니다. 이 사실이 지역신문에 소개되었고, 사람들의 입소문으로 전해져 나갔

습니다. 많은 사람들이 소년 윌버의 아름다운 뜻에 참여하고자, 돼지는
아니지만 돼지 모양의 저금통을 만들어 이웃을 돕기 시작했습니다.
'돼지저금통'이 시작된 유래라고 합니다.

저희 교회가 창립 45주년을 맞아 '에벤에셀의 감사, 임마누엘의
찬양, 그리고 여호와 이레의 순종 예배'를 중심으로 다양한 행사들을
준비하고 있습니다. 성도들에게 "이때 돼지 200마리를 잡을 겁니다."
라고 말하자, "돼지 200마리 잡아 잔치를 하실려나?"는 생각에 눈이
동그래집니다. 올해를 시작하면서 교회에서는 성도들에게 돼지저금
통을 나눠주었습니다. 창립기념일에 다 가지고 와서 모으자는 캠페인
이 '돼지 잡는 날'입니다. 성도 중 어떤 분들은 말합니다.

"목사님, 요즘 크레딧 카드들을 많이 써서 동전이 잘 안 생겨요.
그때까지 돼지저금통이 채워지려나 모르겠습니다."

저는 이렇게 권합니다. "돼지가 굶으면 죽어요. 동전을 못 먹으면
지폐라도 먹여야지요. 토실토실한 돼지를 잡아야 잔치 돼지 됩니다."

하여튼 돼지 저금통이 200개 나갔으니 200마리 돼지를 잡아 우리의
도움이 필요한 이웃들과 나누려고 합니다. 일명 '돼지 잡는 날'입니다.
'영생을 준비하는 인생을 살 수 있는 작은 기회에 참여하는 날'입니다.
그날과 그 시각은 오직 하나님만이 아시지만, 성경은 그날과 그때가
가까워오면 두 가지 징조가 나타난다고 합니다. 첫 번째는 우주론적인
징조입니다. 해가 어두워지고, 달이 빛을 내지 아니하며, 별들이 하늘
에서 떨어지고 등등입니다(마 24장). 두 번째는 세태적 징조입니다.
자기와 돈을 사랑하고, 교만하고, 부모를 거역하고, 감사치 아니하고,

거룩하지 아니하며, 모함하며, 절제하지 못하여, 사나우며, 조급하며, 쾌락을 사랑하고 등등입니다(딤후 3:1-5). 이런 두 가지 징조에 비춰볼 때, 현재 우리는 마지막에서도 마지막, 즉 '말세지말'(末世之末)을 살고 있습니다. 우리가 살아 있는 동안 그리스도가 재림하시든지, 아니면 그 이전에 언제 어떻게 하나님이 부르실지 모르지만, 우리들 모두는 예외없이 그리스도 예수의 심판대 앞에 서야 합니다. 그리고 그때 '영벌'과 '영생'이 나눠집니다.

예수님은 마태복음 25장을 통하여 천국, 곧 하나님 나라에 대해 세 가지 비유를 말씀하시면서 이때를 준비하라고 하십니다. 이 세 가지 비유는 공통점이 있습니다. '나누어진다'는 것입니다. 열 처녀는 슬기로운 다섯 처녀와 미련한 다섯 처녀로, 달란트의 비유는 착하고 충성된 종과 게으르고 악한 종으로, 양과 염소의 비유는 양과 염소로 각기 나누어집니다. 천국은, '하나님 나라는 모두에게 열려 있지만 아무나 가지는 못한다.'는 메시지입니다.

주님은 세 가지 비유를 통해 "인생이란 무엇인가?"에 대해 대답하십니다. '인생이란 천국을 준비할 수 있도록 하나님이 나에게 주신 마지막 기회요 기간'입니다. '슬기로운 다섯 처녀'와 같이 항상 성령의 기름을 준비하여 언제 오실지 모르는 주님 맞을 준비를 하면서, '착하고 충성된 종'과 같이 주신 달란트와 은사들을 가지고 하나님 나라와 복음과 교회를 잘 섬기고, '나의 도움을 필요로 하는 이웃들', 즉 "지극히 작은 자 하나에게 한 것이 곧 내게 한 것이니라."(마 25:40)는 삶을 실천하는 것입니다. '작은 소자' 하나라도 외면하지 말고 그들을 돌보고 나누며 살 때, 천국에 들어간다고 주님은 말씀하십니다.

　그렇습니다. 우리가 우리의 도움을 필요로 하는 이웃들을 사랑하고 돌보고 나누며 섬기는 일은 '천국과 영생을 준비하는 신앙이요 인생'입니다. "그들은 영벌에 의인들은 영생에 들어가리라"(마 25:46). 우리는 매일의 일상을 '천국과 영생을 준비하라고 주신 마지막 기회요 기간인 인생'을 살아가야 합니다. 돼지 잡는 일이 아주 간단하지만, 그 돼지가 우리의 도움을 필요로 하는 이웃들, 지극히 작은 자들을 섬기고 나눌 때 사용되어진다면, 우리는 천국과 영생을 준비하는 인생에 참여하게 되는 것입니다.

　'근주자적근묵자흑'(近朱者赤近墨者黑)이라는 말이 있습니다. 붉은 색을 가까이하는 사람은 붉게 물들고, 먹을 가까이하는 사람은 검게 물든다는 뜻입니다. 착한 사람과 사귀면 착해지고, 악한 사람과 사귀면 악해짐을 비유하는 말입니다. 우리는 서로서로 이웃을 향한 따뜻한 시선으로 따뜻한 세상, 이 땅에 이루어지는 하나님 나라를 함께 만들어 가는 동역자입니다. "한 개의 촛불로 많은 촛불에 불을 붙여도 처음의 촛불의 빛은 약해지지 않습니다." (탈무드)

교회의 노블레스 오블리주

'노블레스 오블리주'(Noblesse oblige)란 프랑스어로 '귀족성은 의무를 갖는다'는 뜻입니다. '부와 권력과 명성은 사회에 대한 책임과 함께 가야 한다'는 의미로, 사회 지도층에게 사회에 대한 책임이나 국민의 의무를 모범적으로 실천하는 높은 도덕성을 요구하는 단어입니다. 반대로 사회 지도층들이 이를 실천하지 않았을 때, 비판하는 부정적인 의미로 사용되기도 합니다. 유래는 이렇습니다.

백년전쟁(1337-1453년) 당시 영국군에게 점령당할 위기에 처한 프랑스의 도시 칼레는 거센 공격을 막아내고자 치열하게 싸웠지만, 결국 항복하고 맙니다. 그리고 곧이어 영국 왕 에드워드 3세 앞에 자비를 구하는 칼레 시의 항복 사절단이 도착합니다. 에드워드 3세는 항복을 수용하는 한 가지 조건을 말합니다. "좋다. 모든 칼레 시민들의 생명을 보장한다. 그러나 누군가가 그동안의 반항에 대한 책임을

져야만 한다. 칼레 시민 전체를 대신해 처형당할 대표자 여섯 명을 선정하라." 소식을 전해들은 칼레의 시민들 중에 누구도 선뜻 나서지 못하고 있던 그 순간, 한 사람이 일어섰습니다. 칼레 시의 가장 부유했던 유스타슈 생 피에르였습니다. 그의 희생정신에 감격한 고위 관료와 부유층 인사들이 함께 했는데, 모두 일곱 명이었습니다.

피에르는, 이튿날 가장 나중에 오는 한 명이 남고, 나머지 여섯 명이 영국군 진영으로 가자고 제안합니다. 날이 밝은 이튿날, 오직 피에르만이 나타나지 않았습니다. 의아하게 여긴 여섯 명이 피에르의 집을 찾아갔지만, 그는 이미 스스로 목숨을 끊은 후였습니다. 일곱 명 각자의 마음속에 살기를 바라는 마음이 꿈틀거릴 수도 있을 거라는 것을 우려한, 그리고 누가 살 것인가를 놓고 설전을 벌일 수밖에 없는 상황이 되리라 생각한 피에르가, 스스로 먼저 그 한 명이 되어 목숨을 끊은 것입니다.

이에 남은 여섯 명은 담담하게 영국 왕 앞으로 나아갔고, 교수대로 향했습니다. 그 순간 영국의 왕비 필라파 드 에노가 처형을 만류하고 나섰습니다. 당시 임신 중이었던 왕비가 왕에게, 그들에게 관용을 베풀어주어 자신의 뱃속 아기를 축복해 달라고 간청한 것입니다. 그리하여 결국 그들은 모두 풀려나게 되었습니다.

그로부터 500여 년 후, 칼레 시는 용감했던 시민 일곱 명의 모습을 '오귀스트 로댕'에게 의뢰하여 청동상으로 남기게 하였습니다. 바로 이 일화에서 '사회 고위층이 져야 할 도덕적 의무'를 뜻하는 '노블레스 오블리주'라는 말이 유래되었다고 합니다. 그러나 다른 한편으로는 자기의 자리에서 자기가 맡은 역할들을 충실하게 수행하지 않으면서 '노블레스 오블리주'만을 강요하는 것은, 사회 구성원으로서의 정당한 태도가 아닐 것입니다. 특정 계층에 대한 높은 책임 의식의 집중적 요구도 중요하지만, 그 이전에 나부터 내가 맡은, 해야만 하는 작은 일에 책임을 다하고 의무를 다해야 합니다.

그렇게 한다면, 그리고 건강한 사회를 만들기 위한 나의 작은 헌신들이 함께 간다면, '있는 자, 가진 자들'이 '지극히 작은 자, 약한 자, 아픈 자, 눌린 자, 소외된 자들'과 함께 사는 세상이 이루어질 것입니다. '사자와 어린 양이 함께 뛰노는' 아름답고 행복하고 공의로운 세상도 그만큼 가까워질 것입니다. "그때에 이리가 어린 양과 함께 살며 표범이 어린 염소와 함께 누우며 송아지와 어린 사자와 살진 짐승이 함께 있어 어린 아이에게 끌리며 암소와 곰이 함께 먹으며 그것들의 새끼가 함께 엎드리며 사자가 소처럼 풀을 먹을 것이며…"(사 11:6-7).

아주머니 한 분이 시장 채소 가게 앞에서 쓰레기를 정리하고 있습니다. 우리 주변에서 흔히 볼 수 있는 평범한 이웃 아주머니의 모습이지만, 이분은 대법관 출신의 국가 5부 요인 중 한 분인 감능환 중앙선관위원장의 부인 김문경 님입니다. 김문경 님은 지난해 남편이 대법관을 퇴임한 뒤부터 작은 채소 가게를 운영하고 있습니다. "그동안 공직에 있는 동안 아무것도 못한다고 해서 아무것도 못하고 있다가 이제 공직이 끝났으니 나도 뭐 좀 해보자 싶어서 이렇게 됐는데, 퇴직금 나온 거 다 밀어 넣었어요."

중앙선관위원장 퇴임을 앞둔 김 위원장도 여전히 대형 로펌에 가거나 변호사 사무실을 낼 계획은 없다고 말합니다. 그는 2013년도 국무총리 후보로도 거론이 되었지만 대법관 출신이 행정부에 가서 일하는 건 적절치 않다고 공개적으로 거절했습니다. 33년 법관생활, 공직생활에 재산이라곤 작은 아파트 한 채뿐이지만, 물질적인 욕심보다는 올바른 처신을 고민하는 그와, 그런 남편을 묵묵히 인정하며 노년의 평범한 삶을 기꺼이 받아들이는 부인의 모습에서, 우리 사회의 '노블레스 오블리주'를 새삼 생각하게 합니다. (인터넷에서 퍼온 글)

이 부부가 기독교인인지 아닌지는 모르겠습니다. 그러나 중요한 것은 이분들의 삶이 우리들에게 진한 감동과 도전을 준다는 것입니다. 오늘 우리들의 교회 안에서도 이러한 '노블레스 오블리주'가 충만하다면, 그 향기로운 냄새가 널리 퍼져 이 땅 위에 하나님 나라를 세워 나가게 될 것입니다.

"인자가 온 것은 섬김을 받으려 함이 아니라 도리어 섬기려 하고 자기 목숨을 많은 사람의 대속물로 주려 함이니라"(마 20:28).

세상에서 가장 중요한 것

톨스토이의 단편 중 '세 가지 질문'에는, 한 왕이 인생에서 풀지 못한 세 가지 질문을 놓고 공개적으로 해답을 구하고자 합니다.

1. 세상에서 가장 중요한 때는 언제인가?
2. 세상에서 가장 중요한 사람은 누구인가?
3. 세상에서 가장 중요한 일은 무엇인가?

나라 안팎의 많은 학자와 신하들이 갖가지 해답을 제시하였지만, 마음을 흡족하게 할 만한 답은 나오지 않았습니다. 급기야 왕은 지혜롭다고 널리 알려진 한 성자를 직접 찾아갔습니다. 마침 밭을 일구고 있는 성자에게 다가가서 답을 구했지만, 성자는 아무 대답도 없이 밭만 일구고 있었습니다. 마침 그때 갑자기 숲속에서 피투성이가 된 청년이 성자의 집을 찾아왔습니다. 왕은 신하들에게 명령하여 정성껏 치료해 주었습니다. 그런데 알고 보니 그는 왕에게 가족들이 죽임을 당하자 원한을 품고는, 왕을 시해하려고 궁으로 잠입했다가 왕의 군사들에게 다친 것이었습니다. 모든 사정을 들은 왕은 그를 너그러이 용서해 주었습니다.

왕은 궁으로 돌아가기 전, 성자에게 세 가지 의문에 대한 답을 다시 한 번 물어 보았습니다. 그러자 성자는 이미 답은 나왔다면서, 이렇게 말했습니다.

> "세상에서 제일 중요한 때는 바로 지금입니다. 세상에서 가장 중요한 사람은 지금 나와 함께 있는 사람입니다. 세상에서 제일 중요한 일은 지금 나와 함께 있는 사람에게 정성을 다하여 사랑을 베푸는 것입니다. 지금 왕께서는 그렇게 하셨습니다."

왕은 현자에게서 큰 깨달음을 얻고 기쁜 마음으로 궁에 돌아가 나라를 잘 다스려 후대에까지 칭송을 받는 왕이 되었다고 합니다.

그렇습니다. 지금 나와 함께 있는 사람에게 정성을 다해 사랑을 베풀고 나누는 것이야말로 인생에 가장 중요한 가르침이 아닐까 생각해 봅니다. 브라질 작가이자 크리스천인 파울로 코엘료는 말합니다. "어느 날 아침에 눈을 떠보니 이제 더는 당신이 원했던 것들을 할 시간이 없다는 것을 깨닫는 순간이 올 것입니다. 그러니 지금 시작하세요."

그렇습니다. 신앙은 항상 '지금 여기에서'(Here & Now)입니다. 천국을 주목합니다. 주님이 말씀하신 마태복음 25장은 세 가지의 천국 비유로 구성되어 있습니다. 1) 열 처녀의 비유, 2) 달란트의 비유, 3) 양과 염소의 비유입니다. 이 세 비유들의 공통분모는 '갈라진다'는 것입니다. '슬기로운 다섯 처녀와 미련한 다섯 처녀'로, '착하고 충성된 종과 게으르고 악한 종'으로, '양과 염소'로 갈라집니다. 이것은 천국은 '누구에게나 열려 있지만 아무나 들어가는 곳은 아니다."라는 메시지를 전해줍니다. 슬기로운 다섯 처녀는 '준비'입니다. 신랑이 언제 들이칠지 모르니 항상 '지금'이 가장 중요합니다. '예전에는 기도, 봉사 열심히 했다.'가 아닙니다. '앞으로 기도, 봉사할 것이다.'가 아닙니다. '지금 기도, 봉사하고 있다'여야 합니다. 신앙은 '지금 하고 있어야' 합니다.

　세상에서 가장 중요한 때는 언제인가? 크리스천들에게 가장 중요한 시제는 '지금'입니다. 게으르고 악한 종은 자신이 받은 달란트와 은사를 땅에 파묻어 결국 있는 것마저도 다 빼앗깁니다. 그러나 착하고 충성된 종은 '작은 일에 충성하였으니 보다 더 큰일을 맡기시며 더하여 주시는 성서적 축복'을 받습니다. 주님과 교회와 하나님 나라와 복음을 위하여 항상 움직여야 합니다.

　세상에서 가장 중요한 사람은 누구인가? 크리스천에게 가장 중요한 사람은 '지금, 착하고 충성된 종'입니다. 양과 염소의 비유에서 "지극히 작은 자 하나에게 한 것이 곧 내게 한 것이다."라는 말씀을 새기며, 내가 나의 도움을 필요로 하는 이웃들에게 사랑을 나누는 일입니다.

세상에서 가장 중요한 일은 무엇인가? 크리스천에게는 '지금 사랑을 나누며 섬기는 일'입니다. 인생은? '주님께서 천국을 준비하기 위해 주신 마지막 기회이자 기간'입니다. 이 기회와 기간을 '지금', '착하고 충성된 종과 양'으로 잘 사용해서 천국에 들어가는 성도들이 되어야 합니다.

지난 주일에는 세계적 빈민촌 중 하나인 필리핀 깜덴 마을에 들어가 20년 동안 사역한 홍성욱 선교사가 교회를 방문했습니다.

2016년 6월, 불과 3천 원의 전기세 미납으로 전기가 끊긴 작은 판잣집, 그 안에 3살, 2살, 3개월 아이 셋을 놓고 촛불을 켜 놓고, 아이들을 나가지 못하게 밖에서 자물쇠를 잠그고 외출했던 부부, 얼마 지나지 않아 촛불이 넘어지며 불이 나서 세 자녀는 현장에서 사망했습니다. 그리고 그 화재가 순식간에 빈민 판자촌 주변으로 번져서 총 94가구가 불과 3시간 만에 모두 다 전소되는 아픔을 겪었습니다. 그 이후 그가 속한 기독교대한감리회(KMC)가 앞장서서 일년 만에 2017년 8월 총 52유닛의 연립주택을 완공했습니다. 근 일년 동안 나타난 사랑 나눔의 행렬을 듣는 내내 홍 선교사의 외침이 가슴에 진동으로 남습니다.

그가 외쳤던 한마디, "믿음을 사랑으로 보여달라!" 바로 그 외침에 자기도 빈민이면서, 집을 잃은 빈민을 위해 자기가 가진 것을 과분하게 바친 빈민촌 사람들, 강도 만난 이웃의 아픔을 나의 도움을 필요로 하는 이웃으로 바라보며 선한 사마리아인의 행렬에 동참했던 수많은 크리스천들, 이 모두가 합력하여 선을 이루어 세기의 기적을 만들어냈습니다. 그들에게 분명 "하나님은 살아계십니다." 그들에게 분명 "카보드! 하나님이 하셨습니다."

이 가을의 문턱에 서서 마음껏 푸르름을 뽐내는 하늘을 바라보며, 깜덴 마을의 기적 "믿음을 사랑으로 보여달라!"는 그 외침을 다시 한 번 진한 감동으로 품어봅니다.

넘어진 자리가 일어설 자리

　일본에 시키지도 않은 엉뚱한 메뉴가 나오는 식당이 있습니다. 라면을 시켰는데 우동이 나옵니다. 햄버거를 시켰는데 만두가 나옵니다. '종업원들이 이렇게 주문을 잘못 넣으면 어떻게 하나?', '과연 이런 식당이 제대로 될까?' 등등의 생각이 듭니다. 그런데 놀라운 것은, 엉뚱한 음식을 가져다줘도 화내는 손님은 한 명도 없고, 어느 누구도 불평하지 않고 주는 대로 감사히 먹는다는 것입니다. 더군다나 이 이상한 식당은 인기 있는 맛집입니다. 이 식당을 찾는 고객들은 바로 여기에서만 '특별한 이해와 배려가 넘치는 음식'을 먹을 수 있다고 이구동성으로 말하기 때문입니다.

　이 식당이 특별한 이유는 다름 아닌 '아르바이트생들' 때문입니다. 이곳의 아르바이트생들은 모두 '치매에 걸린 할머니, 할아버지들'입니다. 이분들은 최선을 다해 웃음을 잃지 않고 일하려고 노력하십니다.

주문을 받아 가지만, 음식이 나올 때에는 그 음식을 누가 주문했는지 헷갈려 한다고 합니다. 그래서 주문과는 전혀 다른 음식을 가져다줍니다. 많은 자원 봉사자와 더불어 운영되고 있는 이 식당은, 치매 환자들에게 '이젠 나만 혼자 남았다는 고독감과 상실감'을 극복하고, 비록 당신이 치매일지라도 아직도 사회구성원의 일부라는 소속감을 주며, 함께하는 공동체 의식을 불어넣어 주고, 식당을 찾는 고객들에게도 이 같은 인식을 공유하기 위해 생겨났습니다.

그런데 이 말도 안 되는 식당이 성공을 거듭하고 있습니다. 이 대박난 식당의 성공 비결은 바로 '이해와 배려'입니다. 식당을 찾는 손님들은 주문한 음식이 나오지 않고 다른 음식이 나와도, 가끔씩 물을 쏟아 바지나 치마가 젖어도 화를 내거나 얼굴을 찡그리지 않습니다. 조금 실수하고, 조금 느리고, 조금 서툴어도 괜찮습니다. 이곳을 찾는 손님들은 모두 잘 알고 있기 때문입니다.

이 할머니들은 다른 사람이 아니라 우리들의 어린 시절, 우리들의 모든 실수를 보듬고 길러주신 우리의 '어머니'이시기 때문입니다. 이 할아버지들은 다른 사람이 아니라 우리의 어린 시절, 우리들이 공부하고 자랄 수 있도록 몸 버려, 마음 상해 일하신 우리의 '아버지'이시기 때문입니다. (퍼온 글)

참 마음이 찡하니 다가온 장면이라, 이 이야기로 새해 첫 장을 엽니다. "사람이 사람을 헤아릴 수 있는 것은 눈도 아니고, 지성도 아니고, 오직 마음뿐이다."(마크 트웨인). '이해와 배려'로 부모를,

남편을, 아내를, 자녀를, 목사와 성도를, 지인과 이웃들을 헤아리는 마음, 바로 그곳에 서로 사랑하며 하나되는 하나님 나라가 임재하시지 않을까요?

지난해의 송년주일과 송구영신의 주제는 "Stop & Check"였습니다. 지난 한 해도 정신없이 보냈습니다. 문제가 발생해도 해결할 시간조차도 없었습니다. 그냥 달려가기에만 바빴습니다. 주위를 둘러볼 겨를도 없었습니다. 살기에도 벅찼습니다. 그러다 보니 제대로 길을 가는 것인지 문득문득 불안하기도 했습니다. 거의 시간에 끌려가면서 흘러간 한 해였던 것 같아 마음 한편이 먹먹해지기도 했습니다. 그리고 이제 새해도 뭐 그리 크게 달라질 게 있으려나, 지난해처럼 또 그렇게 한 해를 보내게 되겠지라는 마음들이 주는 무기력감과 패배감이 주변에 가득합니다.

가장 비참한 일은, 아침에 일찍 일어나고 밤에 늦게 누우며 땀 뻘뻘 흘리고 수고하며 일하는데도 모든 게 허사라는 사실입니다(시 127:2). 진전이 없고 다람쥐 쳇바퀴 돌 듯만 할 때, 여기서 우리는 잠시 멈추어 서서(Stop) 점검해야 합니다(Check). 나와 하나님과 교회의 관계를 점검해야 합니다. 나와 목사와 성도들의 관계를 점검해야 합니다. 나와 부모님과 남편(아내)과 자녀들의 관계를 점검해야 합니다. 나와 친구들과 지인들과 이웃들의 관계를 점검해야 합니다. 어디서부터 잘못되었는지를 찾아내야 합니다. 그리고 그 자리에서 다시 일어나기 위해 스스로 강한 의지를 갖고 노력해야 합니다. "그러므로 어디서 떨어졌는지를 생각하고 회개하여 처음 행위를 가지라 만일

그리하지 아니하고 회개하지 아니하면 내가 네게 가서 네 촛대를 그 자리에서 옮기리라."(계 2:5)

관계가 불협화음을 내고 넘어지게 되면, 넘어진 바로 그 자리가 내가 다시 일어서야 하는 자리입니다. 그 중심에는 '이해와 배려'가 있어야 합니다. 하나님과 교회를 헤아릴 수 있는 '이해와 배려', 남편이나 부인, 부모와 자녀들의 마음을 헤아릴 수 있는 '이해와 배려', 목사와 성도들과 지인과 친구들과 이웃들의 처지와 형편과 상황을 헤아릴 수 있는 '이해와 배려'. 바로 거기에 '치료와 회복'이 있습니다. 하나님을 향한 생명력 있는 신앙으로, 교회를 섬기는 뜨거운 열정으로, 함께 시험과 유혹들을 이겨나가며 하나님 나라를 꿈꾸고 세워나가는 동역자로서의 '치료와 회복'이 있습니다.

올해는 하나님과 교회와 남들에게 바라는 바로 그 배려, 그 이해를 내가 먼저 마음 열어 하면 어떨까요? "그러므로 무엇이든지 남에게 대접을 받고자 하는 대로 너희도 남을 대접하라 이것이 율법이요 선지자니라"(마 7:12). 방향만 분명하다면, 그리고 관계만 회복된다면, 하나님이 반드시 치료하시고 회복시키시고 축복해 주실 줄 믿습니다. 새해에 '이해와 배려'로 다시 한 번의 도약을 주님 안에서 꿈꿉니다.

네가 우하면 나는 좌하리라

그리스 신화에 등장하는 최고의 영웅 헤라클레스는 제우스의 아들로 태어난 반신반인(半神半人)으로, 인간과의 싸움은 물론 신과의 싸움에서도 패한 적이 없는 무적의 용사였습니다. 그가 어느 숲길을 걷고 있을 때, 작고 초라한 한 마리 괴물이 달려들어 공격했습니다. 작은 괴물쯤이야, 그는 과연 자신의 생각대로 간단히 물리치고 다시 길을 걸었습니다. 그런데 그 괴물이 다시 나타나 공격했습니다. 어찌된 영문인지, 괴물은 처음 대했을 때보다 훨씬 강해져 있었습니다. 괴물의 두 번째 공격을 가까스로 물리친 헤라클레스는 재빨리 숲을 벗어나려 했습니다. 이제 곧 숲의 출구가 보이는 곳에서 같은 괴물이 다시 나타나 공격했습니다. 그런데 이상하게도 그 괴물은 더욱 강해져 있었습니다. 그 누구에게도 패배한 적이 없는 헤라클레스조차 그 괴물을 더 이상 상대하지 못하고 도망쳐야 했습니다.

이후 헤라클레스는 전쟁과 지혜의 여신 아테나를 찾아가, 도저히 이길 수 없는 그 괴물의 정체가 무엇인지 물어보았습니다. 아테나는 헤라클레스에게 대답했습니다. "그 괴물은 맞설수록 더욱 강해지는 괴물입니다. 그 괴물을 상대하는 방법은 맞서지 말고, 싸우지도 말고, 못 본 척 놔두는 것입니다. 그러면 점점 작아져서 사라질 것입니다. 그 괴물의 이름은 '다툼'입니다." (인터넷에서 퍼옴)

그렇습니다. 우리도 살다보면 이런저런 일들을 다 겪게 됩니다. 조금 지나 뒤돌아보면 나 자신을 스스로 칭찬할 만한 일들도 있지만, "내가 정말 왜 그랬나."하는 후회가 밀려오는 일들도 많습니다. 특히 자존심이나 욱하고 치밀어 오르는 성질 때문에 아주 쉽게 해결할 수도 있었을 일들이 아주 큰 사건이 되기도 합니다. 아주 사소한 다툼 때문에 결국 관계에 금이 가기 시작하고, 시간이 지날수록 점점 소원해지다가 어떤 말, 일, 사건들이 계기가 되어 결국 서로를 불신하게 되고 미움과 증오가 자리잡게 됩니다. 왜 이런 일들이 일어날까요? 이런 일들의 결과는 어찌될까요? 우리들에게 이런 문제가 닥치면 어떻게 해결해야 하나요?

우리는 성경에서 대답을 찾아야 합니다. 사람은 질문하고 성경은 대답합니다. 사람이 대답하는 것이 아닙니다. 우리는 사람이 대답하고, 그 대답을 따라가는 사람들을 교회에서 종종 보게 됩니다. 사람들은 서로가 처한 환경과 경험들이 무척이나 다르기에 거기엔 의문과 대립과 분열이 나타납니다. 사단이 저 한구석에서 씩 웃으며 쳐다봅니다. 사단은 다툼과 분열을 일으켜 교회를 무너뜨리고, 성령은 사랑으로 하나가 되도록 도와 교회를 세웁니다. 성도는, 하나님의 백성들은, 성경이 대답하는 것을 믿고, 깨닫고, 그 길로 살려고 몸부림치고 발버둥치는 사람들입니다. 성령이 하나되게 하신 것을 힘써 지키는 것(엡 4:3)이 신앙입니다. 성경 말씀으로만이 우리는 모두 하나가 될 수 있기에 사단과 마귀는 온갖 시험과 유혹으로 이를 나에게서, 가족과 교회로부터 빼앗으려 합니다.

그러기에 우리는 영적 자각을 갖고 '성경 말씀'을 힘써 지켜야 합니다. 빼앗기지 말아야 합니다. 다툼의 원인과 결과와 해결방법도 성경에서 찾아야 합니다. 성경은 다툼을 일으키는 원인을 미움(잠 10:12), 교만(잠 13:10), 미련(잠 20:3), 자기와 상관없는 간섭(잠 26:17), 욕심(잠 28:25), 분노(잠 29:22), 어리석고 무식한 변론(딤후 2:23), 경건을 이익의 방도로 생각(딤전 6:5), 정욕(약 4:1) 등등이라고 합니다. 또한 성경은 다툼이 일어날 때, 그 다툼이 시비를 일으키고(잠 26:21), 온갖 혼란과 악한 일이 일어난다(약 3:16)고 경고합니다. 그리고 이러한 다툼을 해결하기 위한 방법으로 성경은, 사랑(잠 10:12), 권면을 듣는 지혜(잠 13:10,), 제비뽑기(잠 18:18), 멀리하는 것(잠 20:3), 자기보다 남을 낮게 여기는 겸손(빌 2:3), 피하라(디 3:9) 등등으로 권면합니다.

성경에 나타난 다툼 중의 한 장면을 봅니다. 하나님이 아브람과 롯을 축복하사 가축들이 많아지게 됩니다. 목자들이 우물을 두고 다투게 됩니다. 다툼이 있자 아브람이 롯에게 말합니다. 다툼을 피하는 성경적 방법입니다. "…나나 너나 내 목자나 네 목자나 서로 다투게 하지 말자. 네 앞에 온 땅이 있지 아니하냐. 나를 떠나가라. 네가 좌하면, 나는 우하고 네가 우하면 나는 좌하리라." 롯이 아버지 같은 아브람에게 마땅히 "아니되옵나이다. 삼촌이 땅을 먼저 택하소서!" 해야 했었는데, 그만 욕심이 눈을 가려 덥석, 가장 비옥하게 보이는 땅을 택하여 떠나고 아브람은 가나안 땅에 거주합니다. 그러나 롯이 택한 소돔과 고모라 땅은 유황과 불로 멸망당하였고(창 19:25), 아브람은 질투가 날 정도로 굉장한 축복을 받습니다. "…보이는 땅을 내가 너와 네 자손에게 주리니 영원히 이르리라. 내가 네 자손이 땅의 티끌 같게 하리니… 너는 일어나 그 땅을 종과 횡으로 두루 다녀 보라. 내가 그것을 네게 주리라"(창 13장).

땅이 축복이 아닙니다. 그 땅에 누가 사느냐? 즉 '하나님의 사람이 축복'입니다. 요즈음 폭염이 계속되고 있습니다. 짜증이 늘어나서 뭔가 툭 건드리면 터질 것 같은 이때에, 다툼이 많이 생기는 것을 보게 됩니다. 우리 모두, 이때를 오히려 성경 말씀대로 겸손과 양보로 다툼을 피하고 사랑을 세워나가는 훈련의 기간으로 삼아야 할 것입니다. 하나님의 사람이 있는 곳이 축복의 땅입니다.

카무카무 우에

　도적 세 명이 부잣집으로 도둑질하러 들어갔습니다. 얼마나 금과 현금이 많았던지 각각 큰 자루에 한 자루씩 짊어지고 산속으로 와 보니 한 자루에 10만 불 정도씩 들어 있었습니다. 세 명은 한 자루씩 똑같이 나누기로 하고, 헤어지기 전에 파티를 하기로 했습니다. 나이 어린 도적이 술을 사러 내려간 사이, 두 명이 앉아서 이런 생각을 했습니다. '저놈을 죽여 버리면 10만 불씩 가질 것을 15만 불씩 가질 수 있다.'

　그래서 둘은 어린 도적을 죽이기로 했습니다. 한편, 술을 사러 간 어린 도적도 이런 생각이 들었습니다. '저 두 도적만 죽여 버리면 내가 10만 불이 아니라 30만 불을 다 가질 수 있다.'

　그래서 그는 술을 사서 독약을 탔고, 태연하게 올라왔습니다. 기다리던 두 도적은 어린 도적을 보자마자 목 졸라 죽였습니다. 이제 남은 두 사람이 15만 불씩 나눠 갖기로 하고 사이좋게 술을 나누어 마셨지만, 얼마 후 둘 다 죽었습니다. 결국 도적 세 명은 저마다 욕심을 부려 모두 다 죽고 말았습니다.

자기가 지은 죄는 자기가 받게 된다는 '부메랑'을 가리켜 보여주는 는 탈무드 이야기 중 하나입니다. 결말은 세 도적 스스로가 만들었습니다. 마음에 욕심이 들어가 죄를 낳고 결국은 자라나 사망하고 맙니다. '욕심'이 '원인 출발'이 되어 결국 '사망의 종착'에 닿고 맙니다. 성경은 우리들이 보편적으로 갖고 있는 죄성인 원죄를 천지창조 다음에 곧바로 에덴동산을 통하여 전해 줍니다.

공사장에 구멍을 뚫어 놓고 들여다보지 말라고 하면 사람들은 거기를 지나치면서, 꼭 들여다봅니다. 들여다보면 벽에 이런 말이 씌어 있습니다. 〈뭘 봐!〉

사람은 하지 말라고 하면 더 하고 싶어 합니다. 다 주고 딱 한 가지만 하지 말라고 하는데도 그 한 가지를 하려고 목숨을 겁니다. 여자에게는 먹지 말라고 한 그 열매가 더 보암직도, 더 먹음직도 합니다. 여자가 먼저 따 먹습니다. 그리고 남편에게도 줘서 먹게 합니다. '공범은 외롭지 않다.'에 충실했습니다. '공범'을 만듭니다. 그리고 는 '원죄자와 공범자' 둘이 같이 도망가 인류 최초의 패션인 무화과나무 잎을 엮어 '치마'를 만들어 입습니다. '자기'를, '자기 죄'를 가리는 일이 시작됩니다. 하나님은 이때 이들에게 인류 최초의 질문을 하십니다. "아담아 네가 어디에 있느냐?"

'아담'은 고유명사가 아니라 '사람'을 가리키는 '보통명사'입니다.

'사람아! 네가 어디에 있느냐?'에서 '어디'는 장소를 뜻하는 말이 아닙니다. '나와 너와의 관계가 지금 어떤가?'라는 질문입니다. 하나님은 이들에게 하나님과의 관계를 다시 한 번 재정립하라고 하십니다. '회개'입니다. 그러나 이때 아담은 '회개'보다 '죄에 대한 변명'을 시작합니다. 아담은 '먹는 게 죄'라는 것을 분명히 '알고도' 저질렀습니다. 사도 바울은 이를 가리켜, "알고도 밟고 지나가는 죄"(Transgress)라고 말합니다. 뻔히 죄인 줄 알면서도 '하나님께 익스큐즈'하면서 밟고 지나가는 'Transgress'를 우리는 마음과 생각과 말과 실생활에서 얼마나 많이 범하며 살고 있는지 모릅니다. '사람과 세상에 익스큐즈' 하고 하나님을 따라야 하는데, 거꾸로 '하나님께 익스큐즈' 하면서 사람과 세상을 따르며 인심 잃지 않으려고 얼마나 수고를 많이들 합니까.

하나님이 이것을 짚으시자 아담 곧 사람은 말합니다. 두려워 숨었노라고, 하나님이 주신 여자가 나에게 먹지 말라 하신 열매를 줘서 먹었노라고. 변명을 시작하는데 뉘앙스는 "나는 안 그러려고 했는데 그만 이 여자 때문에"로 들립니다. 그러자 여자가 같은 뉘앙스로 변명합니다. "저 뱀 때문"이라고. 하나님이 듣고 싶으신 것은 '변명'이 아니라 '회개'입니다. '인정'과 '궤도수정'입니다. 상황과 처지와 형편, 그리고 사람과 세상이 나를 어떻게 유혹할지라도, '변명'은 '변명'일 뿐 결국 저지른 것은 '나'이기 때문입니다.

사단은, 마귀는, 악한 영은, 어두운 영은, 불의의 영은, 거짓의 영은, 탐욕과 음란의 영 등등은 '나의 가장 약한 곳'을 치고 들어옵니다.

'다른 거'는 아무리 쳐도 넘어지지 않지만 '그거'는 툭만 건드려도 넘어집니다. '나의 그곳, 가장 약한 거'를 악한 영들은 나보다도 더 잘 알기에 항상 그곳을 노립니다. 바로 내가 항상 넘어졌던 그 자리, 넘어지는 그 자리입니다. 그러기에 우리는 항상 그 자리에 대해 더 철저히 스스로 연단하고, 훈련해서 보강, 또 보강하는 지혜가 필요합니다.

결국 아담과 하와는 에덴동산에서 쫓겨납니다. 그 후, 인생의 여정은 '실낙원'에서 '복낙원'을 찾아가는 길입니다. '천국, 하나님 나라'를 찾아가는 길입니다. 그러기에 예수의 공생애 첫 외침이 "회개하라 천국이 가까웠느니라."(마 4:17)였습니다. 무화과나무 잎사귀로 가리지 말고, 공범 만들지 말고, 변명하지 말고, "인정하라! 그리고 천국을 회복하라!"는 '복낙원'의 메시지였습니다.

이 모든 원죄들, 우리 모두에게 존재하는 보편적 죄성들에서 벗어나려면 어떻게 해야 할까요? 사도 바울은 분명 예수 그리스도 외에는 그 길이 없다고 단호하게 말합니다(롬 7:15-25). 맞습니다. 더불어 우리들 스스로도 노력해야 합니다. 원인 치료가 중요합니다. 결국 '욕심'입니다. '욕심이 잉태하여 죄를 낳고 죄가 자라나 사망'(약 1:15)에 이르기에 '욕심'을 다스리는 일은 정말 중요합니다.

세 명의 도적들이 자기들의 바람과는 달리, 모두 다 비참한 죽음에 이르게 된 원인도 바로 '탐욕', '욕심'입니다. 다스려야 합니다. 탐욕과 욕심을 다스리는 가장 좋은 방법은 '나눔'입니다. '욕심'은 '혼자'이고 결국 '죽음'이지만 '나눔'은 '함께 함'이고 결국 '생명'입니다.

우간다 말로 '카무카무 우에'라는 말이 있습니다. 이 말은 '하나하나가 모여 다발을 이룬다.'는 뜻입니다. 이 세상에서 혼자보다는 둘이 낫고 둘보다는 셋이 낫습니다. 그만큼 서로가 한마음으로 뭉치면 엄청난 큰일도 해낼 수 있습니다. 이렇게 한마음으로 뭉치게 만드는 촉매가 '함께 나눔'입니다.

이제 일년 중 가장 밝은 달이 뜨는 한가위가 다가왔습니다. 우리 모두의 추석이 '함께 모여 나누는 한가위 자리', '카무카무 우에'가 되기를 바랍니다. 그 자리에 '생명의 역사'와 '주의 부요'가 가득 하기를 기원합니다.